Muttertage

Verena   *Beatrice*   *Franziska*
Stössinger   *Leuthold*   *Mattmann*

Mutter tage

Leben mit Mann, Kindern und Beruf

Kösel-Verlag München

Lizenzausgabe für die
Bundesrepublik Deutschland
mit Genehmigung des
Zytglogge Verlags, Bern

© 1980 Zytglogge Verlag, Bern
Alle Rechte vorbehalten
Lektorat: Hugo Ramseyer
Satz und Druck: Willy Dürrenmatt AG, Bern
Printed in Switzerland 1980
ISBN 3 - 466 - 11012 - 2

Verena Stössinger
Nina
Bilder einer Veränderung
Seite 9

Beatrice Leuthold
Mutterraben
Briefe an Michael und Silvan
Seite 71

Franziska Mattmann
Das verlorene Ich
Tagebuch einer Mutter
Seite 173

Verena Stössinger
Nina
Bilder einer Veränderung

Verena Stössinger
Nina
Bilder einer Veränderung

Trari trara das Kind ist da
(für Jürgen)

1

Manchmal wünsche ich mir, dass alles nur ein Traum ist: Man legt mir die kleine Nina in den Arm, J. kauert glücklich neben meinem Bett, es ist still, Sonntag, später Sommer, Vormittag (die Stunde, in der wir Albinoni hörten bei offenem Fenster) – mir ist warm, der Bauch ist leer und pulst: und dann erwache ich, es war alles ein Traum, es war gut, wichtig, ergreifend, wunderbar – aber es ist vorbei, und ich atme auf.

Ich träume zuviel.

2

Bevor das Kind da ist, ist man das Ziel so vieler Hilfen, Aufklärungen, Ermutigungen. Ist es endlich da, bist du plötzlich allein damit.

Neun Monate hast du Schonfrist, dann sollst du aufhören, als Person zu existieren und sollst das Glück der Familie sichern.

Was sind neun Monate gegen zwanzig Jahre.

3

Die Tage sind aus dem Leim, jeder Tag zerrissen in Stücke zu drei, vier Stunden. Auch die Nächte haben plötzlich Risse, nichts ist mehr von Bestand.

Jeden Moment kann das Weinen ausbrechen nebenan, ich fühle mich nicht mehr sicher in meiner Zeit. Ausgeliefert einer Willkür.

Einer einförmigen Willkür – plötzlich ist alles so flach geworden, jeder Tag wie der andere, ohne Grenzen, in denen man Schutz fände.

4

Manchmal fällt mir wieder ein, dass ich früher nie mit Kindern umgehen konnte, dass ich mich nie sonderlich für sie interessierte. Ich fühle mich schuldig, als hätte ich etwas versäumt, auf nachlässig fahrlässige Art.

5

Wenn ich Nina bade und ihren Körper anfasse, staune ich jedes Mal: wie weich sie ist, wie zart, wie zäh, wie hell. Das Ungekünstelte ihrer Bewegungen, die Direktheit ihrer Empfindungen – sie spürt das warme Wasser auf der Haut, schwer und geniessend liegt sie in meinem Arm, sie lacht, streckt sich und strampelt, jauchzt. Sicher: sie kann nicht anders als sich ausliefern – aber wie sie es tut! mit allen Sinnen.

6

J. geht morgens aus dem Haus, einen Apfel in der Tasche, die Gedanken längst bei der Arbeit (so, als hätte sich nichts geändert), und ich stehe, das Kind auf dem Arm, an der Tür, stehe noch da, wenn er längst ins Bähnchen gestiegen sein muss, ich stehe da, und manchmal heule ich einfach los. Ich gäbe so viel darum, an seiner Stelle zu sein.

7

Das Traurigsein, das Grübeln, die ganze Angst, es nicht richtig zu machen: alles verfliegt, sobald das Kind mich ruft. Ich gehe hin, nehme es auf, schaukle es, zieh ihm eine saubere Hose an, bringe ihm Milch – ohne Übergang gleite ich in meine Rolle hinein, fast ohne Zittern bin ich in ihr verschwunden.

(«Hurra, der Mutterinstinkt...»)

8

Die Nachmittage nehmen kein Ende mehr.

Es ist still, die Sonne steht schräg im Fenster, sie malt Streifen auf den Teppich, Staub tänzelt im Licht herum. Ich gehe auf Zehenspitzen hinter den Scheiben hin und her und denke mir die Wärme aus, die draussen lebt.

9

Sobald man etwas äussert, was nicht als «absolutes Mutterglück» verstanden werden kann, verschliessen sich die Gesichter.
«Warum hast du das Kind denn haben wollen?»

Man darf sich keine Zweifel mehr erlauben. Es fliegen nur noch Mythen hin und her, kastrierte Träume, wie Rachegötter.

10

Nina hat die leere Schachtel entdeckt, die ich ihr ins Zimmer gestellt habe. Neugierig und doch mit grosser Vorsicht macht sie sich daran, herauszufinden, was das wohl sein könnte. Bewegt es sich? Läuft es wohl weg, wenn man es anfasst? Tut es weh, wenn man es stört?

Sie arbeitet mit grosser Konzentration, dazu brabbelt sie unaufhörlich vor sich hin.

Jetzt hat sie mich entdeckt. Ich stehe an der Tür und schaue ihr zu. Sie hält inne, dann grinst sie mich strahlend an und gibt der Schachtel kühn einen Stoss.

11

Die Angst und Hilflosigkeit, die sich in mir breit macht, wenn das Kind schreit, schreit.

Die grosse Angst, es könnte krank sein, schwer krank. Und manchmal dann die fast schrecklose Vorstellung davon, was alles passieren könnte.

Ohnmacht – die sich nur vertreiben lässt durch dieses Schreien.

12

Ich möchte erklären, wie verrückt ich mich fühle: wie zerrissen, wie verunsichert, wie überstolz und katzenzärtlich – ich fange an, suche nach Worten, und schon werde ich gebremst mit dem Hinweis, das wäre «normal».

13

Obwohl ich glaube (hoffe), dass ich eine Tochter gleich behandeln würde wie einen Sohn, war ich froh zu hören, dass unser Kind ein Mädchen ist.

Ich stelle mir vor, dass das vieles für mich leichter macht: die Zärtlichkeit, das Verstehen, den Wunsch nach Zusammengehörigkeit. Einem Jungen gegenüber wäre ich gehemmter, zurückhaltender, glaube ich.

Ausserdem wird Nina niemals Soldat werden müssen. Und sie wird (vermutlich) leichter ihren Platz finden im ganz langsam bröckelnden Rollenbild der Frau als in der sich eher noch verhärtenden Welt der Männer. Ich könnte keinen «Kämpfer» aufziehen, da ich selbst kein Kämpfer bin.

14

14

Die Wohltat, die Wände, das Kind, den Geruch nach Milch und feuchten Hosen für ein, zwei Stunden hinter mir lassen zu können.

Schon im Auto fühle ich mich wieder frei.

15

Das Zärtlichsein: beim Kind fällt es mir so viel leichter als bei einem Mann. Liegt das an der grossen Offenheit, daran, dass das Kind mir unverstellt entgegenkommt? Oder daran, dass es mich so nimmt, wie ich bin, mich ohne Vorbehalte mit Begeisterung erwartet? Oder liegt es an seiner Abhängigkeit, daran, dass es mich braucht? (Das möchte ich nicht glauben).

Ich empfinde jetzt jedenfalls (vielleicht seit der Schwangerschaft, sicher seit der Geburt) zum ersten Mal ein ganz starkes, untrügliches Ich-Gefühl: vorher war ich viel austauschbarer, selbst in den Beziehungen zu Männern. Das Kind aber meint mich, mich allein.

Muss ich glauben, dass meine Fähigkeit zu solch strömender Zärtlichkeit dadurch entstand? Und wenn: warum beunruhigt mich das?

16

Wie oft sind wir früher jeder einzeln einkaufen gegangen, J. und ich, oder aber keiner – drei Liter Milch im Eisschrank und zwei Kilobrote, oder aber Bratkartoffeln mit Spiegelei in der «Alten Post». Es galt: wer Zeit hat, kauft ein (putzt, spült, macht die Wäsche).

Jetzt hat sich das geändert: ich «habe Zeit» zum Einkaufen (Putzen, Spülen, Wäschewaschen). Der Haushalt hat sich normalisiert, und jeden Freitag gibt es frischen Fisch.

17

Ich weiss, es gäbe Möglichkeiten, jetzt schon Kind und Beruf zu verbinden (um vielleicht mancher Traurigkeit zu entgehen).

Es ist nicht Märtyrertum, dass ich zuhause bleibe. Auch nicht Pflichtgefühl (oder nur ganz wenig). Von den negativen Beweggründen am ehesten noch Egoismus: das Aufwachsen des Kindes selbst zu erleben, sein tägliches Grösserwerden, und in seine beginnende Welt einbezogen zu werden (und nicht nur in das Weinen nachts).

Ausserdem bin ich beruflich privilegiert – ich kann manche Aufträge zuhause erledigen, abends, wenn Nina schläft. Sicher: ich schaffe so nicht allzuviel und für meine Arbeitgeber bin ich ein unsicherer Faktor. Aber ich habe doch wenigstens noch den Kontakt zur Berufswelt, zu dem, was ich früher tat; mein Kopf bleibt nicht stehen, und auch das (bisschen) selbstverdiente Geld stärkt mich.

(Natürlich bleiben die Träume doch).

18

«Wenn du vielleicht Zeit hättest, könntest du noch..»

Ich muss aufpassen, dass nicht mein ganzer Tag von den andern belegt wird. Jetzt, wo ich «verfügbar» scheine, muss ich plötzlich meinen eigenen Raum verteidigen – früher stand er mir selbstverständlich zu (und war wesentlich grösser).

19

Wenn ich mir abends überlege, was ich den ganzen Tag über alles gemacht habe, kann ich Windeln nicht mehr riechen. Diese penetranten Gerüche –

(Wenn ich sie wechsle, ist meine Aufmerksamkeit in meinen Händen, und die Nase schweigt).

Abends, wenn ich mir überlege, was ich den ganzen Tag über alles gemacht habe, kommen mir nur Windeln und Fläschchen in den Sinn, und es deprimiert mich, dass ich so müde bin davon («von nichts»).

20

Diese kleinen Hände – wie genau, wie fest sie zufassen können, trotz ihrer («rosigen») Patschigkeit.

21

Viel von der Ausgelassenheit, vom Spielerischen (Blödeln, Nekken, Kitzeln, laut Herauslachen), das früher zwischen J. und mir aufbrechen konnte, ist uns verschwunden, seit das Kind da ist: es floss in die Beziehung zu Nina.

Ich fürchte, wir sind beide schon zu sehr «vernünftig» geworden im Umgang miteinander, J. und ich, zu «erwachsen», zu sehr «Eheleute». (Auch wenn wir noch weit davon entfernt sind, uns gegenseitig mit «Mami» und «Pappi» anzureden – wir haben seriöse Vernunft angenommen.)

22

Wenn Nina zwanzig Jahre alt sein wird, bin ich siebenundvierzig. Ich erschrecke vor diesen Zahlen... und doch machen sie mir Mut: was kann man mit siebenundvierzig noch alles anfangen!! Dann werde ich wieder leben, wie ich es mir ganz allein vorstelle.

23

Zum Treffen der Frauengruppe ist A., die sonst immer das Protokoll schrieb, nicht erschienen. Sie hatte für ihren kleinen Sohn keinen Babysitter finden können.

Ärgerlicher Kommentar einer Frau (einer kinderlosen) aus der Gruppe: «Wenn man sich Mühe gibt, ist sowas doch organisierbar!»

Ich habe früher auch geglaubt, dass man ein Kind organisieren kann.

24

Auf Spaziergängen werde ich jetzt oft angesprochen. Die Leute (meist sind es ältere Frauen) deuten auf Nina, die ungerührt weiter an ihrer Brotrinde kaut, und meinen versonnen: «So sind sie doch am schönsten, so klein... so sollten sie immer bleiben!»

Davor behüte mich Gott (oder wer auch immer) – ich freue mich im Gegenteil darüber, dass Nina so schnell grösser wird. Ich konnte mit ihr, als sie ein hilfloses kleines Windelpaket war, nicht allzuviel anfangen.

«Du wirst dich auch noch zurücksehnen», prophezeit mir meine Mutter.

25

Abends, wenn ich vor meinem Schreibtisch sitze, entknittert sich mein Kopf – aber mich fallenzulassen in meine Arbeit, das gelingt mir nur noch selten. Ich lese, ich schreibe in Fetzchen; die grossen Bogen, die atemlosen Stunden scheinen nicht mehr möglich – der Hinterkopf wacht nach nebenan und registriert jeden Laut.

Wenn ich es dann doch geschafft habe, hineinzutauchen in Worte, Bilder, Vorstellungen, dann fühle ich mich hinterher wie einem heissen Bad entstiegen: wach und bewusst bis in die Füsse, entspannt, gefüllt und leicht.

26

Wie schnell ich jeden eigenen Wunsch schon daraufhin überprüfe, ob er dem Kind schaden könnte. Selbst die Zukunft hat in ein Muster zu passen, bevor ich sie mir ausmale.

27

Das, was früher unser Gästezimmer war und mein Arbeitsraum, das helle Zimmer mit dem Baum vor dem Fenster, den Büchern an der Wand, den kleinen überflüssigen Dingelchen zwischen den Blumentöpfen – das ist Ninas Zimmer geworden.

Nina braucht Platz, und sie hat schon jetzt soviel eigenen Kram, dass sie mit Leichtigkeit das Zimmer füllt. Die Bücher, die Bilder, das Gästebett, alles hat weichen müssen. Die Wohnung ist enger geworden, manchmal kommt mir vor, als müssten die Wände bald auseinanderplatzen.

Wenn ich arbeiten will, suche ich meine Sachen zusammen und verkrieche mich in einem Winkel – am Schreibtisch im Wohnzimmer kann ich zwar noch lesen, aber wenn ich tippen will, muss ich ins Schlafzimmer umziehen. Und dort ist J.s Arbeitsecke, auch sie hoffnungslos überflutet und verstapelt.

Trotzdem, ich hänge an der Wohnung: an den Bäumen vor dem Fenster (jeden Winter kommen dieselben Vögel wieder), an den zu kleinen Räumen, wo der Blick an jedem Zentimeter hängenbleiben kann, an den Menschen rundherum.

Ausserdem: je voller die Wohnung, umso weniger muss man putzen.

28

Ich beneide meine Schwester, weil sie kein Kind hat, aber einen Beruf, der sie ausfüllt. Sie beneidet mich, weil ich neben einem halben Beruf ein Kind habe, einen Mann, Familie.

Wir tun beide so, als hätten wir diesen Neid nicht. Erst kürzlich haben wir uns gestanden, dass wir (beide!) oft das Gefühl haben, als «Frauenmensch» irgendwie versagt zu haben: sie, weil sie sich nicht «vermehrt», weil sie alleine lebt und also nicht «den Weg alles Irdischen» geht, sondern versucht, sich im Beruf weiterzuentwickeln, und ich, weil ich einen Teil meiner Fähigkeiten und meiner Zeit verschwende für Putzen, Waschen, Kochen, Warten, weil ich mich aus mir heraus zurückgezogen habe (auf Zeit) ins Wohnungsheimchen-Sein.

Man kann es sich und dem Bild der Frau in sich nie recht machen. Schuldgefühle bleiben immer.

29

Wenn ich für zwei Tage zu meinen Eltern fahre mit Nina, ist das Auto voll. Ich brauche ungefähr (nur für Nina!):

10 Windeln
Babyöl und Crème
Kleenextücher
1-2 Unterhosen zum Wechseln
1 Strampelhose zum Wechseln
1 Pulli zum Wechseln
Socken zum Wechseln oder Strumpfhosen
die Jacke (Mütze, Handschuhe)

1 Lätzchen
1 Fläschchen
Ninas Schüsselchen und Löffel
das Breipulver
Äpfel und Bananen und Brot
1/2 Liter Milch
Früchtequark
2-3 Nuggis
das Teefläschchen
das Schmusetier fürs Bett
den Schlafsack
das Pyjama
ein paar Tierchen zum Spielen (oder Klötzchen)
das Bilderbuch für unterwegs
die Zahntropfen für alle Fälle
und vielleicht auch die Zäpfchen
oder den Hustentee
den Sportwagen
den Regenschutz
die Ausgehschuhe
die Sonnencrème.

Bisher war das Auto gross genug.

30

Ich merke, dass ich Frauen in Mütter und Nicht-Mütter einzuteilen beginne: eine hilfreiche, notwendige Einteilung. Die Unterschiede sind gross, die gegenseitigen Sympathien (das Verständnis) zu klein.

Die Unterschiede sind eigentlich unübersehbar: nicht entstanden aus biologischen Erlebnissen, sondern aus den gesellschaftlichen Folgen (der Unterschied zwischen «schön» und «praktisch» beispielsweise).

31

Ob die Welt nicht wärmer, menschlicher, persönlicher, fröhlicher, ungenormter wäre, wenn jeder Mensch Umgang mit Kindern hätte? Wenn auch die Männer (die Väter) öfter mit Kindern zusammen wären, für sie sorgten, für sie dächten, auf sie eingehen müssten, ihren Spiralen folgten? Ich denke, es gäbe dann weniger Regeln, weniger Treppen, nicht so viel harte Konsequenz – mehr Improvisation, mehr Spüren und Wollen, echtere «Bedürfnisse».

Wo soll damit angefangen werden? Beim eigenen Mann, beim eigenen Kind: reicht das? («Aber du weisst doch, Schatz, ich muss jetzt arbeiten.»)

(Wird jetzt schon wieder das Glück herbeigeprügelt?)

32

Seit ein paar Nächten träume ich wieder ganze Geschichten, die sich fortsetzen, farbig und turbulent, richtig spannend.
Ich hatte zuletzt so intensiv geträumt, als ich noch zur Schule ging: da unterhielten mich die Träume, sie hielten auch die Tage, die langweiligen, unausgelebten, aufrecht.

Lebe ich wieder zu wenig nach aussen, um so zu träumen (träumen zu müssen)?

33

Nina hat eine Klopapierrolle gefunden und sitzt davor; mit ernstem Eifer wickelt sie Runde um Runde ab, mit spitzen Fingern, langsam und stetig. Schliesslich sitzt sie in einem Berg von Papier, sie rudert mit beiden Armen darin herum, immer begeisterter, und jauchzt.

34

Als ich ein Kind war, fand ich es selbstverständlich, dass Eltern alte Leute sind, die nicht allzuviel zu melden haben, die aber doch die Pflicht haben, für mich zu sorgen: schliesslich hatten sie mich in die Welt gesetzt.

Ich möchte verhindern, dass Nina bald auch so denkt, und ahne (weiss, fürchte), dass es unumgänglich sein wird.

35

Die Ratschläge, die man so freigiebig zugewiesen bekommt von allen Seiten; manchmal schlagen sie wirklich zu. Mein Lächeln wird kalt (hilflos kalt).

36

Wenn Nina ein Junge geworden wäre, hiesse er (sie) heute Kaspar. Ich kann mir das kaum vorstellen: ihr Name scheint schon so einsgeworden mit ihr –

Wir haben lange keinen Bubennamen gewusst für unser zukünftiges Kind, während der Name «Nina» von Anfang an feststand. Ich hatte Schwierigkeiten, mir einen Jungen als kleines, hilfloses Baby vorzustellen; «Kaspar» schien der einzig mögliche Name zu sein.

37

Jetzt kenne ich bald alle Mitbewohner unseres Hauses. Es hat so wenig gebraucht: in der Waschküche stehenbleiben; Zeit haben, wenn der Postbote geklingelt hat; Interesse zeigen am Hund.

Bei einigen bedaure ich, sie nicht früher kennengelernt zu haben: ich hätte manches abschauen können (wie sie mit ihren Kindern umgehen z. B., oder wie sie ihre langen Tage packen).

38

Über eine Schriftstellerin habe ich (in einem Interview) gelesen, dass ihr die besten Ideen stets beim Spülen kämen.

Ich habe vergeblich darauf gehofft, dass mir diese Anregung das Spülen weniger lästig macht.

39

Es muss jetzt alles so «praktisch» sein: die Wohnung, die Kleidung, der Alltag... ich warte bloss darauf, dass ich mir noch eine Schürze kaufe... (Vielleicht bekomme ich sie zum Muttertag?)

40

Ich habe eingekauft. Im Eisschrank stehen Käse, Margarine und Wurst, Eier, Milch, Yoghurt und eine Flasche Wein – genug für zwei, drei Tage. Ich bin erleichtert; ich spüre eine kleine Sicherheit.

(Wie oft sagt meine Mutter: «wer weiss...»)

41

Meine Mutter ist anders zu mir, seit ich das Kind habe. Sie nimmt mich ernster, auch kritisiert sie nicht mehr so viel. Der Druck hat nachgelassen. Ich glaube, sie ist auch ein bisschen stolz auf mich.

Obwohl uns noch immer sehr vieles trennt, beginne ich öfter Gespräche mit ihr, an denen ich wirklich beteiligt bin, als früher. Und manche Sachen an ihr (die rabiate Robustheit, die Ruhelosigkeit, der grosse Ordnungssinn) sind mir nicht mehr so unerklärlich.

Manchmal bewundere ich sie sehr; sie hat vier Kinder grossgezogen, in einer Wohnung, in der anfangs nicht einmal ein Badezimmer war. Noch heute heizt sie den Kachelofen mit selbstgespaltenem Holz: er ist die einzige Wärmequelle in der Wohnung. Sie hat uns Wintermäntel genäht, Röcke gestrickt, Skifahren beigebracht...

Was an ihr so selbstverständlich war, beginne ich zu schätzen. Trotzdem fällt es mir schwer, in ihr anderes zu sehen als die «Mutter» – sie hat sich allzu tief in diese Rolle hineingekrochen.

42

Ich habe Lust auf Crevetten mit Mayonnaise, aber seit ich nicht mehr schwanger bin, unterdrücke ich meine Gelüste wieder.

43

Die Bäume vor den Fenstern werfen die ersten Blätter ab. Bald wird es grau werden und kühl, neblig. Nina wird die Wiese vermissen, das Wuseln im Sandkasten, die anderen Kinder auf den Schaukeln.

Die Kälte wird uns einschliessen.
Und Weihnachten dauert nur einen Tag.

44

Es fällt mir schwer, mit dem bisschen Geld auszukommen, das ich mir nebenher verdienen kann. Zwar habe ich es bisher geschafft, dass es reicht für Bücher, Wolle, Kino (das Radio zahlt ja auch nicht schlecht... bloss liegen die Aufträge dünn gesät) – für solche «Eigenvergnügen» möchte ich nicht Geld aus der Küchenkasse nehmen müssen.

Natürlich lebe ich von J.s Geld mit – ich bin darauf angewiesen, dass er es zur Verfügung stellt. Ich weiss auch, dass meine Arbeit für das Kind und im Haushalt wertvoll ist, dass es (sagen wenigstens die Betroffenen) eine anspruchsvolle, kräftezehrende Arbeit ist... trotzdem komme ich mir manchmal «ausgehalten» vor. Meine Arbeit hat keinen Tauschwert, ich kann mir nichts von dem kaufen, was sie schafft («Liebe», «Häuslichkeit», «Zufriedenheit», «Harmonie» und all den Kram). Es «verletzt nicht meinen Stolz», dass ich nichts verdiene, aber es setzt mich herab und tut weh; daran ändert sich nichts, wenn man in Gütergemeinschaft lebt.

Ich glaube, Männer können das nur verstehen, wenn sie es selber mal erleben. Ich habe den Verdacht, dass sich dann ganz schnell etwas ändern liesse.

45

Als ob sich die Qualität einer Mutter daran messen liesse, wie früh das Kind sitzt, steht, alleine isst, alleine kackt..

46

Mir ist aufgefallen, dass ich in letzter Zeit viel am Fenster stehe. Ich schaue hinaus, suche nichts und sehe doch Dinge, Einzelheiten, die ich früher nicht bemerkt habe. Ich werde neugierig. Ich zeige dem Kind die Bäume, die Blätter, die sich bewegen, die Autos, die vorbeifahren, den Postboten auf seinem Velo, den Vogel, der sich auf die Treppe gesetzt hat zum sich Putzen.

Ich empfinde mich (uns) als Aussenstehende. Manchmal erfüllt mich das mit einer Art Fröhlichkeit, die ich nicht «Freiheit» zu nennen wage – eher Narrenfreiheit.

47

Die Frau an der Kasse im Konsum staunt, wieviel das Kind wieder gewachsen ist. Ich gebe ihr recht und fühle mich (blöderweise) richtig stolz.
Auf dem Heimweg ist mir dann eingefallen, wie sehr es mich früher immer angeödet hat, wenn alle Leute sagten: «Wie gross du geworden bist!» («Was willst du denn einmal werden?»)

Manchen Zügen unserer Eltern werden wir wohl nicht entgehen.

48

Natürlich habe ich den Ehrgeiz, Nina ohne Fehler zu erziehen, aus ihr einen freien, feinfühligen, selbstbewussten, grosszügigen, offenen Menschen zu machen. Natürlich hoffe ich, ein besonders waches, kluges, fröhliches, gesundes kleines Mädchen auf die Welt gebracht zu haben.

Und? warum sollte ich weniger Vertrauen haben?

49

Ich habe noch eine Erdbeere gefunden im Garten: es ist wohl die letzte in diesem Jahr. Sie ist nicht sehr gross und nur halbherum rot. Ich werde sie heimlich essen (Nina «schätzt» sie nicht genug).

50

Nina hat fünfzig Franken bekommen von ihrem Grossvater. Ich habe das Geld auf die Bank gebracht und eingezahlt. Sie hat nun also ein Sparbuch.

Ich hoffe, das Geld wird, wenn sie es braucht, noch da sein und noch Wert haben, doch lässt mich der Gedanke daran ziemlich gleichgültig. (Am meisten beruhigt das Geld auf der Bank wohl den Grossvater.)

51

Ich habe die Küche gewischt, Staub gesaugt und aufgeräumt; wenn auch mit Widerwillen, ich tue, was ich von mir erwarte – was bleibt mir anderes übrig.

52

Mit dem Gedanken, dass Nina auch als behindertes Kind hätte geboren werden können, kann ich mich eigentlich erst richtig auseinandersetzen, seit sie (heil, gesund) auf der Welt ist. Ich tue es mit ziemlich viel (falschem?) Heroismus («Ich hätte dich trotz allem geliebt»).

Es muss für Eltern ungeheuer schwer sein, sich mit der Tatsache, dass ihr Kind behindert ist, auseinanderzusetzen – bis man wohl nur das Gefühl von Schuld loswerden kann. Dann die unendlichen Anstrengungen, das tägliche Spiessrutenlaufen, die Verzichte (auch der Verzicht auf ein Kind-Ideal, das ein Behinderter ja nicht einlösen kann).

Als ich schwanger war, habe ich nicht gewagt, über diese Möglichkeit wirklich nachzudenken. Jetzt schützt mich schon wieder die Realität, die die Angst in Grenzen hält.

53

Es tut mir weh, dem Kind die Schmerzen nicht nehmen zu können. (Ist das Mutterliebe?)

54

«Die Liebe zu A., die so stark ist, dass ich mich nach einem Konflikt zwischen uns sehne, bei der ich ihr meine Liebe, ohne die Nervosität wie jetzt in der Konfliktlosigkeit, beweisen könnte», schreibt Peter Handke über seine Tochter.

Wenn ich das lese, kann ich mir diese Konfliktlosigkeit eigentlich nur dadurch erklären, dass Vater und Tochter sich immer nur von weitem sehen.

55

Bei einem Klassentreffen kürzlich (acht Jahre nach der gemeinsamen Matura) wurden reihum die Eheringe und Babies gezählt und ihre Anzahl proportional zur Klassengrösse gesetzt.

Noch sind die Studierenden oder Ausstudierten in der Mehrzahl, doch wird das wohl nicht mehr lange so bleiben: Hauptthemen zwischen Kaffee und Kuchen waren Schwangerschaft, (sanfte) Geburt und Wie verbindet man Beruf und Kind.

(«Der Weg alles Irdischen»)

56

Ich suche nach Spuren im Gesicht des Kindes (nicht nur nach meinen eigenen), um das Gefühl von Nähe zu sichern.

57

Wenn J. nach Hause kommt, stürzt sich Nina auf ihn, sie bringt ihm ihre Tiere, lotst ihn zu den Klötzchen, möchte (endlich) ein Gutzi bekommen, sie lacht und strahlt und fällt um vor Übermut. Ich schaue zu – erleichtert und neidisch (schliesslich habe ich auch auf J. gewartet).

58

Wenn vom Kinderhaben gesprochen wird, meinen die meisten Leute damit Schwangerschaft, Geburt und die erste Babyzeit. All das, was nachher kommt, stellt man sich als «Folge» vor: das funktioniert dann irgendwie.
Die Geburt wird hochstilisiert zum grössten Ereignis im Leben einer Frau, zum tiefsten Erlebnis (vor allem dann, wenn der Mann dabei war). Das ist eine schlimme Verdrehung, die das Kind degradiert zu einem «Erlebnisspender» (zu einem «seelischen Katalysator»).

Ich habe den Moment der Geburt zwar auch als aussergewöhnlich erlebt, doch bin ich überzeugt davon, dass ich (wir) mit dem Kind noch sehr viel Schöneres, Begeisterndes, auch Schmerzenderes (Tieferes) erleben werde(n).

59

Ich lese ein Buch über die Schwierigkeiten (Schmerzpunkte) der Mutter-Tochter-Beziehung. Noch vor zwei, drei Jahren hätte ich mich neugierig, fast rachelustig hinter die Lektüre gemacht; jetzt lese ich eher ängstlich, jedenfalls mit Distanz, Vorsicht und vielen Pausen: es betrifft mich. Ich bin nicht mehr der «unschuldige» Teil, die Defizite werden in zwanzig Jahren auch auf meiner Seite sein.

60

Ein furchtbarer Sonntag.
J. ist weggefahren, ich sitze schon ganz steif herum und nebenan schreit und schreit und schreit das Kind. Ich habe alles probiert, Herumtragen, Milch und Tee, Windeln wechseln, Bett glätten, Fieber messen, Fenster auf und wieder zu, singen und wiegen und schweigend die Hand halten... sie schreit und schreit und schreit. Ich weine und schwitze und habe Angst, riesige Angst, ich weiss nicht, wen ich anrufen soll, wer mir Mut machen könnte oder einen Rat geben... Soll ich ihr ein Zäpfchen geben? Die Ärztin ist nicht erreichbar. Ich kann doch nicht ins Spital fahren mit ihr? Aber was sonst –

Sie ist schliesslich erschöpft eingeschlafen. Ich sass noch lange hilflos da.

61

Ich glaube, immer mehr zu begreifen, dass die Kunst des Erziehens viel weniger darin besteht, anzuregen und zurechtzurücken, als vielmehr darin, wachsen zu lassen und dann die Grenzen zu polstern.

Auch, dass das eine wirkliche Kunst ist, beginne ich zu ahnen. Und: dass das Wort «Erziehung» für die Beziehung zwischen Eltern und Kindern ein ganz fatal falsches ist: es meint zu selbstverständlich Ungleichheit, Macht und Gewalt.

62

Im Wohnzimmer meiner Schwester steht eine grosse, alte Standuhr. Nina hat sich davorgesetzt und lange das Pendel bei seinem Hin und Her beobachtet. Dann krabbelt sie zu uns hin, stellt sich an den Tisch und spielt uns das Pendeln nach: langsam, ernsthaft, hin und her.

63

Ich habe (noch einmal) Oriana Fallacis «Brief an ein ungeborenes Kind» gelesen. Beim ersten Mal hatte mich das Buch beeindruckt (da hatte ich selbst noch kein Kind); jetzt ekelt es mich an, und ich kann dem Kind, das da in Frau Fallacis Bauch gewachsen ist, nur dazu gratulieren, dass es nicht auf die Welt kam. Es hätte keinen Platz gefunden, wäre immer nur Eindringling gewesen.

(Ich bin nicht gegen Abtreibung – aber ich bin gegen Egoismus und gegen Machtdemonstrationen während der Schwangerschaft).

64

Wenn ich manchmal bei Behörden oder auf der Bank Tippdamen lässig herumdösen sehe, oder wenn ich im Kaufhaus Verkäuferinnen beim Nägelfeilen und Kundenbegutachten beobachte, die alles um sich herum vergessen haben und sich ihre Zeit nehmen, dann steigt jedesmal diese blinde Wut in mir herauf. Ich ärgere mich masslos über die Kategorien «Arbeit» und «Lohnwert» und deren hirnwütig irreale Verkopplung.

Eine Hausfrau arbeitet bestimmt an die 60 Stunden wöchentlich und wird dafür nicht bezahlt, während andere für ihre blosse Gegenwart vergoldet zu werden scheinen. (Beispiele gibt's auch in der Männerwelt, ich kenn mich da bloss nicht so aus).

65

Es fällt mir abends manchmal richtig schwer, noch ein Buch in die Hand zu nehmen oder an einer Arbeit weiterzudenken; ich bin müde, obwohl ich nicht den ganzen Tag geschuftet habe – aber ich war immer «dran», immer bereit, aufmerksam, möglichst geduldig und dreihändig.

(Ich ertappe mich immer öfter dabei, dass ich abends denke: Heute habe ich schon wieder nichts Richtiges getan.)

66

Ich möchte mal wieder weggehen, ohne lange Voranmeldung und Organisation (Babysitter anrufen, abholen, einen Wein hinstellen und Kuchen, einen Reserveschoppen und die Tropfen für alle Fälle) – mit J. essen gehen, irgendwo sitzenbleiben und nicht alle zehn Minuten auf die Uhr schauen; ins Kino gehen und nachher noch an der Ecke stehenbleiben und reden; am Sonntagmorgen beim Frühstück überlegen, wohin man laufen, fahren möchte und mit wem...

Bald kann Nina mitgehen. Trotzdem ist es nicht mehr das gleiche wie früher. («Ja, früher...»)

67

Jetzt isst Nina sogar schon Leberwurst.

68

Kindskopf
kindisch
kinderleicht
was hat der bloss für eine Kinderstube gehabt
wir sind hier nicht im Kindergarten
Kinderei
Kind und Kegel

das kapiert doch jedes Kind
der steckt noch in den Kinderschuhen
blank wie ein Kinderarsch
Kinderschreck

(Wieviele diskriminierende Redewendungen es gibt mit dem Wort «Kind» – obwohl es doch andererseits der Inbegriff des Zarten, Lieblichen sein soll.)

69

Die Verkäuferin in der Metzgerei hat Nina und mich mit «Uf Wiederluege mitenand» verabschiedet. Ich stutzte und musste lachen.

70

Das Baby hat schon denselben bekümmerten Gesichtsausdruck wie seine Mutter.

71

Als ich kurz vor der Geburt des Kindes zu arbeiten aufhörte, rief mich meine Nachfolgerin bis zu viermal täglich an, um mich etwas zu fragen. Die Anrufe sind mit der Zeit seltener geworden, schliesslich haben sie aufgehört. Ich bin ersetzt worden.
(Jetzt rufe ich selber ab und zu an: ich höre, dass alles läuft.)

72

Eines Tages hat mich die Lust gepackt, im Haushalt einfach alles liegenzulassen – herauszufinden, was dann passiert. Nicht mehr das Geschirr waschen, nicht mehr den Boden wischen, die verstreuten Spielsachen liegenlassen und die zerlesenen Zeitungen; ich stellte mir vor, dass dann meine tägliche Leistung schlagartig sichtbar würde und das Selbstverständliche lobenswert...

Ich habe es kaum zwei Tage durchgehalten – ich selbst war es, die am meisten unter der Unordnung litt (über alles drübersteigen, Suchaktionen): ich verbringe schliesslich meine ganzen Tage in der Wohnung, da ertrage ich es nicht, keinen freien Platz mehr zu haben.
(J. fand das Ganze bloss komisch und interessant: «wichtig.»)

73

In Kambodscha sterben die Kinder reihenweise. Auch die Erwachsenen.

(Wut, Ohnmacht, Scham, Hilflosigkeit).

Wie selbstverständlich wir uns das nehmen, was allen Menschen zustehen würde.

Wie kann ich beitragen zu einer Veränderung?
Wie die Betroffenheit einbringen in meinen Alltag?

74

Gibt es heutzutage überhaupt noch eine Möglichkeit, aus dem Kind einen sowohl glücklichen als auch wachen Menschen zu machen? Es wächst hinein in eine immer kaputtere Welt – woher soll es später den Mut nehmen, sich nicht zu verkriechen?

J. und ich versuchen, dem Kind einen Optimismus mitzugeben: Humor und Hoffnung. Doch die Kraft dafür holen wir allzuoft allein aus dem Umgang mit dem Kind. Leerlauf? oder Teufelskreis?

(Wie stark ist ein Kind?)

75

Die alten Leierkinderreime fallen mir wieder ein, zusammen mit einem ganzen Wust an Erinnerungen. (Kindheit, du holde...)

Nina lacht genauso beim Killekille-Machen, wie es von uns überliefert ist.

76

Schon der Alltag hat spannend zu sein, damit er interessant genug ist, um beschrieben zu werden. Um bemerkt zu werden. Das Gewöhnliche muss zumindest Spuren von Brutalität aufweisen, von Exotik, von Unglaublichkeit. So überfressen sind wir schon, so pervers, so lüstern. So blind.

Ich versuche, (bei mir) dagegen anzugehen, indem ich das Übliche heraussuche: die häufig wiederkehrenden Tätigkeiten, Wünsche, Träume, Sehnsüchte, Befürchtungen – ihren Rhythmus, ihren Atem, ihre Kraft.

Das «Gewöhnliche» – der Boden unter unseren Füssen.

77

Das Kind erzieht mich: ich laufe nicht mehr quer drauflos über die Strasse, ich versuche, höflich zu sein und beim Essen ruhig sitzenzubleiben, ich möchte nicht gleich jeder Laune verfallen und ein bisschen verlässlicher werden (erwachsen).

78

Jetzt, wo ich das Gefühl habe, dass Nina aus den strengsten Anfängen heraus ist (aus der grössten Unsicherheit und gegenseitigen Abhängigkeit), liegen uns schon die Eltern in den Ohren mit dem Wunsch für ein weiteres Enkelkind. Sie haben keine schlechten Argumente (dass es nicht gut wäre für ein Kind, ohne Geschwister aufzuwachsen), doch ich habe einfach (noch?) nicht den Mut zu einem zweiten Kind. Ich möchte auch für mich selbst ein Zipfelchen übrigbehalten: ein Zipfelchen Zeit, ein Zipfelchen Energie.
Auch J. neigt dazu, es bei einem Kind zu belassen. Er ist so sehr belastet mit sich und seinem Beruf, da bleibt ihm kaum genug Luft für Nina und mich.

Und Nina? Falls sie mitentscheiden könnte –

79

Der gleichaltrige Nachbarsjunge ist grösser, dicker, lebhafter, draufgängerischer als Nina, er läuft längst, während sie noch herumstolpert, er spricht schon manches nach, während sie chinesisch brabbelt. Unwillkürlich suche ich nach Ninas Vorzügen, wenn ich ihn sehe.

80

Als sie hohes Fieber hatte, hat Nina ihren Lieblingshasen nicht mehr aus dem Arm gelegt. Sie drückte ihn an sich, sogar beim Trinken und beim Windelnwechseln, während sie sich gegen meine Hände wehrte.

81

Ich habe jetzt Verständnis für Mütter, die ihre Tage nur noch über die Runden bringen wollen, ohne sie «gestalten» zu können.

82

Ich habe Angst davor, meiner Tochter später (wenn sie grösser ist) mit Neid im Wege zu stehen: sie wird alles vor sich haben, für mich ist das halbe Leben gelebt, der Rest im Bann längst getroffener Entscheidungen.
Bis zu ihrer Geburt hatte ich oft noch ein beglückendes Gefühl von Wählenkönnen: ich habe versucht, mich nicht allzu sehr festlegen zu lassen – beruflich, auch privat, auch in meinen Neigungen und Meinungen. Ich wollte offen bleiben für Veränderungen (auch aus Unsicherheit), mir schien noch so vieles möglich, mich hat vieles gelockt, ich schwamm im Wohlgefühl meiner Fähigkeiten... Jetzt ist ein Kind da, das mich festhält, festlegt, bindet.

Ich habe Angst davor, mich später im Kind wieder erneuern zu wollen, Ansprüche zu erheben an das Kind als meine Zukunft: es einzuengen aus Neid.

Vielleicht (hoffentlich) hilft dagegen das Wachsen der Beziehung zu J. Und mein eigenes Weitergehen (soweit die Leine reicht).

83

Bei Kindern soll man darauf achten, dass sie möglichst nur von 8-12 und von 2-6 Uhr Lärm machen. Der Bagger und der Presslufthammer nebenan fangen morgens um sieben zu lärmen an und fahren fort (mit einer knappen Stunde Mittagspause, die bei schönem Wetter auch noch ausfällt) bis abends um halb sechs.

Ich habe empört herumtelefoniert, aber nichts erreichen können. Es gab nur süffisante Antworten – lauter Menschen an den Schaltknöpfen, denen neue Häuser wichtiger sind als neue Menschen.

84

Je länger ich mit dem Kind lebe, umso überzeugter bin ich davon, dass die Abtreibung eine Möglichkeit zur Menschlichkeit ist: denn jedem Kind muss eine Umgebung zukommen, die ihm offen ist, die es warm empfängt und in der es wachsen darf.

Die ganzen Argumente gegen die Abtreibung gehen an der Tatsache vorbei, *dass* abgetrieben wird – bisher unter grossen Ängsten, grossen Schmerzen, grossen Kosten. Und sie gehen an der Tatsache vorbei, dass drei unerwünschte Monate im Bauch der Mutter nichts sind gegen zwanzig Jahre in einer kalten Welt.

(Ich glaube, wenn Männer direkteren Kontakt hätten zur Welt der Mütter und Kinder, wäre ein so unmenschlicher Paragraph gar nie möglich gewesen.)

85

Mutter
Mutterboden
Mütterchen
Muttererde
Müttergenesungswerk
Muttergesellschaft
Muttergestein
Mutter Gottes (-Bild)
Mutterhaus
Mutterherz
Mutterkorn
Mutterkuchen
Mutterhand
Mutterleib
Mütterlichkeit
Mutterliebe
Mutterlosigkeit
Muttermal
Muttermilch
Muttermund
Mutterrecht
Mutterschaft
Mutterschiff
Mutterschutz
mutterseelenallein
Muttersmutter
Muttersöhnchen
Muttersprache
Mutterstelle
Muttertag
Muttertier
Mutterwitz
Mutti

(aus dem Duden)

86

Vater
Vaterauge
Väterchen
Vatergut
Vaterhaus
Vaterland
Vaterlandsliebe
vaterlandslos
Vaterlandsverteidiger
Väterlein
Väterlichkeit
Vaterlosigkeit
Vatermörder (auch für Kragen)
Vatername
Vaterrecht
Vatersbruder
Vaterschaft
Vaterschaftsbestimmung
Vaterschaftsklage
Vaterstadt
Vaterstelle
Vater Unser (Vaterunser)
Vati

(auch aus dem Duden)

87

Nein, ich möchte kein zweites Kind mehr haben. Ich bin zu wenig gern ausschliesslich Mutter.

Wenn Nina etwa drei Jahre alt ist, werde ich anfangen, wieder halbtags zu arbeiten; die Kleine kommt zu einer (Halb)Tagesmutter oder in eine Spielgruppe. Sie wird Freunde haben, Aufmerksamkeit, Anregung. Und ich werde dadurch, dass ich wieder (auch) ein eigenes Leben lebe, ausgeglichener, selbstbewusster und ruhiger sein als heute.

Ich finde es selbstverständlich, dass J. diesen Entschluss (den wir gemeinsam fassten – wie den, ein Kind zu haben) unterstützt. Trotzdem bin ich froh, dass er mir hilft, deswegen keine Schuldgefühle aufkommen lassen zu müssen.

88

Dieses Geschwätz, dass die Schweiz (Europa) ausstirbt und wir unsere Renten nicht bekommen, wenn nicht ab sofort wieder mehr Kinder produziert werden – diese Überheblichkeit, diese Einbildung, die heuchelnasse Kälte...

Von den Kindern spricht man nicht, bloss von den Renten.

89

J. schaut mit Nina ein Bilderbuch an. Er führt ihr (genüsslich) vor, wie die Tiere, die auf den Seiten abgebildet sind, sprechen. Nina kann vom «Muh» und «Mäh» und «Kikeriki» nicht genug bekommen – den ganzen Sonntag trägt sie ihm das Büchlein hinterher.

90

Manchmal bewundere ich die Frauen auf dem Spielplatz: mit welcher Leichtigkeit sie Gespräche führen über Bauchschmerzen und zu kurze Hosenbeine. Wenn ich versuche, mitzuhalten, habe ich das Gefühl, mir dabei grinsend zuzuhören.

91

Ich kann mich nicht mehr so uneingeschränkt über J.s Erfolge mitfreuen wie früher. Früher waren mir seine Ideen näher, ich dachte und bangte mit ihm mit, ich kannte Einzelheiten aus seinen Arbeiten und konnte die Erfolge meist kommen sehen. Ich freute mich mit, und es tat meinem Selbstbewusstsein keinen Abbruch: denn ich hatte meine eigenen Arbeiten, die J. auch gut kannte, und ich hatte eigene Erfolge, über die er sich auch freute.

Jetzt habe ich das Gefühl, als trüge jeder seiner Schritte ihn ein wenig von mir weg. Ich bleibe zurück und sehe nur die Stufen noch, die er nimmt, erlebe nicht mehr die (früher gemeinsamen) Wege.

92

Nina seufzt, spricht (lallt) im Schlaf, plötzlich weint sie laut auf. Sie hat wohl geträumt – ich möchte verstehen, wie es in ihrem Köpfchen drin aussieht: wie sich die Ängste, die Überraschungen zu Reaktionen winden, zu Bewegungen formen, wieviel da schon «bewusst» ist, wieviel einfach («instinktiv») abläuft, wie viel zu erfassen ist.

93

Schon jetzt schauen wir, J. und ich, uns ab und zu das Buch mit den Fotos durch, die wir von Nina seit ihrer Geburt gemacht haben: wir staunen, wie klein sie war, staunen, was sie schon alles gelernt und erfunden hat, und sind stolz, stolz, stolz: glücklich.

94

Ich habe das Gutenachtlied umgeändert.

«I ghöre-n-es Glöggli,
das lüütet so nätt.
De Tag isch vergange,
jetz go-n-i is Bett.
Im Bett tue-n-i bätte
und schlooffe denn ii:
de Liebgott im Himmel
wird scho bi mer sii.»

Ich singe stattdessen:
«...Im Bett tue-n-i schlooffe
bis morn Morge früe,
de Papa und d Mama
vergässed d Nina nie.»

Ich finde das tröstlicher. Irdischer (wärmer).

95

Heute ist der Tag, an dem (nach meinen Berechnungen) vor zwei Jahren Nina gezeugt worden ist. Sollte man diesen Tag nicht auch feiern? (mit viel Zärtlichkeit).

96

Ich habe kürzlich die Ärztin wiedergetroffen, die mich während der Schwangerschaft betreut hat. Sie hat mich zwar kurz nach dem Kind gefragt, sich dann aber ausgiebig nach mir erkundigt: nach meinen Aktivitäten und den beruflichen Plänen, nach meinem Befinden, meiner Zufriedenheit.

Erst nach dem Gespräch ist mir aufgefallen, dass es mir wohl deshalb so gutgetan hat, weil es dabei (endlich wieder einmal) um mich als Person gegangen war und nicht um mich als Mutter (und um das Kind).

Ich werde ihr trotzdem ein Bild von Nina schicken (damit sie mich nicht so schnell vergisst).

97

«Wenn du erst einmal grösser bist, werden wir tolle Spaziergänge zusammen machen», sagte mein Vater zu seinem Enkelkind, das quengelig an seinen Hosen zerrte. Dann ist er, verlegen lächelnd, ziemlich rasch weggegangen.

98

Jetzt möchte ich nur noch wissen, wer weshalb das «Jahr des Kindes» erfunden hat – irgendwem *muss* es doch genützt haben?

99

Die Art und Weise, wie in manchen Filmen (Woody Allens «Interiors» zum Beispiel) kleine Kinder «auftreten», macht mich neuerdings aggressiv: sie sind nur Zitate, blosse Attribute (meist von sogenannt selbstverwirklichten Müttern). Sie treten auf und ab nach Plan und verhalten sich musterhaft unauffällig. Nirgends liegt ein Spielzeug von ihnen herum, die Möbel sind makellos, die Mütter superchic frisiert und ausgeruht. Kein Lärm, kein Dreck, keine Widerrede.

Ich frage mich, wie die Leute leben, die das für Realität halten.

100

Nina gegenüber kann ich mich weit mehr beherrschen als J. gegenüber: weil sie sich nicht so gut wehren kann, und weil ich glaube, dass sie «stabile Emotionen» braucht.

J. fühlt sich ungerecht behandelt.

101

Ich beneide und bewundere die Leichtigkeit, mit der J. alles von sich abschütteln kann und sich seine Freiheiten nimmt (kleine Freiheiten: weggehen, sich tagsüber hinlegen, nicht auf den Rhythmus des Kindes achten). Darauf angesprochen meint er: «Wenn du dir dieselbe Freiheit nicht nimmst, bist du selber schuld.»
So einfach ist das.

102

«Wenn-i so chönnt, wie-n-i wett, ja de wär
ja, de wär mängs nümme gliich –
und e ke Tag wär verlore und läär,
d Sunne, di miech mi scho riich...
aber warum isch o das e so schwäär:
z'si wie me wett, dass me wär?»
(Ruedi Krebs, Berner Troubadour) –

Ich möchte direkter leben, weniger grübeln, weniger Angst haben.
Forderungen von aussen als Ansporn sehen, nicht als Fallstricke, die mir gelegt werden.

Ich möchte nicht so viel frieren, mich nicht so oft verkriechen müssen in dem Bild von mir, das nach aussen scheinen darf.

103

J. hat berufliche Schwierigkeiten. Er verschliesst sich, schweigt, lässt mich nicht an sich heran. Ich habe nicht mehr alle meine Zeit für ihn: um mir anzuhören, was ihn beschäftigt, was in ihm wühlt. Meine Hände sieht er nicht.

Ich träume von Offenheit und Zärtlichkeit, jetzt, wo ich sie nicht wecken kann.

Wie abhängig bin ich schon von seiner Seele.

104

Es regnet. Es sieht aus, als hörte es nicht mehr auf. Wann hatte ich je so drängende Sehnsucht nach Wärme.

105

Mein Geburtstag.
Bis vor zwei Jahren habe ich jedesmal ein grosses Fest gemacht: viele Leute, viel Wein, Musik, nebeneinander Sitzen und Reden und Zuhören.

Jetzt feiere ich zurückhaltender. Das Kind schläft. Ausserdem vertrage ich nach der langen Abstinenz (während Schwangerschaft und Stillzeit) nur noch knapp zwei Glas Wein.

Einer hat mir ein Kleidchen für Nina geschenkt.

106

Das Glück, ganz genau zu spüren, zu wissen, was Nina meint, was sie mir mitteilen möchte. So nah wie ihr war ich noch keinem Menschen.

107

Wie weh es tut, bis ein Zahn geboren ist... so viele Nächte mit Tränen, einen halben Topf Honig, Ungeduld und ein wundes Ärschlein, rot wie bei einem Affen.

Nina hat jetzt den zehnten Zahn unterwegs.

108

J. hat mir einen Riesenstrauss Astern mitgebracht. Er steht auf dem kleinen Tisch in der Ecke und sprüht mit seinem Leuchten die Wände weg.

(Ich warte zu sehr auf seine mündlichen Bekenntnisse, ich vergesse zu leicht, in seinen Handlungen zu lesen.)

109

Nina hat ein neues Bilderbuch bekommen. Sie trägt es viel herum, doch will sie es nur von J. gezeigt bekommen. Ich erzähle die Geschichte anders, «falsch», sie will sie von mir nicht hören, ich verwirre sie (sie hat mich schon nach den ersten Sätzen ganz entgeistert angeschaut). Sie besteht auf dem, was sie kennt.

110

Die Parteien vor der Wahl. Jetzt übertrumpfen sie sich in Familienhymnen, reden von Kindern und Schulen, von Müttern und Sicherheit. Sie verteilen Blumen und lachende Aufkleber, die Kandidaten stellen sich, seriös mit Krawatte, zum Werbebild neben ihre Ehefrauen und Kinder (meistens zwei).

In zwei Wochen sind die Sitze neu verteilt, und alles bleibt beim alten: die Familien bleiben die Sparlämmer der Nation, die Sündenböcke (wenn Kinder später Heroin spritzen zum Beispiel) und die Blitzableiter. Die Wohnungen werden weiter mit winzigen Kinderzimmern konzipiert, die Spielplätze weiter mit Beton zugeschüttet, die Schulen mit Theorie verstopft.

111

An einem Dienstagmorgen ein Spaziergang zu dritt. Der Wald ist ganz für uns, kühl, hoch, still. Laub auf den Wegen, Nina raschelt darin herum und versucht, sich die Mütze vom Kopf zu ziehen. Es ist eine unwirkliche Stunde.

(Das letzte Mal, als ich Spaziergänge so tief erlebte, war ich heillos verliebt.)

112

Ich möchte mich nicht dauernd von allen Seiten her in Frage gestellt fühlen (auch von innen her nicht).

Manchmal denke ich, dass es den Frauen früher besser ging: da sie keine (oder keine grossen) Wahlmöglichkeiten hatten (Mann, Beruf, Karriere), konnten sie schlecht zwischen die Stühle fallen. Sie waren vermutlich zufriedener als viele Frauen heute (ich sage zufriedener, nicht: glücklicher).

Unsere Wahlmöglichkeiten sind doch noch grösstenteils Illusionen. Frau Thatcher ist kein Gegenbeispiel.

113

Wie schön das Kind ist, wenn es schläft.

Eine Ahnung von Vollkommenheit, von Ruhe und von Heimat.

114

J. ist manchmal wochenlang kaum zuhause, er hat den Kopf voll mit seiner Arbeit, will nur Ruhe, Essen, Verständnis, Schlaf. Diese Stresszeiten, die regelmässig (und absehbar, doch unabwendbar) wiederkommen, verlangen von mir reines Funktionieren, Reibungslosigkeit, Launenlosigkeit: als wär ich der Butler.

Darauf folgen Tage, manchmal Wochen, die ruhig sind und leer. J. sitzt den halben Tag lesend in einem Stuhl, er kocht, spült, zeigt Nina, wie man die Malstifte in die Hand nimmt und erzählt ihr die Geschichte von Himpelchen und Pimpelchen.

Wahrscheinlich ist dieser Wechsel (von den konkreten Möglichkeiten, Familienalltag zu leben) nicht das Schlechteste; ich habe so ab und zu ganze Tage, die ich allein irgendwo verbringen kann, und Nina hat mehr von ihrem Vater als bei einem Achtstundentag-Mann. Bloss: die Stressphasen sind schlimm... sie laugen mich jedesmal aus, wenn sie wiederkommen.

115

Ich bin gerade dabei, Nina eine frische Windel anzuziehen, da kommt J. ins Zimmer gerast und ist ganz aufgeregt: er muss mir unbedingt vorlesen, wie Robert Jungk als Augenzeuge beschreibt, wie eine Atombombe gezündet wird: es sei ein grossartiges, beängstigendes Schauspiel (Farben, Hitze, Donner, Druck). J. liest und fährt mit der freien Hand in der Luft herum, Nina brabbelt und streckt sich den grossen Zeh in den Mund, ich stehe dazwischen und meine Aufmerksamkeit flattert vom einen zum anderen.

116

«Fortschritte machen» hängt zusammen mit «fortschreiten», weggehen: jeder neue Schritt des Kindes ist ein Schritt fort (von den Eltern, von der Geburt). Wie genau die Sprache sein kann.

117

Dieser Nebel, er hängt bis auf die feuchten Gräser. Ich möchte hinaus, ins Blau... («Bald wir es schnein – weh dem, der keine Heimat hat.»)

118

J. hat sich eine Platte gekauft, er legt sie auf. Es sind alte griechische Weisen, auf traditionellen Instrumenten nachgespielt. Der orientalische Einschlag ist sehr stark, wir stehen ein bisschen ratlos vor den Lautsprechern. Nina ist die erste, die zu lachen anfängt und mit den Armen herumrudert («dirigiert»); da ihr alles neu ist, ist ihr wenig fremd.

119

Ich habe eine der Frauen wiedergetroffen, mit denen ich im Krankenhaus lag nach der Entbindung. Ich hatte mich damals gut mit ihr verstanden, wir hatten Gemeinsamkeiten entdeckt und ähnliche Ansichten über den richtigen Weg, Kinder gross werden zu lassen.

Jetzt habe ich sie besucht. Wir waren uns sehr fremd. Nicht nur die körperliche Schwäche, die uns verbunden hatte, war überstanden – jede ist in ihrem Gärtchen weitergewachsen; ich sass in dem fremden Wohnzimmer und fühlte mich unpassend, auch die beiden Kinder musterten sich recht misstrauisch. Wir hatten uns nicht mehr zu sagen als Höflichkeiten.

Es hat mich traurig gemacht.

120

Die Müttergruppe Leimental trifft sich alle 14 Tage abends in einem Gasthaus. Man redet, plauscht, plaudert aus und trinkt ein bisschen etwas. Mir ist das zu wenig, ich hatte Anregungen erwartet und gemeinsame Aktivitäten (auch mit den Kindern, auch mit den Vätern), aber ich traue mich nicht recht, das den anderen Frauen zu sagen. Sie scheinen zufrieden zu sein in der Gemeinsamkeit, sie scheinen keine weiteren Ansprüche zu stellen. Ich fürchte mich davor, als «elitär» beschimpft zu werden (obwohl vermutlich keine von ihnen dieses Wort benutzen würde): ich brauche die Geborgenheit der Gruppe, auch wenn mir Offenheit schwerfällt.

Und manchmal tut es ja auch gut, einen Abend lang in Ruhe Wein zu trinken.

121

Ich stricke für Nina Fausthandschuhe mit winzigen Daumenschläuchen und langen Stulpen und einer Kordel dran, die sie sich um den Kragen legen wird. Ich schimpfe und schwitze beim Stricken und bin sehr stolz auf meine Leistung.
Meine Grossmutter fällt mir ein; sie hat uns, als wir klein waren, endlose Mengen von Unterleibchen, Seelenwärmern und kratzenden Strumpfhosen gestrickt – eigentlich strickte sie immer, selbst dann, wenn sie uns Geschichten vorlas. Die Wolle hatte eine rötliche Rinne in die faltige Haut ihres Zeigefingers gegraben, und die Nadeln klapperten so gemütlich, wie sie nur in Grossmutterhänden (in Enkelerinnerungen) klappern können.

122

Nina hat Grippe, Fieber, Schnupfen. Sie wacht alle Stunden auf und weint, sie kann sich gegen die Enge in ihr nicht wehren und sucht nach Schlaf.
Ich stehe jedesmal auf (ich jucke aus dem Schlaf), wenn sie wieder losweint, bringe ihr Tee und Tropfen für die Nase und den Schnuller zum Einschlafen. Ich bin müde und spüre, dass eine dünne Wut in mir aufsteigt.
Einmal wacht J. auch auf und ist erstaunt über das Weinen. Er murmelt: «Entschuldige, ich muss morgen arbeiten», dreht sich auf die andere Seite und schnarcht schon wieder.
An wem soll ich meine Wut ablassen? Am Kind? Am Mann? An der «Gesellschaft»?

123

Chilbi – das Karussel dreht sich, klimpert, die Lämpchen flackern, Nina strahlt und streckt die Arme nach den Lichtern aus. Bald wird sie mitreiten, nächstes Jahr vielleicht schon.

124

Bloch hat in seinem amerikanischen Exil, während seine Frau den Lebensunterhalt für die Familie verdiente, tagsüber den kleinen Sohn versorgt, saubergemacht, eingekauft – und nachts hat er sich hingesetzt und sein wichtigstes Werk geschrieben, das «Prinzip Hoffnung».

Inwieweit war wohl der Inhalt der Tagesarbeit fruchtbar und wesentlich für die Gedanken der Nachtarbeit? (Dies als hoffnungsvolle Vermutung einer manchmal frustrierten Mutter).

125

Ein Foto: meine Mutter hat die Nina auf dem Arm, beide schauen auf den Fluss. Die Kamera stand hinter ihnen, ungehört.

Wie leise, fast scheu die Grossmutter ihren Kopf an den des Kindes lehnt... ich kannte bisher bloss ihre sicheren, mächtigen Gesten.

126

Bald ist Weihnachten. Dieses Jahr werden wir wohl wieder einen Baum schmücken, J. und ich – wir haben es lange nicht getan. Jetzt freuen wir uns darauf, nicht nur wegen Nina.

127

Eine meiner Schulkameradinnen ist beruflich ausserordentlich erfolgreich. Ich höre von ihren neusten Siegen und bin neidisch auf sie, als nähme sie mir damit etwas weg.

Ich erinnere mich, dass sie mir sagte, dass sie sich auch noch Kinder «anschaffen» wolle. Das erfüllte mich mit leiser Schadenfreude.

128

Wie hilflos die Bäume aussehen, so schwarz, so ohne Kleid.

129

Ich weiss, dass ich Geduld «üben» muss und rege mich doch jedesmal auf, wenn Nina beim Versuch, alleine zu essen, mit dem Brei überall herumschmiert. Ich kann sie doch nicht in Plastikfolie einpacken!

(Was noch zu erfinden wäre: das pflegeleichte Kind.)

130

In einer Elternzeitschrift habe ich einen Artikel gelesen, Titel: «Wie schön es sein kann, der Kinder wegen auf einiges zu verzichten». Da beschrieben vier, fünf Familien frischfröhlich, wie toll sie mit ihrem Durchschnittsgehalt (etwa 1800.– netto monatlich) zu dritt oder zu viert auskämen, und wie doch die Kinder die Eltern für das ganze Sparen hundertfach mit Freude entschädigten. Diese Heuchelei...

Ich habe einen Leserbrief geschrieben, aber er wurde nicht abgedruckt.

131

Frauen haben, sagt man, allzu oft gegensätzliche Wünsche, Gedanken, Empfindungen – das macht, sagt man, den Umgang mit ihnen so kompliziert, so undurchsichtig, so verzwickt. Man muss das aber in Kauf nehmen: das ist eben «typisch Frau».

Ich finde nichts Schlimmes (Anrüchiges) an Doppeldeutigkeiten, an Gegensätzlichkeiten. Ich entdecke sie in jedem Wort, in jedem Gedanken, jeder Tat. Ich möchte sie mir erhalten, weil ich fürchte, ohne sie leerer zu sein, unehrlicher, lauter: zu einseitig, zu schlagkräftig, zu «grosszügig» blind.

132

Wenn ich mit dem Kind spazierengehe, quatscht mich auf der Strasse kein Mann an; ich kann bummeln, so langsam ich will, lachen, so laut ich möchte, ich kann die Haare fliegen lassen. Als Mutter bin ich tabu. Ich empfinde das als sehr angenehm.

Ich muss aber aufpassen, dass dieses Tabu sich nicht auch in mein (unser) Privatleben einschleicht. Ich merke, dass ich es jetzt manchmal als ganz hilfreich und vertretbar empfinde, für J. nicht mehr im selben Masse ein sexuelles Wesen zu sein, wie vor Ninas Geburt. Und auch er betrachtet mich, scheint mir, seither mit etwas anderen Augen (weniger beschützend, weniger übermütig).

Das Muttersein droht mich zu neutralisieren.

133

Warum gibt es diesen erbitterten Kampf zwischen Hausfrauen/Müttern und Kinderlosen/Berufsfrauen? Warum wirft jede Gruppe der anderen «Egoismus» und «Fremdbestimmung» vor? Was ist «Freiheit» für eine Frau – abhängig sein von Mann und Kindern, oder besser: abhängig sein von Chef und Freund?

Wenn wir nicht davon loskommen, dass es nicht für alle Frauen denselben Lebensweg, denselben Weg zur Selbstbefreiung geben kann, werden wir nie aus der Unfreiheit herauskommen. Jede Frau muss versuchen, ihren eigenen Weg zu gehen (nur so verlieren wir unsere Starre und unsere Unsicherheit).

Und erst dann werden die Kinder Neues lernen («Fortschrittliches»), nicht mehr die bisher geläufigen Trampelwege.

134

Jetzt kommt Nina manchmal schon in meinen Träumen vor. Eigentlich nicht mehr als Kind, sondern als («richtiger») Mensch. Mein Innenleben scheint Fortschritte zu machen.

135

Heute hat Nina zum ersten Mal bewusst (bewusst?) Schnee erlebt. Sie war sehr aufgeregt und wollte keinesfalls im Wagen sitzenbleiben, als wir zum Einkaufen fuhren. Ich liess sie laufen. Sie rannte hin zum Strassenrand, ging da in die Hocke und streckte dann vorsichtig den Finger in den Matsch. Sie schien enttäuscht zu sein von dem, was sie spürte – vielleicht hat sie sich den Schnee als etwas Weiches, Warmes vorgestellt.

Trotzdem war sie kaum zum Weitergehen zu bewegen.

Wir werden ihr einen Schneemann bauen, einen grossen mit Nase, Besen und Knöpfen auf dem Bauch.

136

Wenn ich sehe, mit welcher Bewunderung und Begeisterung Nina ihren Babysitter begrüsst, werde ich fast neidisch. Doch dann sage ich mir (als Trost), dass diese Begeisterung wohl auch abflachen würde, wenn sie Alltag wäre.

137

Ich habe einmal vor ein paar Jahren, als ich eine Zeit arbeitslos war, daran gedacht, ob ich nicht diese «leere» Zeit mit einem Kind «überbrücken» sollte... Heute schäme ich mich dieser Gedanken: wegen des Kindes, das da hätte geboren werden können.

138

Ich möchte nicht eitel sein in bezug auf Ninas Kleidung – dennoch stricke ich ihr zur neuen (blauen) Windjacke eine andere (rote) Mütze, weil die Farbe der bisherigen (dunkelbraun) sich meiner Meinung nach mit der Farbe der Jacke beisst.
Zum Stricken habe ich genug Zeit.

139

Eine Schwangerschaft möchte ich gerne noch einmal erleben: diese Weichheit, dieses Ichgefühl, die vollen Rundungen und das Pochen im Bauch... auch auf eine zweite Geburt würde ich mich freuen: diese Kraft, diese Kraft, diese Seligkeit.

Es wäre aber verrückt, deswegen nun ein zweites Kind haben zu wollen.

140

Wie sehr Nina versucht, ihre Bewegungen zu koordinieren und in den Griff zu bekommen – und wie oft ihr alles ausrutscht dabei. (Wie schwierig es ist, aus einer Tasse zu trinken.)

141

Wieviel Liter Speichel läuft einem Kind wohl täglich aus den Mundwinkeln, wenn es zahnt? Das möchte ich gerne einmal wissen.

142

Wenn J. von der Probe nach Hause kommt, essen wir alle drei zusammen, auch wenn es inzwischen vier Uhr geworden ist. Heute rief er an, er käme noch später, und wir sollten ruhig schon essen. Ich setzte Nina in ihren Stuhl, holte die vollen Teller und wollte sie füttern. Sie hat ihren Mund nicht aufgemacht und wollte nicht essen, sie zeigte immer nur ganz ausser sich auf J.s leeren Stuhl und schüttelte den Kopf.

(Warum hat mir das wehgetan?

143

Wenn ich sehe, welcher Schund zum Teil als «pädagogisches Spielzeug» verkauft wird... Plastikfiguren, grellbunt und unbeweglich («Krankenschwester», «Bauarbeiter», «Astronaut»); Bausätze, mit denen man immer nur das Gleiche bauen kann: Polizeiposten und Wohnzimmeridyllen; Autos und automatische Flugzeuge, die gleich kaputtgehen, wenn man sie im Sand fahren lässt; «Lerncenters», wo Einjährige an zwei, drei Knöpfen drehen sollen, damit es klingelt...

Nina spielt (bisher) am liebsten mit ihren Stofftieren, den Klötzchen, dem Ball – wird sie sich später auch eine Pistole wünschen? (werden wir sie ihr kaufen?)

144

Ich habe ein Buch gelesen (vermutlich ein autobiographisches) über eine Frau, die daran kaputtgeht, dass sie ihre beiden Kinder nicht lieben kann; sie sind nicht so, wie sie sie sich vorgestellt (gewünscht) hat.

Beim Lesen (ich las es in einem Zug) dachte ich, dass ich dieses Buch einigen Leuten zum Lesen geben möchte, weil es mich sehr ansprach: weil es Dinge aussprach, die ich auch erlebt hatte – den Kampf um die Liebe zu einem Kind. Doch nach der Lektüre habe ich das Buch weggeworfen: niemand sollte etwas von mir darin vermuten können.

So pflanzt sich Unehrlichkeit fort.

145

Nina schaut lange Zeit von der Lampe zu ihrer Spiegelung im Fenster hin und her: sie weiss nicht mehr (sie ist nicht mehr sicher), welche Lampe jetzt die «richtige» ist.

146

Nach einem uferlosen Quengeltag erscheint mir sogar die Einkaufsrennerei im Abendverkauf eine Erholung zu sein: endlich bestimme ich wieder.

147

Silvia Plath. ., ich habe von J. das Buch mit ihren Briefen geschenkt bekommen.

Diese Dichterin, so begabt, so ehrgeizig, so arbeitsbesessen und fähig; diese Mutter, so wild entschlossen, perfekt zu sein und ihren

(möglichst vielen) Kindern eine wolkenlose Kindheit zu schaffen; diese Ehefrau, die ihren Mann immer bewundern können will, die ihm ihren Ehrgeiz unterordnet und seine Erfolge herumposaunt, als schiene dann auch ein Glanz auf sie –
Diese Frau, die dann plötzlich nicht mehr leben konnte, als die Teile auseinanderfielen, die sich das Leben nahm, nachdem ihr Mann sie verlassen hatte – diese Frau: zerbrochen an den Bildern, die man in sie eingepflanzt hatte, zerrieben von den Ansprüchen, die an sich zu stellen man sie gelehrt hatte.

148

Dadurch, dass mir Nina als «hübsches» (schönes) Kind erscheint, fällt es mir in manchen Momenten leichter, sie liebzuhaben (vor allem, wenn ich sie neben anderen Kindern sehe).

Früher habe ich den Satz, dass jedes Kind für seine Eltern das Schönste ist, immer für eine lächerliche, aber verzeihliche Notlüge gehalten.

149

Was mich an den Feministinnen neuerdings stört: dass für sie Frauen, die zusammen mit einem Mann ein Kind haben (haben wollen), schon «Abtrünnige» sind. Vertretbar ist für sie nur, allein ein Kind zu wollen und es auch allein aufzuziehen.

Abgesehen von den realen Problemen dieser «Monokultur» (welche Frau kann es sich schon leisten, ein Kind grosszuziehen, ohne es dabei oft allein lassen zu müssen, weil sie das Geld zum Leben verdienen muss?) finde ich diese Haltung verbohrt und dogmatisch – nicht nur dann, wenn das Kind ein Junge sein sollte.

Rückzug ist kein Schritt voran. Und wenn Männer wieder Väter werden sollen, muss man sie auch heranziehen.

150

Ein Freund erzählt von seiner unglücklichen Beziehung zu der Frau, die er liebt; sie entzieht sich ihm immer wieder, er weiss nicht, ob aus Angst oder aus Überdruss. «Vielleicht sollte ich ein Kind mit ihr haben», sagt er.

Mir ist, als hätte mir dieser Satz einen Schlag auf den Kopf gegeben. Als ob ein Kind Leim wäre... ich kann mir keine belastendere (forderndere) Aufgabe für zwei Menschen vorstellen, als ein gemeinsames Kind.

151

Nina weint nicht mehr beim Haarewaschen, seit ihre kleine Puppe ebenfalls den Plastikkopf eingeseift bekommt. Und ihr Gesicht lässt sie sich am liebsten vor dem Spiegel waschen. Mit dem Wissen um das «Wie» schwinden die Abscheu und die Ängstlichkeit.

152

Nina verhält sich mir gegenüber weinerlicher und anhänglicher als gegen J. Wie genau sie uns schon durchschaut und wie genau sie einschätzen kann, wie viel wir dulden.

153

Ich habe mich nachts, als ich nicht schlafen konnte, mit Stiefeln und im Mantel überm Nachthemd ins dunkle Auto gesetzt, die Fenster geschlossen und den Kopf zurückgelehnt. Vivaldis Lautenkonzert dröhnte aus dem Autoradio auf mich ein, die Wucht der Musik hat mich geschüttelt, mir die Ruhe wiedergegeben.

Wie gut die lauten Töne taten – ich lebe so wohltemperiert, seit das Kind da ist.

154

Wenn ich koche, ist Nina jetzt immer dabei. Es interessiert sie masslos, was ich in die Töpfe rühre, sie will hochgehoben werden und unter die Deckel schauen, sie hantiert am Boden mit Löffeln und leeren Packungen und «kocht auch»... Seit sie mitmacht, koche ich viel lieber. Ich komme mir wichtig vor dabei.

155

Nachts, gegen Morgen schon, im dunklen Kinderzimmer sitzen, stumpf und leer vor Müdigkeit und Angst. Das Kind kauert fiebernd in meinem Schoss, es zittert vor Hitze und Anspannung, weint und weint und sucht nach Ruhe, lehnt den Kopf an meine Brust, atmet schnell und pfeifend. Die Kälte kriecht an meinen Beinen hoch unters Nachthemd, ich sitze starr und bewegungslos und warte darauf, dass es Morgen wird, dass es hell wird, dass Nina schläft, dass alles nur Traum ist.

156

Nach den langen Fiebertagen wandert Nina zum ersten Mal wieder durch die Zimmer. Wie ernst und behutsam sie alles wieder in Besitz nimmt, zum Leben erweckt.

157

Wenn J. nach seinen Arbeitswochen, in denen er kaum zuhause war, wieder auftaut, betrachtet er Nina lange. Er sieht viel Neues an ihr; er hat das Bedürfnis, sie wieder ganz kennenzulernen. Auch möchte er ihr wieder nahekommen: in der Zeit, wo nur ich für sie da war, hat sie angefangen, ihn zu übersehen.

Meist fragt er mich dann ganz fröhlich, ob ich nicht Lust hätte, für ein, zwei Tage wegzufahren. (Natürlich hab ich Lust!)

Wie wichtig ist es mir, dass er sein Kind nicht erst dann wahrnimmt, wenn man ihm eine elektrische Eisenbahn schenken kann.

158

«Träume sind wie Kinder», singt einer im Radio... wahrscheinlich meinte er das «Zerbrechliche an sich»... Wie stupid dieser Vergleich ist, geht mir selbst erst auf, seit ich ein Kind habe.

Mit welch blödsinniger Sentimentalität das Bild «Kind» dauernd überpinselt wird.

159

Nina hat dasselbe übermütige Grinsen wie J.
Von mir hat sie die Augenfarbe – sonst weiss ich nichts Genaues.

Die Grosseltern kennen sich da besser aus.

160

Wenn mir eine Frau sagt (und sei es am Telefon), dass sie auch ein kleines Kind hat, fühle ich mich gleich ernstgenommen.

161

J. hat mir eine Rosenknospe auf den Schreibtisch gestellt (wo mag er sie herhaben, mitten im Winter? es ist eine wilde). Er hat sie absichtlich hierhin gestellt, auf meinen Schreibtisch, mir vor die Nase, wo ich sie sehe, wenn ich schreibe (schreiben möchte).
Wie gut das tut.

162

Heute lag ein Brief im Kasten, adressiert an Fräulein Nina... Zuerst habe ich gelacht. Dann Stolz, Sehnsucht, Wehmut.

163

Jetzt hat sie mir schon wieder auf die saubere Bluse gespuckt!

Manchmal habe ich es wirklich satt, auszusehen wie der Familienmisthaufen.

164

Ich glaube, die heute üblichste Form von Kindsmisshandlung ist, Kinder zu übergehen.
Wenn ich sehe, wie Eltern ihre Kinder hinter sich herzerren, wie sie über ihre Köpfe hinweg mit anderen sprechen, wie sie sie ausstaffieren und verplanen, sie vor den Fernseher setzen und mit ihren Spannungen erdrücken...

Glücklicherweise scheinen viele Kinder recht widerstandsfähig zu sein.

165

J. hat mir ein Parfümfläschchen aus Berlin mitgebracht: es ist genau der Duft, den ich mochte (und ab und zu trug), als wir uns kennenlernten.
Ein Schwall von Erinnerungen.

166

Mir ist bewusst geworden, dass ich in Gesprächen neuerdings immer den Aspekt des Realistischen, des Praktischen und Möglichen einbringe, dass ich kaum mehr zu verbalen Höhenflügen fähig bin und dass mich rein theoretische Diskussionen langweilen. Das erschreckt mich, doch je beunruhigter ich bin, umso schwerer fällt es mir, irgendwie dagegen anzugehen. Ich fange an, den Mut zu verlieren, mich in Gespräche einzumischen: ich fürchte, nichts «bieten» zu können aus der Perspektive des Alltäglichen.

(So schnell geht das also.)

167

Das Schreiben gibt mir das Gefühl (die Illusion), einen Überblick zu haben über die Tage und Jahre hin.

168

Früher hat man sich nicht so viele Gedanken gemacht, und die Kinder sind auch gross geworden (und «recht» sind sie auch geworden, jawohl).

Was soll man darauf antworten.

169

Gestern sah ich den Film «Frauennot – Frauenglück» aus dem Jahre 1929, der von Abtreibung und von Geburt handelt. Anhand konkreter Schicksale werden medizinische Kunst, Engelmacherei und soziale Härtefälle beleuchtet. Der Film will Emotionen wecken und gleichzeitig informieren – er macht alles kaputt mit dem lapidaren Schluss-Satz: «Das Leben geht weiter.»

Ja, sicher, natürlich geht es weiter.

Aber wenn nicht eine einzelne Person, ein einzelnes Schicksal, ein einzelnes Kind wichtig wäre, interessant und bemerkenswert, wenn alles nur als Verallgemeinerung gelten dürfte, Aufmerksamkeit auf sich ziehen dürfte – was könnte dann noch gesagt (geschrieben, gefilmt, gespürt, gehört, gelesen) werden.

170

Seit das Kind da ist, komme ich mir selber näher.

Obwohl mich das Kind von manchem abgebracht hat, hat es mich bereichert: im Spüren, im Sehen, im Geben, im Da-Sein, im So-Sein; im Vorwärts liegt Sinn.

Die Notizen brechen hier ab, ohne ein «Ende» erreicht zu haben. Sie könnten weitergehen (ich führe sie weiter, für mich; jetzt wieder nur im Kopf).

Das Aufschreiben hat mir geholfen. Ich habe dadurch genauer nachgedacht über die Veränderungen, die in mir und um mich vorgegangen sind seit der Geburt unseres Mädchens. Ich habe genauer nachgedacht, weniger gegrübelt, weniger geweint, mich weniger aufgeregt.

Bevor ich mit den Aufzeichnungen anfing, fühlte ich mich in einem Loch – ich war sehr unsicher geworden durch die ganzen Veränderungen. Unser Kind war nicht «geplant», es hat uns überrascht, wir haben es erst gar nicht bemerkt. Dann aber haben wir uns sehr darauf gefreut, Eltern zu werden: unsere Beziehung schien stabil genug, das Geld ausreichend, die Wohnung nicht allzu laut und die Zukunft nicht ungesichert. Wir gingen ganz zielstrebig daran, uns das Leben zu dritt auszumalen: ich wollte so schnell wie möglich nach der Geburt wieder arbeiten (halbtags), wir hatten schon einen Krippenplatz für das Kind und lasen Pädagogisches. Mir ging es gut, ich fühlte mich wohl mit dem Bauch. Auch geheiratet haben wir noch, als ich im fünften Monat war.

Die Geburt lief normal. Wir waren glücklich über unser gesundes, rosiges Mädchen, ich glaube, wir haben beide ein bisschen geweint. Es war ein schöner Traum.

Das Aufwachen kam zuhause. Da sass ich nun mit dem winzigen Kerlchen, das so viel schrie und sich ganz anders benahm, als ich mir das vorgestellt hatte. Wir hatten Harmonie erwartet – doch da waren Ängstlichkeit, Unsicherheit, Nervosität und Ringe unter den Augen. Mir wurde schlagartig bewusst, welche Verantwortung wir übernommen hatten, welche Pflichten; ich fühlte mich eingeengt und überrumpelt, überfordert und alleingelassen.
Und dann wurde mir langsam auch klar, was das Kind für mich (als Frau, als Berufsfrau nicht ohne Ambitionen) bedeutete – natürlich fühlte ich mich J. gegenüber «gleichberechtigt», doch er behielt sei-

nen Beruf ja trotz des Kindes bei (sein Verdienst ist höher als meiner, und Halbtagsarbeit ist bei seinem Beruf nicht möglich). Ich merkte, dass ich, solange das Kind in meinem Bauch war, immer nur theoretisch über mich als Mutter nachgedacht hatte – ich hatte die Gefühle nicht bedacht (die Glücks-, die Pflicht- und auch die Schuldgefühle).

Es hat lange, mehr als ein Jahr gedauert, bis ich wieder eine Art von Sicherheit gefunden habe. Es ist eine ganz neue Sicherheit, weil ich mich in dieser Zeit (zwangsläufig) sehr geändert habe. Dass ich zu dieser neuen Sicherheit, zu einer Ruhe und zu einem neuen Weg (der auch nicht ohne Ambitionen ist) gefunden habe, daran hat mein Schreiben, haben die Notizen einen grossen Anteil.

Oberwil bei Basel, 15. März 1980

Beatrice Leuthold
Mutterraben
Briefe an Michael und Silvan

BEATRICE LEUTHOLD
Mutterraben
Briefe an Michael und Silvan

Zürich, im März 1980

Ihr wisst, meine Rabenvögel, ich bin in der «Stadt».
Ihr steht jetzt, denke ich, auf dem Platz vor dem grossen Haus, wo Ihr den frostzerrissenen Asphalt mit Kreide bekritzelt habt. Über Nacht fällt Schnee, am Morgen zieht Ihr die verwaschenen Striche nach. Ihr wisst, dass der Frühling kommen wird.
Ich sitze in meinem Arbeitsraum. Die Türe schliesst schlecht, ich bin froh darüber. Die Geräusche kann ich auseinanderhalten, das leise Summen kommt von Anns elektrischer Schreibmaschine, das härtere Klopfen aus Lisas Zimmer, Isos Stimme im Nebenraum. Vor mir der von einem unbekannten Vorgänger schwarz angestrichene Fensterrahmen. In drei Stunden, wenn der Abendverkehr einsetzt, wird er in ein leichtes, monotones Brummen und Zittern kommen. Die farbigen Windrädchen auf der gegenüberliegenden Dachterrasse rasen drauflos. Ich sehe drei Viertel Himmel und ein Viertel Dächer, Dachgitter, Wäscheleinen, Antennen. Wenn unten auf dem Asphalt der Teufel los ist, Sirenen, Pfiffe, geflucht und gehupt wird, springe ich auf und starre hinunter auf die gelben und weissen Codes im Asphalt.
Die Frauen schleppen an ihren Einkaufssäcken, kippen die Kinderwagen über die Randsteine, Leute klumpen sich um die Haltestellen. Zehn Stunden am Tag. Nachts, wenn der letzte Schub Heimkehrer stadtauswärts verdröhnt ist, laufen Jugendliche quer zu den Zeichen über den Platz, die Fäuste in weite Jacken vergraben, die Haare kurzborstig und bunt. Zeiträume. In zehn Jahren werdet Ihr querlaufen. Und ich?
Die ersten grauen Haare auf dem Scheitel. «Wirst du nun bald sterben müssen?» fragst Du Michael, und ich muss mich niederknien, damit Du sie mir vorsorglich ausreissen kannst.
Auf dem Sims die ersten Kerzen, die Ihr getaucht habt, die unförmigen, mit Wasserblasen angereicherten. Beim Anzünden verzischen sie in unfeierlichen Explosionen. Esther sagt: «Ach, diese Frauenbüros mit dem ganzen miefigen persönlichen Schnickschnack, den Kinderbildchen und den immergrünen Pflänzchen, schrecklich.»

So sind diese Räume hier, gezeichnet von den geborenen Kindern und von den ungeborenen. Von Dir Michael, hinter mir an die Türe geheftet, eine Zeichnung. Ein grosses bildfüllendes Haus mit vielen farbigen Fenstern. Rechts auf dem Dach ein riesiger roter Kamin. Um den Kamin flattern drei Raben, alle in der gleichen Richtung fliegend. Der erste Vogel, links vom Kamin, ist ausgemalt, von seinen Augen tropfen Tränen, rinnen dem Dach entlang, fallen in Punkten über die Hausfassade bis zum Boden: Michael. Dicht hinter ihm fliegt ein kleinerer Vogel mit unvollständigen Umrissen: Silvan. Rechts vom Kamin ein grosser, vierflügliger Vogel: ich. Zeugnis eines schmerzlichen Tages.
«Warum die vielen Tränen des ersten Vogels?» fragte ich Dich. «Er fliegt umher und kann den Muttervogel nicht finden. Er müsste nicht traurig sein, der Muttervogel ist nämlich nur hinter dem Kamin. Der Kamin ist zu gross, er verdeckt die Sicht. Aber die Tränen sind umsonst.» Versuchst Du nun, mich zu beruhigen? Meine Tröstungen in Worten sind meist im Anflug geschmacklos.

Schlaf, Kindlein, schlaf
Der Vater ist ein Schaf
Die Mutter ist ein Lumpentier
Armes Kind, kannst nichts dafür

Schlaf, Kindlein, schlaf
Der Vater lugt ins Glas
Die Mutter säuft viel roten Wein
Es wird bald wieder besser sein

Ihr versucht, mir mit Euren Variationen zum Kinderlied ein Lachen zu entlocken.
Erinnerung an Lachen und Weinen, Erinnerungen abrufen in meinem Kopf, hier in meinem Arbeitsraum sitzend, mit dem Auftrag des Verlegers. Vor mir der schmutzig gewordene, weil ständig hin- und hergetragene Umschlag mit den Botschaften eines Jahres, an Euch adressiert.
Erinnerung an Schweigen und Stummheit. Botschaften, entstanden aus dem Wunsch, sich mitteilen zu können in einer Zeit, da Mittei-

lung nicht mehr möglich war. Schweigen, weil Misstrauen das gesprochene Wort vorwegfrass. Verstummen, weil weder die zärtlichen noch die zornigen Worte mehr taugten. Nicht mehr Worte wahrnehmen, nur noch Geräusche. Das Sprechen der andern, ein unangenehmes Geräusch.
Blatt um Blatt herauslösen aus dem Umschlag: die Arbeit des nächsten Monats in der «Stadt». Von Frühjahr zu Frühjahr gehen, es war ein Jahr wie zehn Jahre und doch nur ein Jahr, Ihr seid eine Klasse höher gerückt.

3. März 1979

Das grosse alte Haus mit der zersprungenen Fassade, den vielen unregelmässigen, eng aneinanderliegenden Fenstern. Vier verschiedene Gesichter auf vier Seiten hin. Wenn ich nachts von der Bahnstation herkomme, bleibe ich auf dem Kiesweg stehen und betrachte die beleuchteten, vorhanglosen Fenster. Seit zwei Jahren kenne ich das Leben hinter diesen Fenstern, wundere mich jetzt, dass an jener Ecke noch Licht ist, dort hingegen unüblicherweise schon Verdunkelung. Nie zuvor habe ich ein Haus mit Zärtlichkeit betrachtet, nicht den Wohnblock der Kindheit, nicht die Häuser in fremden Städten, nicht das vergammelte Herrschaftshaus der ersten Ehejahre. Aber dieses Haus hier habe ich geliebt.
Und seine Bewohner. Silvan. Michael. Wäre hinter Euren Fenstern noch Licht, würde ich meine Schritte beschleunigen. Die erste Zeit, da wir hier wohnten, habt Ihr nur Häuser gezeichnet, so stark war dieses Haus in allem Sein und Tun gegenwärtig.
Anna. Bei ihr ist meist noch Licht. Ich schlüpfe noch bei ihr hinein, für eine Zigarettenlänge auf der Bettkante sitzen, den Tag durchgehen, ein Kuss, den Baumwollstoff ihres Hemdes kurz zwischen meinen Händen. Die Verwunderung immer, wie schmal die Schultern einer Frau sind. Anna, die ich ein halbes Jahr zuvor in mein Zimmer bat. Ich sagte: «Es wird schwierig werden. Wir werden Nachbarinnen sein, die nächsten, unsere Türen liegen sich gegenüber, aber ich kann dir nicht die Friedlichkeit versprechen, die du suchst. Ich lebe hier nahe und doch getrennt von meiner Familie, und ich weiss, dass ich mich werde weiterbewegen müssen.»
Ich zähle meine Pole auf, den Mann, den ich liebe und der nicht mein Ehemann ist, die Kinder, den Beruf, dieses Haus. Meine Zerrissenheit.
Nichts scheint sie zu schrecken, die sie alle Schrecken hinter sich hat, wie sie zuversichtlich meint, ein fast verschwörerisches, aufmunterndes Lächeln im Gesicht.
Und ich weiss, dass ich von da an auch ein Stück weit abhängig sein werde von Freude, Trauer und Zorn in diesem mir noch wenig vertrauten, mir zugeneigten Gesicht.

19. März

Nachtessen. Ich sitze in Abwesenheit bei Euch. Ihr sprecht in der dritten Person über mich. Wie richtig ist das: nicht ich bin es, die an der Tischkante vor sich hinstarrt, sondern «Die Mutter», die Euch beaufsichtigt.
«Ist sie traurig oder zufrieden?»
«Sie ist traurig.»
«Nein, ich glaube, sie könnte auch zufrieden sein.»
«Ich bin sicher, sie ist traurig.»
Silvan, nach einem raschen Seitenblick, stülpt sich den vollen Joghurtbecher über den Scheitel: «Siehst du, jetzt jedenfalls ist sie wütend.»

Abwesendwerden. Ich hatte mir doch das letztemal vorgenommen aufzuschreiben, warum es soweit kam, in der Meinung, ich würde es besser handhaben können. Ich habe es dann nicht gemacht, weil Schreiben immer unmöglicher wurde. Es scheint mir auch jetzt irgendwie sinnlos.
Ich weiss nicht, wie es begann. Der Anruf von Peter vielleicht, ein sachlicher wegen der Formulierungen eines Amtsbriefes. Dann plötzlich am Schluss Peters überbesorgte Stimme und der eindringliche Rat, «Schau zu dir, und nur zu dir, und, eh, verdammt, trag dir Sorge». Panik: einer, der vielleicht mehr weiss, einer, der mich durchschaut. Verstelle ich mich nicht mehr gut genug? Angst, rundheraus nach dem Grund seiner Besorgnis zu fragen, weil die Stimme zittern könnte.
Eine mangelhaft zusammengehaltene Heiterkeit langsam verlieren, Haltung verlieren, ins Schwanken kommen.
Sich streiten mit Christoph vor der Anwältin, demütigend, und vor Euch, was schlimmer ist. Der Gerichtstermin sei voraussichtlich im Juni, habe ich eben noch mit Festigkeit jemandem gesagt.
Sich streiten mit den Leuten im Haus, mit den Zeitungskollegen. Wo auch immer ich bin, jeder für sich und Werweiss gegen alle.
Wer sich ein Gesicht bewahren kann, ist stärker. Das Gesicht verlieren, unzumutbar werden. Sich verstecken, bis man wieder ein Gesicht vorzuweisen hat. Das Gesicht der Soundso, wohnhaft

Soundso, Funktionen Soundso. Sich sehnen nach Hans, der wochenlang abwesend war und sein wird. Fragen, warum diese Sehnsucht keine vertrauliche war, sondern immer schnell verzweifelt und quälerisch wurde. Dann, nach einem Anruf aus Berlin, dieses Aufatmen, als wäre alles nur ein Alptraum. Der sich wiederholt.

Am Samstagmorgen verloren sein in der Geschäftigkeit des Hauses, dessen Treppenhaus von uns selbst umgebaut werden muss, da niemand Handwerker bezahlen kann.

Kopf und Hand, Hand in Hand, Handarbeit macht bessere Menschen.

Ich laufe mit Euch zum Kindergarten hinauf, der ist geschlossen. Schulkapitel, dass ich mir die Daten nie vormerken kann. Herumstreunen im Nieselregen. Bei Bauer F. vorbeikommen und dort aufgenommen werden. Auf der Ofenbank sitzen. Die Frau wickelt den Kleinsten, der Vater geht eben mit den Grösseren in den Wald, das Holz in Ordnung zu bringen. Alles hier geordnet, ruhig, klar. «Ich habe mich eingerichtet», sagt die Frau. «Jetzt, da ich nur Buben habe, weiss ich, dass ich alles immer allein werde machen müssen.» Ich schaue ihr bei den schnellen, sicheren Handgriffen zu. Sie ist gross, rund, zufrieden, sie strahlt das auch aus. Sie hat ein gutes, offenes Gesicht, und ich stelle mir vor, wie sie mit sechzig aussehen wird.
Sich wie eine Vogelscheuche vorkommen und doch genau wissen, dass dieses andere Leben für mich nie lebbar wäre.
Es stimmt nicht, dass ich wissen kann um ihr Gesicht in vielen Jahren. Welche Überheblichkeit. Ich kenne auch ihr Jungemuttergesicht nicht, von damals, bevor der kleine Junge überfahren wurde. Sie stand in geringer Entfernung und hatte nichts tun können. Sie wollte nicht warten, bis die Polizei und die Ambulanz kommen würden. Sie hob das Kind, das nur zu schlafen schien und keine weitern Merkmale zeigte, von der Strasse. Jemand fuhr sie nach Hause. Sie sass, das tote Kind in den Armen, und wartete, bis der Mann heimkam. Er habe, in all den kommenden Jahren, nie wieder das Kind erwähnt, nur nachts sehr lange wachgelegen.

Heimkehren, weil Ihr Hunger habt. Mörtel, Staub, Holz und Gipsplatten von der Haustüre bis unters Dach. Ich habe ein schlechtes Gewissen, weil ich auf der «Fronliste» des Hauses zur Arbeit eingetragen bin. Ich habe wenigstens gestern mit Euch zusammen die alten Bretter von der Wand im Treppenhaus gerissen. Nichts tut Ihr lieber. Das Ächzen des Holzes, wenn ihm der Geissfuss die Nägel entwindet, das Fallen der Bretter: in Euren Augen glimmt der gleiche Funke, wie wenn Ihr Euch plötzlich mit unerklärlicher Wut ineinander verkeilt.

Ich kann jetzt nicht neben Christoph in diesem Treppenhaus stehen, unter allen andern, im Mörtel rühren, als wäre nichts geschehen, als hätte er nicht noch am Vorabend in der Stube gesagt, «eine wie du hat das Recht auf ihre Kinder verwirkt».

Die gleichen Möbel, ein anderer Ort, eine andere Zeit. Ich hatte damals einen der Stühle genommen und ihn nach dem Mann geworfen, der dagestanden und gesagt hatte, «deine Kinder sind verwahrlost». Damals, jetzt nicht mehr.

Ich atme erleichtert auf, weil Anna gleichzeitig ins Haus tritt. Esthers Mann versperrt uns den Weg und sagt bissig, «wer nicht arbeitet, bekommt auch kein Mittagessen». Anna erwidert, sie hätte am vergangenen Samstag zwölf Stunden mitgemacht. Sie schreien sich an, Anna läuft weinend in ihre Wohnung hinauf. Ich erinnere mich, dass sie heute Geburtstag hat. Das Schreien, die Tränen, die Gewalttätigkeit, das trifft mich unvermittelt und stark. Nicht mich selbst im Grunde, es sind Annas Tränen, die ich nicht ertragen kann. Er ist in unser Stockwerk nachgefolgt, er und ich schreien uns vor Annas verschlossener Tür an. Ich gerate in eine verzweifelte Wut, schreie, schreie, bis er mit einer Latte auf mich zukommt. Ich flüchte in mein Zimmer. Ihr steht verängstigt da, ratlos, verzieht Euch schliesslich hinter Eure Kartonburgen. Ich denke, so geht das nicht, «geh ganz ruhig an den gemeinsamen Esstisch hinunter und kläre die Situation, sachlich, nüchtern, wie du dir's vorgenommen hast».

Als ich ins Säli komme, sitzen sie alle da, die Koppmeiers, die quengelnden Kleinkinder, Christoph, alle Binkels. Ich möchte mich hinsetzen, hab Herzklopfen. Die Stimmung, bleigegossen. Ich erkläre, erkläre, aber einer explodiert, schreit wieder. Ich

kann Schreien nicht mehr ertragen. Ich will nicht wieder zurückschreien, fühle mich machtlos, das macht mich kaputt. Warum komme ich nicht durch, warum überhaupt kann man mich anschreien? Warum habe ich mich so oft anschreien lassen? Von vorne beginnen. Einer sagt schliesslich, «wir wollen nichts wissen, keine Entschuldigung, keine Rechtfertigung, hör auf, das Haus hat schon genug unter deinen Schwierigkeiten gelitten».
Und dann geschieht etwas in mir, unkontrolliert, alle die Demütigungen des vergangenen Jahres sind da, alle Ohnmacht, alle verschüttete Wut, und ich schreie, «verdammte Arschlöcher», drehe durch, brülle sinnlos vor mich her, laufe weg. Esther kommt mir sofort nach, will mich aufhalten, fasst meinen Arm an, ich schüttle sie heftig ab, schreie, «du, du, bist genau gleich, du machst ja immer mit, du steckst mit allen unter einer Decke, Gesinnungshurerei, ich will euch nicht mehr sehen, lasst mich in Ruhe».
Ich laufe zur Tür hinaus. Vor der Haustür ist es kühl, mein Atem geht schnell, ich kann kaum stehen und muss anhalten. Mir ist übel, ich habe heftiges Kopfweh, schon lange. Es kommt mir in den Sinn, dass Ihr oben im Zimmer sitzt, auf mich wartet, dass ich Euch zum Mittagessen herunterhole, mit Euch an die Demo gehe nachmittags, wie versprochen.

An der Demo. Esther läuft irgendwo, ich hab sie von weitem gesehen. Sie lacht. Anna auch. Ich bin bitter und traurig, wende mich Euch zu. Es gibt immer Dinge zu tun mit Euch, die ich einfach machen muss, einen Ballon ergattern, ein Fähnchen, Euch vor unachtsamen Erwachsenen schützen. Viele Fragen beantworten. Ihr saugt alles auf, fragt, fragt. Kritisch seid Ihr, mühsam. Michael sammelt alle Flugblätter, die ich fortlaufend erklären muss, wie auch die Lieder, und was gerufen wird.
«Mutterschutz? Warum das? Und die Väter müssen arbeiten gehen?» Das findest du dreckig.
«Wär schafft am meischte? d Froue, d Froue, d Froue», wird geschrien. «Stimmt nicht», sagst du, «stimmt alles nicht.» Solidarisierst du dich spontan anderswo, kleiner Schwanz, oder hast du im Haus eine andere Realität bereits wahrgenommen?
«Kei Manöver i dr Stadt, die Männerspili hei mir satt.»

«Quatsch», sagst Du, «schade habe ich meine Pistole nicht dabei, es kommt doch immer drauf an, auf wen man schiesst.»
Am Schluss bekommst Du ein Flugblatt, das zum «Kongress der schlechten Mütter» in Genf aufruft. Du lässt es Dir übersetzen, betrachtest die Zeichnung. «Da gehen wir hin», sagst Du entschieden.

Ich bin erschöpft. Später sitze ich im Cooperativo unter vielen Frauen, allein, nein mit Euch. Ihr verschlingt mit Appetit Ravioli. Ihr seid zufrieden. «Warum machen die Männer keine so lustige Demo?» fragt Ihr.
Den Parkplatz finden, die Ballone erschlafft an Euren Handgelenken, heimfahren, fast schaff ich es nicht mehr. Ich stecke Euch in die Badewanne. Es ist sechs Uhr. Die Männer des Hauses arbeiten immer noch im Treppenhaus, die Haare gipsgrau. Christoph hat mir nicht geholfen am Mittagstisch. Verquere, absurde Erwartungen meinerseits, ich weiss, und doch tut es weh.
Ich nehme das nächste Bähnchen zurück in die Stadt. Es regnet, schneit fast.
Ich muss mir diese Filmkomödie ansehen für die Zeitung, habe mein Plansoll noch nicht erledigt diesen Monat. Was für ein Unsinn. Wieder sitze ich unter lauter Fremden, die lachen die ganze Zeit, und ich finde den Film unwahrscheinlich blöde. Sich zusammenreissen, nicht heulen, nicht auffallen, das Programm absolvieren. Am besten gleich zur Kruggasse gehen und das Programm in die Maschine verdauen. Es ist sehr kalt in der Mansarde, ich war ja auch die letzten Tage nicht an der Arbeit. Mir ist hier nicht wohl. Ich bin völlig abgeschnitten. Ob ich den Telefonanschluss doch einmal einrichten lassen soll?
Kopfweh, Schüttelfrost. Ich krieche unter die Decke in der Nische, aber es wird nicht warm. Ich will schlafen, nur alles schnell vergessen, aber ich kann nicht schlafen. Ich muss diesen engen, mauerkalten Raum verlassen. In der Wohnung von Hans könnte es wärmer sein. Es schneit nun nasse, grosse Flocken, breiig, ich bin gleich durchnässt, kein zu langer Weg.
Auch hier kalt, ich hocke auf den Boden, die untere Wohnung ist bestimmt geheizt.

Beatrice Leuthold

Unter die Decke kriechen?
Ich kann auch hier nicht sein, ich kann mich hier nicht kuscheln, es ist still und tot. Das Pult aufgeräumt, die Blumen verdorrt, der Kühlschrank leer und geöffnet, der Kaffeerest verraucht. Hans steht nicht unter der Türe, nach dem Feuerzeug Ausschau haltend, um, bevor er sich wegdreht, schnell auf mich zuzugehen. Ich habe hier nichts zu suchen. Auf dem Tischchen steht, abwartend, ein Willkommensgruss von Nina, liebevoll hingestellt. Ich bin hier ein Eindringling, kann nun nicht das Kissen über meinen schmerzenden Kopf stülpen, mit den Händen nach den abgegriffenen Ecken mich tasten, als könnte ich mich daran halten.
Ich möchte rufen wie ein kleines Kind. Das einmal dürfen, nicht souverän sein müssen. Ich bin kein Kind.

«Sei kein Kind. Unsere Grosse. Sei vernünftig, du bist schliesslich die Ältere. Der Kluge gibt nach, der Esel bleibt stehn. Du bist doch gescheiter als die andern. Brauch deinen Kopf, ich werde mich doch deinetwegen nicht schämen müssen?»

Ich habe es gewollt, dass ich nun hier so sitze, fremdsitze. Die Schlüssel neben mir auf dem hässlich gesprenkelten Spannteppich und die Erinnerung daran, dass ich hierhin kommen solle, wann immer ich Lust hätte. Patt.
Mein zerstörtes Raum-Zeit-Gefühl, ich kann mich in keinem der möglichen Räume einrichten und auch in diesem Frühling nicht. Aus allen Beziehungen herausfallen. Atemnot, die Nabelschnur immer noch um den Hals. Es gibt keine Lösung mehr, nur Schnitte. Schneiden, scheiden, schneiden tut weh. Schnitte? Es dreht und dreht um mich, kriecht aus den dunklen Ecken und ist fassbar da. Fast heiter könnte es mich machen. Es ist doch längst alles durch- und durchgedacht. Ich kann den nächsten Schritt ganz rational machen. Erst hier hinauskommen. Hier nicht.
Immer die Kinder. Ich sehe Eure schlafenden Gesichter. Ihr werdet aufwachen, ganz sicher, werdet da sein, an mir zerren, mich nötig haben wollen. Ich muss jemanden anrufen. Peter vielleicht, ihn fragen, was denn seine Sorgenstimme letzthin habe bedeuten sollen? Ich zögere eine Stunde lang, Mitternacht, das Alibiphon

antwortet. Christine? Kommt niemand. Anna? Antwortet nicht. Später kommt sie, Anna, hat mich gesucht auf dem Heimweg von einem Fest, lächelt einfach und setzt sich zu mir auf den Boden, «da, ein Päckchen, hab mir gedacht, du hättest die letzte geraucht». Sie überredet mich, mit ihr zurück ins grosse Haus zu fahren. Es schneit heftig, sie fürchtet, nicht mehr genug Benzin zu haben. Einen Augenblick lang male ich mir die Panne aus und wie ich ihr dabei nützlich sein könnte.
Das Treppenhaus ist den Vorschriften des Feuerschauers gemäss hergerichtet.

20. März

Sonntag. Unfähig aufzustehen, Angst, jemandem begegnen zu müssen. Ihr schaut nach mir, seid zornig. «Mach etwas mit uns, steh auf.» Ich sage, «ich kann nicht, versteht doch, so versteht doch schon, ich bin krank». Ihr glaubt mir nicht, dann beginnt Ihr Euch vor mir zu fürchten, provoziert mich, «sei lustig wie sonst». Ihr macht Unsinn, setzt das Badezimmer unter Wasser, tappt mit Euren nasskalten Füssen herum.
Würdet Ihr Pantoffeln tragen, würde ich Euch anschreien, weil sie durchnässt wären; würdet Ihr keine tragen, würde ich Euch anschreien wegen der kalten Füsse. Ihr tragt Socken, und im übrigen ist mir alles einerlei. Ich streiche auch keine Butterbrote, «macht es selbst». Ihr seid böse auf mich, ich soll Euch nichts weismachen. Nachmittags kriechst Du Michael zu mir ins Bett, ein dickes braunes Buch unter dem Arm. Ich versuche, Deine Lieblingsgeschichte vorzulesen. Schrecklich monoton und langweilig erzähle ich.

«Bald darauf hörte man Tritte, und es klopfte stark an die Türe; das war kein anderer als der heimkehrende Menschenfresser. Dieser setzte sich an den Tisch zur Mahlzeit, liess Wein auftragen und schnüffelte, als wenn er etwas röche, dann rief er seiner Frau zu: ‚Ich wittere Menschenfleisch!' Die Frau wollte es ihm ausreden, aber er ging seinem Geruch nach und fand die Kinder. Die waren

ganz hin vor Entsetzen, und nur allmählich gab er den Bitten seiner Frau nach, sie noch ein wenig am Leben zu lassen und aufzufüttern, weil sie doch gar zu dürr seien.»

Du gibst Dich zufrieden mit meinen dürftigen Übersetzungen, trollst Dich nach zwei Stunden davon, spielst allein.
Anna schaut einmal herein und bringt mir Kaffee, aber es wird mir schlecht davon.
Ich höre Christoph stundenlang auf dem Estrich hämmern. Ein Unterbruch, er streckt den Kopf zur Tür herein und sagt, «bist du eigentlich auch physisch krank?» Später ist er weg. Als es Nacht wird, muss ich mich aufraffen und etwas kochen, Ihr habt Hunger. Mühe, Euch zu Bett zu bringen. Ihr streikt unentwegt, rächt Euch. Nicht absichtlich, Ihr kommt nicht draus, es ist alles zu schwierig.

«Gibt's noch Menschenfresser?» – «Nein.» – «Doch. Der Pablo hat's gesagt, der Hitler war ein Menschenfresser, er hat's in einem Film gesehen.» – «Gibt's Eltern, die ihre Kinder im Wald allein zurücklassen, weil sie nichts mehr zu essen haben?» – «Vielleicht, schlaft jetzt.» – «Ich würd den Weg zurück immer finden, und den Menschenfresser würd ich im Schlaf fesseln.»

23. März

Es geht. Ich bin erträglicher geworden. Milchtage. Iso sagt, Milch beruhigt, und ich schlürfe gehorsam. Ich will es nicht mehr, keine Angst mehr haben. Sich nicht in diesem Mass verlieren.
Die anonymen Anrufe, nach Mitternacht, morgens im ersten Grau, mein Hochschnellen, mein geraffter Herzschlag, Zittern, Wachliegen danach. Ich will nichts mehr damit zu tun haben. Ich ziehe den Stecker aus. Hans wird mich allerdings auch nicht mehr erreichen können.
Wenn es besser geht, beginne ich den Kopf zu schütteln. Wie ist es nur möglich, dass ich in letzter Zeit wieder begonnen habe, auf das mir zugetragene Geschwätz zu hören, nachdem ich mich so weitgehend davon befreit geglaubt habe, dass selbst meine Mutter mir beinahe nichts mehr anhaben konnte?

Letzthin im Kino. Beim Hinausgehen treffe ich auf W., der in der gleichen Reihe sass, zufällig. Wir laufen hinaus, heftig diskutierend über den Film, bleiben stehen, beschliessen, einen Kaffee zu trinken gegenüber. Plötzlich bemerke ich, dass mich jemand beobachtet. Es ist die Frau K. Ich denke, dass sie sagen wird, ich ziehe neuerdings mit dem W. herum, dem Notorischen, Unwiderstehlichen. Bin ich eigentlich verrückt? Erstens tue ich K. Unrecht, zweitens, was soll das? Anderntags wiederum. Ich bin den ganzen Tag «auf der Zeitung» und gehe in eine Beiz essen. Da treffe ich den W. erneut, der sich sogleich zu mir setzt. Ich wäre ja eigentlich lieber allein. Solche Sätze wollte ich doch nie mehr brauchen. Ich müsste dann eben sagen, «setz dich anderswohin, ich will allein sein». Schräg gegenüber sitzt der Mann E., ebenfalls ein alter Unbekannter, und blinzelt mir immerfort zu. Ich denke, du und deine Wohngemeinschaft, ihr seid ja immer auf dem laufenden, die Binkels sind liebenswürdige Schwätzer. Ich bin wirklich krank, verrückt. Habe ich denn nicht angefangen, Geschwätz immer nur als Information über den Schwätzer zu hören? Und dem Inhalt keine Bedeutung zuzumessen?
«Verfolgungswahn», sage ich. «Was denn, paranoid», sagt Anna lachend. Wir hocken im Treppenhaus, jede auf der niedern Schwelle ihres Zimmers, die Knie angezogen, im Rücken die Holztür. Alle drei Minuten geht das Licht aus, wir flüstern im Dreiminutentakt, bis uns das Dunkel gut genug ist. An keinem andern Ort lässt sich besser reden, Tische und Stühle wären hinderlich.
Wir tauschen unsere Kindheit. Vatermund und Muttermund.

Annas Vater: «Trau, schau, wem. Keiner ist gut genug für dich. Mein Mädchen ist die klügste. Mein Mädchen wird's schaffen. Nichts soll dir mangeln. Geh deiner Wege, schau nicht rechts, schau nicht links. Halte dich raus. Was ich nicht weiss, macht mir nicht heiss. Reden ist Silber, Schweigen ist Gold.»
Beas Mutter: «Aussen fix, innen nix. Langes Haar, kurzer Verstand. Wie man sich bettet, so liegt man. Alle Männer sind Böcke. Gleich und gleich gesellt sich gern: Sauhäfeli, Saudeckeli. Die Armen sind arm, weil sie dumm sind. Bei den Reichen scheisst der

Teufel immer auf den gleichen Haufen. Die Roten sind Schweinigel. Die Tiere paaren sich wenigstens nur einmal im Jahr. Ohne Moral geht die Welt zugrunde. Eine Familie ist eine Familie.»

25. März

Meine Reise nach Paris habe ich Euch verschwiegen. Ihr seid mit Eurem Vater im Schnee gewesen, ich in der Grossstadt, privilegiert durch einen Auftrag der Zeitung. Ein enges, düsteres Hotelzimmer, fast höher als breit, mit allzu üppiger Tapete, im Quartier Latin. Umziehen? Wozu, wegen der paar Nächte.
Auf sich zurückgeworfen werden und feststellen, dass nichts da ist. Ich ist Nichts, es kommt nichts mehr heraus, ist nichts mehr da, alles weggefallen. Kein Mensch kennt meinen Aufenthaltsort, ich suche niemanden auf. Ich halte mich an alte Strassenschilder. Ich müsste noch Spuren von mir finden, diese Sackgasse, die Bank in jenem erbärmlich schmutzigen Park, Barbès-Rochechouart, hier stand ich frierend jeden Morgen, schlecht ernährt, entschlossen, diese Stadt aufzufressen. Alleinsein war erregend, eine Droge.
Vor vierzehn Jahren.
Ich gehe durch die wüste Landschaft, wo die Halles standen. Bin ich müde oder ist dieser bretterbegrenzte, notdürftig asphaltierte Fussweg endlos? Ich laufe und laufe, die andere Seite ist immer gleich weit entfernt. Keine Nostalgie, nur Angst vor der Zukunft: Paris als Parabel meiner Zukunft.
Deshalb die Angst, Euch zurückzulassen beim Vater, so wie er es wünscht?
Ihr seid doch immer ein Versprechen für Fülle gewesen, Ihr habt mir Leben jenseits aller Normen vorgemacht, und ich habe verblüfft, betroffen Euch zugeschaut. Euch als Versprechen für was auch immer zu betrachten, ist nicht gut. Ich weiss es. Euch loslassen können, fast eine Prüfung, kann «man» das «als Mutter»?

«Haben sie dich denn überhaupt noch nötig? Oder bist du es, die sie nötig hat?» Eine Freundin.
«Du warst nie eine normale Mutter, steh dazu.» Ein Freund.

«Du hast nun mal Kinder, verhalte dich entsprechend.» Eine Freundin.
«Gib niemals die Kinder weg, du wirst verloren sein.» Eine Frau.
«Du hast nicht den Mut zu springen. Wenn nur Leere da sein wird, dann weisst du immerhin das mit Sicherheit.» Ein Mann.
«Deine Unentschiedenheit macht sie am meisten kaputt.» Eine Freundin.

Nicht mehr Euch vorschieben können, wenn ich selbst unfähig bin zu arbeiten. Nicht mehr diesen Schutzraum haben, denken können, ich habe ja immer noch Euch als Lebenssubstanz, ich muss ja gar nichts anderes hervorbringen, genügt denn das nicht?
Euch gebären habe ich immer als die einzige unanfechtbare Leistung, die ich je erbrachte, empfunden. Dieses Gefühl zu äussern wagte ich nur Frauen gegenüber. Es hat mir damals mitleidige Blicke eingebracht. Welche Zwänge musste ich verinnerlicht haben. Heute ist das Gebären wieder Mode geworden, und ich äussere skeptische Gefühle. Wie gestört muss ich sein.

27. März

Dieser Nächte wird Hans zurückkehren, Spuren der Arbeit in seinem Gesicht, den Geruch von Feuchtigkeit und Kälte in seinen Kleidern. Er wird anrufen aus einer Kabine, zwischen dem Scheppern der Münzen sagen, «ich bin noch drei, fünf, sieben Stunden entfernt, wo bist du?»

29. März

Manchmal merke ich, dass ich schon viel gelernt habe. Ich höre mir zu, wie ich mich wehre, und ich freue mich insgeheim darüber. Bei der Arbeit ist es einfach. Und doch hätte ich es vor wenigen Jahren nicht tun können.
Erinnerungen von damals, die mich belustigen. Im letzten Augenblick zu einer Pressevorführung stossen und im Dunkeln an

meinen Händen schnuppern. Eben habe ich Euch gewickelt. Den Jüngern habe ich noch im linken Arm getragen, etwas ungeduldig auf einen zweiten Rülpser wartend. Den Druck seines Bauches auf meiner Brust spüre ich noch, frage mich aber leicht beunruhigt, ob nicht von links her ein säuerlicher Geruch meine Nase streift. Meine Kleider in Farben und Mustern, die keine Flecken preisgeben.

«Man kann sich einiges leisten, aber eines ist unter allen Umständen untersagt, hausbacken darfst du nie aussehen.» Eine Grafikerin. «Du kannst dir alle Ausreden der Welt einfallen lassen – die Grossmutter ist gestorben, der Hund überfahren worden, Diebe haben deine Wohnung geplündert –, nur eines ist unter allen Umständen untersagt, du darfst nie einen dringenden Auftrag zurückweisen, weil deine Kinder krank sind.» Eine Redaktorin.

Ich habe Euch nicht verleugnen können. Selten einmal habe ich die Mienen der Kollegen nachgeahmt, mich im Stuhl zurückgelehnt und mit gewichtiger Stimme gesagt, unmöglich, ausgerechnet an jenem Tag bin ich anderweitig unterwegs. Hernach war mir elend.
Masern, Röteln, Windpocken, Scharlach. Ich war unzuverlässig, lieferte mit halbstündiger Verspätung, war im richtigen Augenblick nicht erreichbar, beim «wichtigsten» Ereignis des Jahres unabkömmlich. Mein Erstaunen heute, Jahre danach, über das anerkennende Kopfnicken, das Männer ernten, wenn sie ihre Vaterpflichten vortragen.
Ich habe mich nicht schlecht geschlagen, aber ich habe zu oft gezittert dabei, mich unterlegen gefühlt, und dann war ich es auch. Man hat mich nicht weggeschickt. Ich musste nicht annähernd so tüchtig, pünktlich und erfinderisch mit Zeitplänen sein wie die Putzfrauen, denen ich manchmal im leergewordenen Zeitungsgebäude spätabends begegnete.
Der erschrockene Ausdruck im Gesicht einer Kalabresin, die mich an der Schreibmaschine überrascht, hinter sich ein kleines Kind versteckend. Sie glaubt mir erst, dass das Kind mich nicht stört, als ich sage, ich sei selbst unruhig, weil ich zu spät nach

Hause kommen werde und die bambini warten. Ein wissendes Lächeln.
Gestern habe ich eine «Lohnrunde» durchgestanden. «Souverän» habe ich zu mir gesagt und mir mit der rechten Hand auf die linke Schulter geklopft. Gesamthaft verdiene ich viel zu wenig. Wahrscheinlich muss mir das auch irgendwo recht sein, sonst müsste ich es doch ändern wollen, eine andere Arbeit suchen. Aber für die Redaktionsarbeit an der Beilage will ich zwei Tage bezahlt haben und nicht nur anderthalb, und zum Ansatz des gewerkschaftlichen Abkommens und nicht darunter. Ich muss den Arbeitsaufwand nachweisen und und und. Es muss den Redaktoren peinlich gewesen sein. Sie tun immer, als ob sie meine Forderungen aus dem eigenen Sack bezahlen müssten.
War ich beredt gestern! Es ging auch noch um die Kürzung in meinem Lokalbericht zu Alain Tanners «Messidor». Den einzigen politisch-aktuellen Absatz, den Bezug auf Oberst Seethalers Wehrschau in Zürich – die Tanks gingen schliesslich schon in Stellung –, haben sie herausgestrichen. Rechtfertigungen der «Lokalen», auch und sogar der Frisch werde redigiert, man müsse halt manchmal kürzen und redigieren. Ich höre, wie ich sage, der Hinweis auf Frisch tauge nichts, es sei ganz klar kein Fall von Redigierarbeit, sondern ebenso klar ein Fall von Zensur. Sie haben es zugeben müssen. Damit habe ich mich noch nicht zufrieden gegeben. Ich habe gesagt, ich hätte gleich etwas gemerkt, wie ich den Artikel gebracht habe, es sei so eine Nervosität entstanden. Der zuständige Redaktor habe gesagt, er müsse den Anfang «umstellen» und sei in ein anderes Büro gelaufen. Warum hat man mir nicht klar und deutlich die Wahrheit gesagt? Natürlich können sie machen, was sie wollen, können mich auf die Nebenseite schieben, natürlich lachen sie dümmlich, wenn sie mich sehen. «Gewonnen» habe ich nicht, der Leser hat die Sätze nun nicht lesen können, weiss nicht, was sich abgespielt hat. Ich bin zwar froh, dass ich mich gewehrt habe, aber ich muss es anders tun können. Wie sich wehren, ohne dass die Methoden einem selbst schaden, kleinlich und korrupt machen, ohne die Methoden des andern anzunehmen, ohne sich anzupassen, das beschäftigt mich dauernd, an der Arbeit, zuhause. Ich hätte gerade an Ort und Stelle auf der

Redaktion fragen sollen, den Streit vom Zaun brechen müssen. Warum hab ich's nicht getan? Angst und Machtlosigkeit. Und den Heimweg und den Abendverkehr rechtzeitig hinter mich bringen müssen. Ich habe mich wieder einmal zu Euch geflüchtet.

Abends an Esthers Küchentisch, der mit den grossen Ritzen, aus welchen man Krümelbrei herauskratzen kann, wenn man im Gespräch nicht mehr weiterkommt. Esther sagt, ich befände mich in einer Situation, die nicht auszuhalten sei. Die Rolle, die ich spiele, sei grässlich. Es wäre das Beste für mich, sehr weit und sehr lange wegzugehen. Die Schwierigkeiten würden sich überall legen, und auch ich würde es besser schaffen. Eine andere Stadt, ein anderes Land, ein anderer Kontinent, wenn möglich. New York wird mir zugemutet. Um die Kinder müsste ich mich nicht sorgen, der Vater habe grosse Qualitäten und werde die Sache sehr gut machen. Ich kratze in den Ritzen, «unser Notvorrat», sagt Esther lachend. Ich finde, du findest, sie findet, er findet, wir finden, dass . . . Ich versuche die Stellen zu ermitteln, an denen ich verletzlich werde. Schuldgefühle, da kann man mich vollaufen lassen wie einen Schwamm. Die wunderbar weichen, geheimnisvoll durchlöcherten Schwämme, die der Vater bei der Malerarbeit brauchte. Die neuen, federleicht trockenen wässerte er vor Gebrauch in der Badewanne. Ich schaute über den Rand und sah, wie sie quollen, wuchsen, immer mehr Löcher sich öffneten. Ich *musste* sie berühren.
Schuldbarmachung. Ich kenne das Muster. «Wenn du dich nicht verhältst, wie ich es wünsche, werde ich traurig, krank, bringe ich mich um.» Ein wahres Muster. Ich dachte, ich sei erst kürzlich darauf gestossen, aber vielleicht kenne ich es seit dreissig Jahren. Und ich bilde mir nicht ein, ich selbst sei gefeit davor. Das Muster der Mütter. Das Muster der Väter, eine Abwandlung. «Wenn du dich nichts verhältst, wie ich es wünsche, bin ich böse, mache ich dich kaputt.» Was oft auch nur heisst, «mache ich dich lächerlich». Beiden übergestülpt die Variante, «wenn du dich nicht verhältst, wie wir es wünschen, so gehörst du nicht zu uns». Und Mischformen. Tasten, die es zu beherrschen gilt. Ich hasse sie. Die Suche nach den Spielverderbern nicht aufgeben.

Es sind mir in meiner Stummheit wenig Freunde geblieben. Schweigen ist eine Provokation. Christine sicher, vielleicht Anna, vielleicht Iso, nein, Iso sicher. Vielleicht dieser und jener. Ich sehe, es sind die, die mehr wissen über das Am-Rande-Stehen. Mein Traum vom Komplott der Randständigen.

Ich ertappe mich dabei, dass ich beginne, auf Hans zu warten. Ich spüre, dass die Distanz sich verringert. Keine Briefe, eine unausgesprochene Abmachung. Hier ist hier. Dort ist dort. So stark ist die Abneigung gegen das Warten, dass ich mich fortbewegen möchte. Warten, verharren, ausharren, war das nicht mein liebenswürdig-passives Verhalten?
Fortgehen wäre Aktivsein. Wenn es nun umgekehrt wäre? Weglaufen wäre das passive Verhalten, vor sich selbst weglaufen. Da-Sein, sich selbst sein in Gelassenheit, wäre die aktive Haltung. So sehr fürchte ich mich vor allen fremdbestimmten Augenblicken, dass ich endlos mich überprüfe bis zur Bewegungslosigkeit.

31. März

Silvan. Michael. Wenn ich an Euch denke, spreche ich wie zu Erwachsenen. Ich nehme Euch auch ernster als Erwachsene, denn Ihr sagt viel deutlicher, was Ihr meint. Noch springen Eure Äusserungen spontan aus den Situationen.

«Zieh einen wärmern Pullover an, Du hast kalt.»
«Nein.»
«Doch. Ich will es.»
«Ich nicht. Ich habe nicht kalt. Du bist nicht ich.»

«Schlaf jetzt.»
«Ich kann nicht.»
«Schliess einfach die Augen.»
«Ich kann die Augen nicht schliessen, sonst sehe ich Dich nicht mehr.»

«Ich hasse Dich, weil Du jetzt weggehst.»
«Ich muss und ich will gehen, Du machst es für beide nur schwieriger.»
«Gut, so geh, ich werde Dich nicht lange hassen.»

«Ich habe Dich nie nicht gern gehabt. Sogar wenn ich sehr wütend auf Dich bin, habe ich Dich gern.»

In letzter Zeit habe ich das Gefühl, dass sich etwas ändert, dass Ihr Euch zu verstellen beginnt. Es beunruhigt mich. Du Silvan sagst, «ich wünsche mir etwas heftig, damit das Gegenteil eintrifft». Beim Velofahren oder Klettern sagst Du, «jetzt falle ich», damit Du sicher nicht fällst. Ich grüble darüber nach, welche Deiner bisherigen Erfahrungen dazu geführt haben.
Ich höre, wie Ihr Dinge verstecken wollt vor Christoph und wahrscheinlich versteckt Ihr Dinge vor mir. Zeichen dafür, wie schwierig das Leben für Euch geworden ist.
In drei Wochen wirst Du in die Schule gehen, Michael. Nicht in das Dorfschulhaus nebenan, wo ich Dich gern gesehen hätte, nicht mit Deinen Freunden Luigi, Dominique und Martin vom Kindergarten, nicht mit dem Fremdarbeiterkind und dem Försterkind. Das tut mir weh, und deshalb seht Ihr mich zu Christoph böse sein. Er will nicht auf mich hören. Er glaubt, er tue das Beste für Euch, wenn er Euch in der Steinerschule anmeldet. Und da Ihr von ihm mehr überzeugt seid als von mir, habe ich nachgegeben, und nur deshalb, obwohl ich gegen die Steinerschule bin. Ich hoffe, dass es Euch dort wohl sein wird, oder, falls es Euch nicht gefallen wird, Ihr Euch so sehr wehren werdet, wie Ihr das immer tut, wenn Euch etwas nicht passt. Ich hoffe, dass Ihr Euch immer wehren werdet, wenn Ihr etwas nicht gut und nicht gerecht findet.
Heute war ich mit Euch im Kindergarten zur Abschiedsfeier für Eure Kindergärtnerin Monika P. Du Michael wolltest am Anfang gar nicht in den Kindergarten gehen. Der Wohnwechsel, das neue Zusammenleben mit andern Familien, die eben überstandenen Masern, und jetzt noch diese Unternehmung, das war Dir alles zuviel. Zumal der kleinere Bruder zuhause bleiben durfte. Bei Dir Eifersucht, bei ihm Neid, denn er, der Jüngere, hätte Dich

gern begleitet. Die Behörden hatten nichts übrig für Ausnahmen. Oft war ich verzweifelt, wenn Du morgens brüllend am Boden lagst. Esther sagte, das Problem wäre einfach zu lösen. Der Psychologe habe einer Freundin in der gleichen Situation geraten, das schreiende Kind vor die Türe zu stellen und die Türe abzuriegeln. Es habe bestens geklappt.
Ich war für solche Aktionen immer ungeeignet. Und ich habe diese Unfähigkeit ausfressen müssen, Ihr vielleicht auch.
Ich brauchte diese vier ruhigeren Stunden täglich dringend, Du musstest hingehen. Also begann ich, Dich hinzubegleiten und versprach, Dich auch wieder zu holen. Nach einiger Zeit hast Du Dich an den Ort neuer Betriebsamkeit gewöhnt, gingst alleine hin und hast Dich vergnügt. Und ich habe dabei die Freundschaft der Monika gewonnen und die Bekanntschaft der Dorffrauen.
Die Monika war sehr gross, gemütlich und füllig. Sie trug lange, weite Röcke und verfärbte Leibchen mit grossem Ausschnitt. Wenn sie sich zu Euch niederbeugte, freute ich mich an ihren baren Brüsten. Sie wohnte in einer Kommune und fuhr einen bunten 2 CV, der mit Klebern der Atomkraftwerkgegner und der Frauenbewegung übersät war. Die Puppenstuben, den Haartrockner, das hölzerne Bügeleisen und ähnliche Erfindungen verbannte sie in eine entlegene Ecke. Beim Dorfschreiner liess sie armdicke Holzklötze anfertigen, mit denen Ihr mannshohe Labyrinthe gebaut habt. Überhaupt schien sie die niedliche Kindergartenbastelei nicht zu lieben. Die Gegenstände, die Ihr heimgeschleppt habt, waren oft grösser als Ihr selbst. Die Geschichten, die sie Euch erzählte, las sie sorgfältig aus. Die kleinen Mädchen darin waren so vorlaut und mutig wie die Buben. Die Lieder und Verse stammten nicht immer aus dem genehmigten Breieli-Mareieli-Gesangbuch.

Alle meine Vögel
sitzen auf dem Baum
wetzen ihre Schnäbel
für 'nen schönen Traum.

Beatrice Leuthold

Auf der grünen Wiese
steht ein Omnibus
da geben sie einander
den ersten heissen Kuss

Eure Freundin Sandra sagte, dieses Lied sei ihr zuhause verboten worden. Andere Einwände gegen Monika habe ich nie gehört. Im Dorf stand sie im Ruch, den offiziellen Kindergarten «antiautoritär» zu führen, was die betroffenen Mütter, zwischen den Gemüsekisten des Dorfladens stehend, zurückwiesen.
Als im nächsten Frühjahr auch Du Silvan nachrücktest, zog zugleich ein «verhaltensgestörtes» Kind mit. Der Anfang war für Monika schwierig. Ihr allerdings wart begeistert über den wilden Spielkameraden und bereit, jeden Unfug mitzumachen. Über Wochen ein Tohuwabohu. Monika war etwas bleich und weniger gelassen, wollte aber auf keinen Fall das Kind in eine Sonderschule abschieben. Nach einiger Zeit seid Ihr der ruhelosen Spiele überdrüssig geworden. Ihr habt den Freund gebeten, während der Geschichten still zu sein, beim Turmbau mitzuhelfen. Als sich die Sommerferien näherten, bot die Kindergruppe ein friedliches Bild.
In der Zwischenzeit hatten sich die Wolken über Monikas Kopf zusammengezogen. Sie hatte die Eltern eingeladen, die Schwierigkeiten mit ihr zu besprechen, die Behörde jedoch nicht unterrichtet. Die Falle schnappte zu. Die Kindergartenkommission lehnte den Vorschlag der Elternversammlung, den Kindergarten nachmittags abwechslungsweise nur mit der Hälfte der Kinder zu führen, ab und untersagte jede Elternmitarbeit. Einen entrüsteten Brief, von sämtlichen Eltern unterzeichnet, beantwortete die Behörde in überheblichem Amtsdeutsch, lehnte eine Aussprache rundweg ab. Erst als die Eltern mit Streik drohten, wurde Zeit für eine Besprechung freigemacht.
Ich sehe sie noch vor mir sitzen, in der Aula des Primarschulhauses, die ältern Herren und auffallend gutgekleideten Damen der Kommission. Reihum bezichtigten sie die Eltern der Inkompetenz. Dass sich unsere Kinder in jenem Kindergarten sehr wohl fühlten, beweise noch nichts, im Gegenteil, mache die Sache eher

verdächtig. Die Kommission erwarte eben mehr vom Kindergarten als die Eltern.
Es wurde ein Tribunal.

«Wir haben Monika P. die Möglichkeit gegeben, sich aufzufangen. Wir glaubten, sie sei willig, den Kindergarten so zu führen, wie wir es wünschen. Sie hat unser Vertrauen missbraucht.»
«Ihre Führung ist mangelhaft, die Kinder sind zu wenig beaufsichtigt und langweilen sich.»
«Während meines Besuches haben die Kinder mit Rüstmesserchen gespielt. Man darf sich nicht ausdenken, was hätte geschehen können.»
«Die Kinder haben Wasser herumgetragen und eine Bank mit Farbe beschmiert.»
«Sie hält die Reglemente nicht ein, führt die Absenzenliste nicht ordentlich.»
«Es ist mir bekannt, dass sie den Schlüssel zuhause vergessen hat und mit den Kindern einfach in den Wald gegangen ist.»
«Monika P. fehlt die innere Ordnung. Alles, was wir hier vorbringen, ist Ausdruck ihres Mangels an innerer Ordnung.»

Monika selbst durfte nicht anwesend sein. Die Versammlung nahm einen hässlichen Verlauf. Die Eltern wiesen die Bevormundung zurück, waren beleidigt und zornig. Die Gastarbeiterin verteidigte das unter Monikas Fittichen gewährleistete Wohl ihres Carlo nicht weniger beredt als der Personalchef das seiner zwei Töchterchen. Er sei unter den Lehrlingen gefürchtet, sagte der Mann, und zuhause ein strenger Vater. Monikas Erziehungsstil als etwas ganz anderes habe ihm gefallen und sei seinen Töchtern sichtlich gut bekommen.
Von den Eltern herausfordernd auf ihre eigenen erzieherischen Qualifikationen befragt, wurde es den Kommissionsmitgliedern ungemütlich. Die Damen hatten im besten Fall vor Jahren ein Seminar besucht und bis zu ihrer Heirat kurze Zeit unterrichtet. Die Herren, nun, die waren Männer, hatten einen Beruf und ein Parteibüchlein.
Mit dem Hinweis auf Schulhausreglement und Schlüsselpflichten

des Abwarts setzte der Kommissionspräsident der Aussprache ein abruptes Ende.

Die Sommerferien brachen an. Und hernach? Nichts, einfach nichts. Oder doch, die Kommission teilte den Eltern mit, aus Rücksicht auf die Kinder würde Monika nicht schon im Herbst, sondern erst im Frühjahr entlassen. Man war machtlos. Im Gesetz war keine Mitsprache vorgesehen. Man hatte jene Herren und Damen passiv oder aktiv gewählt. Volksvertreter. Von Streik, Eingaben, Weiterziehen der Angelegenheit war nicht mehr die Rede.
Es fanden keine Elterntreffen mehr statt. Monika war so bedrückt, dass sie tatsächlich kaum mehr in der Lage war, sich mit Euch abzugeben. Das hat mir am meisten zugesetzt, dass es gelungen war, sie aus der Ruhe zu bringen, ihr Selbstvertrauen zu unterhöhlen.

Heute morgen war sie nicht ohne Galgenhumor. Sie wird eine andere Ausbildung beginnen. Eine neue Stelle als Kindergärtnerin zu finden, wäre aussichtslos gewesen. Trotzdem haben die Eltern beschlossen, ihr einen Empfehlungsbrief zu schreiben, was ich übernehmen musste. Unter den vielen Leuten, die mir ein halbes Jahr fremder geworden waren, wollte ich ihn nicht vorlesen, und Christoph hat die Sache an die Hand genommen. Er sprach stolz vom «Brief meiner Frau» und forderte die Eltern auf, zu unterzeichnen. So standen die unterschiedlichen Handschriften ein letztes Mal untereinander. Ich bin verloren dagesessen. Die Monika auch, unsere Blicke kreuzten sich, Achselzucken. Alles schon ein wenig Farce.
Viele Mütter sind hernach zu mir gekommen und haben gesagt, «wir werden uns ja weiterhin sehen, meiner geht jetzt auch in die erste Klasse», oder sie sagten, «wenigstens ist der Silvan im Kindergarten, jemand bekannter ist noch da». Der ersten Frau habe ich gesagt, «leider nein, die beiden gehen von nun an in die Stadt zur Steinerschule». Den andern habe ich ausweichend geantwortet, ich hatte den Mut nicht mehr, so sehr hat es mich bedrückt. Auf dem Heimweg habe ich Christoph vor Euch in aufbrechen-

dem Zorn angeflucht und habe wieder einmal gezweifelt, ob ich mit meinem Nachgeben richtig gehandelt habe.
Danach bin ich in die Stadt gefahren. Samstag, mein Arbeitstag. Den neuesten Fassbinderfilm muss ich mir ansehen, bis Montag liefern. Oft der Gedanke, ob Ihr von alldem etwas werdet wissen wollen? Eine Fassbinder-Retrospektive zum Beispiel, wird das für Euch in zehn, fünfzehn Jahren irgendeine Wichtigkeit haben? Kinogeschichten erzähle ich Euch, wenn sie erzählbar sind, weil wir uns in die Begierde an Geschichten aller Art teilen. Den Wert eines Films beurteile ich nicht selten nach der Vorstellung, ob er für Euch jemals von Bedeutung sein könnte. Dabei denke ich nie, dass all das für Euch wichtig sein *müsste*.
Ich war an der Kruggasse und habe zwei Schokoladestückchen von Euch gefunden, die Ihr mir beim letzten Besuch hier gelassen habt. An der Wand eine Collage alter Fotos von Euch. Ihr seid klein und nackt. Neuere Bilder habe ich nicht, habe auch nie welche im Portemonnaie oder in der Tasche. Meine Verlegenheit, wenn mich jemand danach fragt.
Abends hat das ganze Haus bei Koppmeiers Fisch gegessen. Dir Michael war es wieder einmal zu laut, und Du hast Dich herumgedrückt. Christoph hat Flöte gespielt, als Ihr endlich beide im Bett wart. Ich wollte mich zu Dir hinlegen, Michael, aber Du sagtest, «jetzt will ich dich nicht», und hast mich weggestossen. Ich hab es bei Dir, Silvan, versucht, aber Du sagtest unwirsch, «du weckst mich, wo ich doch gerade am Einschlafen bin». Warum seid Ihr so abweisend? Ich bin augenblicklich gegangen.

2. April

Ihr seid mürrisch in den Garten hinausgetrottet. Ich versuche mir vorzustellen, wie schlecht es für Euch sein muss, den Tag so zu beginnen, mit einem Mann und einer Frau, die sich am Frühstückstisch streiten. Ich möchte Euch solche Anfänge ersparen. «Ihr geht uns alle beide auf die Nerven», habt Ihr letzthin gesagt, und ich war erleichtert. Ich müsste Euch mitteilen können, wie wenig ich selbst dieser Situation gewachsen bin. Schlimm, wenn Ihr

Euch überzählig vorkommen würdet. Noch schlimmer, wenn Ihr Schuldgefühle hättet, in der Meinung, Ihr wäret mitschuldig an der Auseinandersetzung.
Ihr seht selbst, ich kann jetzt mit Christoph nicht reden. Ich habe Angst vor ihm, bin schrecklich misstrauisch. Ich ängstlich und überlegen, er angstvoll und überlegen, voreinander und vor Euch das grosse Versteckspiel. Es strengt mich so sehr an, dass ich in seiner Gegenwart dauernd aufstehe, absitze, wieder irgendwohin renne.
«Was machst du heute abend? Bist du im Haus?»
«Ich lasse mich nicht aushorchen, du weisst, ich bin montags in der Stadt.»
«Mach mir doch nichts vor, weiss ich doch längst, dass er zurückkommt.»
Ihr schaut kurz auf, Ihr kennt unsere Töne, wenn nicht die Inhalte. Ich nehme meine Kaffeetasse und gehe aus der Wohnung in mein Zimmer. Schon lernt Ihr dieses Muster kennen als eine mögliche Art zu antworten. Schon ahmt Ihr mich nach, lauft von mir weg, nicht ohne Euren Widerstand mit «du blöde Kuh» zu unterstreichen. Die Töne der andern versetzen mich ins Unrecht, und darauf behaftet Ihr mich. Vielleicht unterschätze ich Euch; würdet Ihr weit mehr verstehen, hätte ich den Mut zu sprechen. Vielleicht wäret Ihr die einzigen, die verstehen könnten.

Silvan. Michael. April bis Mai 1980. Ich komme nicht mehr weiter. Was ich abzuschreiben versuche, ist zu weit entfernt. Ich bin nicht mehr die Frau jenes Frühlings, aller vorangegangener Frühjahre. Wenn ich nachlese, Nachlese halte, erschrecke ich. Schwarzweissmalerei. Ich wollte doch eine leichte Ironie finden, ein wenig lächeln über jene Frau.
Es gelingt mir nicht. Zu weit entfernt ist das alles nur, solange ich verdrängen kann. In Wahrheit ist nichts verdaut. Meine Träume lehren es mich. Ich träume Situationen von damals vermischt mit meiner Verfassung von heute und umgekehrt. Ich fürchte die gefühllosen Stellen, die Narben sind. Ich verschliesse mich, weil ich neue Verletzungen fürchte und wiederum Narben und neue gefühllose Stellen. Furchtlosigkeit in der Verschlossenheit, wo ich Furchtlosigkeit in der Offenheit suche.
Ich habe nur noch eine Woche Zeit, dann muss ich wieder für die Zeitung arbeiten. Die nächsten drei Tage bin ich bei Euch, werde von Euch aufgesogen werden.
Beim Einschlafen hast Du Michael kürzlich geflüstert, «bist du fertig mit dem Buch?» – «Nein.» – «Was schreibst du?» – «Ich habe geschrieben, dass du mich blöde Kuh rufst.» – «Das geht unmöglich, du bist wirklich eine blöde Kuh.»
Ich möchte versöhnlich sein, schreiben von unserer Reise nach Paris; davon, wie Du Silvan hinter mir durch den Zeitungskorridor gehst, fast springen musst, weil ich sehr schnell gehe, weil ich verärgert bin, weil ich Dich mitnehmen musste, weil Du an mir klebst. Davon, wie Du mich am Rock fasst und sagst, «du bist schön». Und davon, wie beschämt ich bin.

5. April

Ich hasse es, autoritär zu sein. Schreien, befehlen, eklig werden. Wenn Ihr bockig tut, bleibt mir nichts anderes übrig. Gestern nach einem Streit wiederum die Frage, warum ich mich vor Euch nicht glaubwürdig machen kann. Ihr glaubt Eurem Vater mehr als mir, also muss er für Euch eine überzeugendere Person sein. Ihr glaubt ihm alle Versprechen über die neue Schule und mir nichts. Vielleicht weil ich keine Versprechen anzubieten habe. Manchmal werde ich wütend über Euch und denke, also fresst halt aus, was Ihr Euch einbrocken lasst. Wenn Ihr ihm glaubt, seine Strenge und Autorität Euch mehr überzeugt, dann sollt Ihr ihn haben. Aber ich tue Euch Unrecht, Ihr seid doch noch kleine Kinder. Dass Ihr Euch insgeheim bei andern über den Schulwechsel beklagt habt, und auch das mir zugetragen wird, will ich nicht als Wasser auf meine Mühle leiten. Trotzdem habe ich mich entschlossen, beim Elterngespräch mit den neuen Lehrern mitzuhalten und meine Gründe gegen die Steinerschule vorzubringen. Den Termin muss ich herausfinden.

7. April

Ich bin, mit Christoph, an die Schulbesprechung gegangen. Es hat mir nicht gefallen, dass man Euch in einen andern Raum geschickt hat. Die zwei bleichen, dünnlippigen Lehrerinnen waren mir fremd. Ich möchte Euch nicht bei ihnen wissen. Als ich meine Argumente vorgebracht hatte, sagten sie, ich sei eine selbstsüchtige, uneinsichtige Mutter, es komme nicht auf meine Gefühle an, in Eurem Interesse müsste ich für die Schule sein. Ich begann wieder von vorne, dass die tägliche Autofahrt wirklich ein Unsinn sei, das Dorfschulhaus hundert Schritte von der Wohnung entfernt liege, dass Ihr Eure Freunde im Dorf habt, dass Ihr aus der Hausgemeinschaft verpflanzt werdet, dass ich überzeugt sei, die Nähe des Hauses und Eure gewohnte Umgebung seien für Euch wichtiger als alles andere. Fügte hinzu, die Lehre der Schule entspreche nicht meinen Gedanken, und ich befürchte, Ihr würdet mir entfremdet.

Christoph sagt ihnen, dass «meine Frau» ein Hin und Her veranstalte, nicht wisse, was sie wolle, dass er selbst zum Schulwechsel entschlossen sei und ohnehin bald die elterliche Gewalt haben werde. Seine Frau hätte selbst gesagt, sie wolle mit der Frage nichts mehr zu tun haben.
Ein Missverständnis. Ich wollte nicht mehr vor Euch und neben Euch darüber streiten, aber ich hatte gehofft, dass er auf meine Einwände Rücksicht nehmen werde.
Die Lehrerinnen meinten, wenn ich gegen die Schule eingestellt sei, ginge es auch nicht an, dass ich weiterhin in Eurer Nähe sei, es müssten klare Schnitte stattfinden.
Ich schaue sie fassungslos an, denke, ihr seid doch auch Frauen, ihr habt doch mit Kindern zu tun. Man hat mir gesagt, dass ihr aussergewöhnlich gute Pädagoginnen seid. Wortlos gehe ich.
Ich sehe Euch zwei im Schulhof stehen, misstrauisch betrachtet Ihr uns Erwachsene. Ihr versucht in unseren Gesichtern zu lesen. Dass Ihr abhängig seid von uns, ist mir in diesem Augenblick unerträglich. Ihr fahrt zu meiner Mutter nach Biel. Sie wird Euch verwöhnen. Ins Auto gepackt, kehrt Ihr Euch um auf den Sitzen, winkt mir heftig zu und versucht, mich nicht aus den Augen zu verlieren.
Ich gehe eine Zeitlang wahllos durch Strassen. Nicht in ein Tram steigen, da müsste ich jemandem gegenübersitzen. Auch nicht in ein Café gehen. In einer Telefonkabine setze ich mich zusammen und gehe dann das letzte Stück Weg bis zur Kruggasse.
«Elterliche Gewalt», das in diesen Tagen hässlichste Wort, mit dem ich mich befassen muss.

Die Frauen, später. Unter der Türe stehend höre ich, wie Ann von ihrem Kind erzählt. Sie wird an der nächsten Versammlung nicht teilnehmen können, weil sie ihre kleine Tochter erwartet übers Wochenende.
«Er sagte damals, du kannst gehen, aber das Kind bleibt bei mir». Ich falle ein, «und du sagtest, wie willst du denn das machen? Mit deinem Beruf, Politik, Freunden und all dem?»
Sie schaut mich erstaunt an, «wie weisst du das?»

Ich weiss auch seine Antwort: «Ich werde ein Mädchen suchen, das zum Kind schaut.»
«Ja», sagt Ann, «das hat er vorgeschlagen. Ich sagte, du kannst gleich mich anstellen und das Kind mir anvertrauen anstatt einer fremden Frau. Und mich dafür bezahlen».
«Und darauf hat er geantwortet», sage ich, «dir werde ich nie einen roten Rappen geben.»
Wir stellen fest, dass wir in verschiedenen Sprachen, in verschiedenen Städten, zu ähnlicher Zeit das genau gleiche Gespräch geführt haben.

10. April

Ich habe Euch in Biel besucht. Haus meiner Kindheit, das Treppenhaus frisch gestrichen, die Fassade im gleichen Graugelb. Das Rottännchen, über das wir hinwegsprangen, reicht nun in den zweiten Stock. Bis auf die Parterrewohnung links sind alle Wohnungen noch mit den gleichen Leuten besetzt. Dort ist eine Italienerfamilie eingezogen, zum Unbehagen meiner Mutter, soweit ist es mit der Siedlung nun gekommen. Der Gärtner, der Pöstler, der Typograph, meine Mutter sind jetzt AHV-Rentner. Nach dem Mittagessen dürft Ihr nicht auf dem Kleinklavier herumhacken, denn da geniessen die Leute ihr verdientes Mittagsschläfchen. Wenn die grauhaarig gewordenen Männer mir im Treppenhaus begegnen, werden sie verlegen, wissen nicht, ob sie mir «du» oder «Sie» sagen sollen. Die Frauen sehe ich selten, sie sagen «du». Seltsam, Euch in der kleinen Dreizimmerwohnung wiederzufinden. Die Wut, die in mir hochkommt, wenn ich im winzigen Badezimmer und in der Küche stehe. Kleineleutearchitektur, als wären Arbeiterfamilien wirklich kleinwüchsiger, brauchten weniger Platz in der Badewanne, hätten weniger Geschirr im Abwaschtrog. Im Bad das lächerliche Brünnlein, ein darüber befestigtes Spieglein, in eine Ecke gezwängt neben Toilette und Wanne. Vaters Hände waren übermässig gross, grobknochig, auf den magern Handrücken sprangen Adern hervor. Abends wusch er sich hier die Hände, dann legte er sich aufs weinrote Plüschkanapee im

Wohnzimmer. Ich kniete mich auf seine Brust und kratzte sorgfältig Reste von Gips aus seinen Ohrenfalten.
Als er, von einem Gerüst gefallen, mit schweren Kopfverletzungen im Spital lag, getraute ich mich nicht mehr, die nützlich-zärtlichen Bewegungen zu machen. Betrachtete seine reglosen Hände, die mit Gips angefüllten Nagelränder. Er war schon nicht mehr da.

Jean Michel 1917-1961.

«*Gartenhag- und Landstreicher! Gartenhag- und Landstreicher!*»
«*Maler und Lackierer, Sauhund und Verschmierer*»
«*Gipsmichel, Dreckmichel, Söimichel*»

Mutter überlässt Euch das Schlafzimmer, das Ihr innerhalb einer Stunde unkenntlich macht. Ihr untersucht das Kruzifix, die Madonna, die im Dunkeln leuchtet, die Glastierchen aus Murano, die falschen Perlen in der Schmuckdose, die Bestseller mit den schmachtenden Liebespaaren auf den Buchdeckeln. Verwandelt die Bettstatt in eine Rutschbahn, richtet eine Höhle aus Kissen her, damit die Madonna auch tagsüber leuchten kann. Verhandelt, wem was nach dem Ableben der Grossmutter gehören wird. Mutter lässt Euch gewähren. Ich schäme mich zuweilen über Eure Rücksichtslosigkeit. Ihr habt Mühe, Ihr Freiheitsverwöhnten, hier längere Zeit zu bleiben. Eurem Bewegungsdrang sind Grenzen gesetzt: Engnis der Räume, der eingezäunte Garten, den die Pensionierten zurückerobern, zunehmender Verkehr auf der Quartierstrasse, Hellhörigkeit des Hauses, das, wie Mutter uns immer erklärte, während des Krieges mit notdürftigem, billigstem Material gebaut worden ist. Das «Kriegsmaterial» kündigte jeweils ein vorzeitiges Ende an, wenn unsere Spiele dem Höhepunkt zustrebten.
Die Räume zweckbestimmt und symmetrisch so angeordnet, dass die Leute in den Schlafzimmern Kopf an Kopf liegen. Im Treppenhaus sagte die Frau des Monteurs, von der man munkelte, sie hätte die Chauffeure des gegenüberliegenden Busdepots öfters bei sich auf ein Stündchen, zu Mutter, «Ihr habt es ja letzte Nacht

wieder ganz lustig getrieben». Wir Kinder spitzten die Ohren.
Abends beklagte sich Mutter bei Vater über die dreckige Hure.
Auf französisch.
Ich bin hier sehr glücklich gewesen.

Wir fuhren mit Euch zum Tierpark «Seeteufel», damit Ihr Euch austoben könnt. Ein heisser Frühlingstag. Mit einem lästigen Umweg durch die Stadt, da die Mutter ihre Rente auf der Bankfiliale holen muss. Warum nicht der Postmann das Geld bringe? Weil, wäre die Mutter zufälligerweise abwesend, der Postmann die Rente einer Nachbarin geben könnte, und diese dann um den Betrag wüsste. Was unter allen Umständen zu vermeiden ist. Nicht weil der Betrag hoch oder gar angemessen wäre, im Gegenteil. Ich zwinge mich, nicht weiter zu reden, da ein heftiger Streit unvermeidlich würde.

Haben wir uns in den Spielanlagen nicht herzlich vergnügt? Die Geräte – Michael mit mehr, Silvan mit weniger Mut – durchgeturnt? Einen Berg Pommes frites und mehrere Glacés verzehrt? Eure schwer zu beantwortenden Fragen angesichts der Unterschiede zwischen Löwenmann und Löwenfrau. «Warum sind bei den Tieren die Männchen schöner, und warum muss es bei den Menschen anders sein?»
Eure Begeisterung über das unzimperliche Gezänk der Affenkinder um eine Banane, das die mit sich selbst beschäftigten Eltern nicht zu stören scheint.
Aber als ich abends nach Zürich zurückfahren musste, hast Du Michael furchtbar geweint. Du wolltest unbedingt mitkommen. Ich hatte vieles abgemacht, morgens eine Sitzung auf der Zeitung, nachmittags ein Treffen mit den Bürofrauen: auf die Räume, die unvermutet zu mieten sind, müssen wir uns dringend einigen. Später Anna treffen auf ein Glas Wein und noch später Hans.
Ich hatte wieder das Gefühl, Dich zu verraten, und konnte doch nicht anders handeln. Zum Verrücktwerden. Und Mutter lässt mich im Stich. Sie, die warm und bemutternd sein kann, nimmt Dich jetzt nicht auf die Knie, tröstet Dich nicht. Sie steht steif in der Küche, ihr ganzer Körper ist Ablehnung gegen mich. Sie rührt

scheinbar teilnahmslos in einer Pfanne, schaut schräg zum Korridor, schaut zu. Je besser ich Dir zu erklären suche, warum ich Dich nicht mitnehmen kann, desto mehr weinst Du. Es bleibt mir nichts anderes übrig, als sehr schnell zu gehen. Gas, Bremse, Kupplung. Steine im Magen.

12. April

Dieses Wochenende seid Ihr mit Eurem Vater in den Jura gefahren, jetzt wohl schon auf dem Hof der Evi S. angelangt. Ihr habt alte Spielsachen eingepackt für die kleinen Mädchen, die während zwei Jahren im grossen Haus wie Eure Schwestern waren. Mit ihnen habt Ihr Puppenspiel getrieben und erstmals Verantwortung übernommen, wenn sie – mit Vorliebe nackt – auf die Strasse hinausliefen und Ihr sie, herannahendes Traktorengeräusch in den feinhörig gewordenen Ohren, weggezerrt habt. Erinnerungen an Evi, die mit sechzehn ein Kind machte, um von der Schule und von zu Hause wegzukommen; ein Dutzend Jahre jünger als ich, in ihrer sanften, bestimmten Weisheit allen im Haus überlegen. Die aus Heilpflanzen wohlriechende Salben herstellte, Sauerkraut einmachte, den Acker nebenan mit Nachbars Pferden pflügte, in der Küche ein Schaf zerlegte. All diese Arbeiten genügten ihr nicht, sie fühlte sich in dem grossen Haus eine Hausfrau werden und suchte einen Hof. Ich freute mich, als sie wegfuhr, den Grundbucheintrag zu unterzeichnen, wusste, dass ich sie sehr vermissen würde. Dass sie auf die Mithilfe ihres Mannes nicht zählen konnte, kümmerte sie wenig.
Ich weiss Euch gut aufgehoben bei ihr.
Vielleicht bin ich deshalb guten Mutes. Vielleicht auch, weil ich Euch sagen konnte, ich bleibe ein paar Tage bei Hans, der bald wieder wegfährt. Und weil ich der Leitung der Steinerschule geschrieben habe, dass die Unterredung mit den Lehrerinnen mich in meiner ablehnenden Haltung bestärkt hat. Man hat mir mitgeteilt, die Anmeldung werde angesichts der bestehenden Schwierigkeiten zurückgestellt.
Ich fürchtete, meine Handlungsweise würde heftigen Streit mit

Christoph auslösen, aber nichts ist geschehen. Zu erleben, dass meine Ängste unnötige, von mir selbst vorgeschobene Hürden sind, ist wichtig. Ich kann nein sagen, und Dinge verändern sich. Es ist mir zwar immer leichter gefallen, nein, aus Überzeugung nein zu sagen, als mir ein überzeugendes Ja vorzustellen. Dieses Neinsagen beginnt mir nicht mehr zu genügen.
Manchmal wird mir schmerzlich bewusst, dass durch mein Nein Euch Dinge entgehen, die ich im Augenblick durch nichts wettmachen kann. Es ist wohl sehr schön, wenn Kinder über möglichst lange Zeit erleben, wie sich eine Frau und ein Mann lieben. Ich habe mir immer vorgestellt, ich müsste Euch Liebemachen nicht mit Worten erklären; Ihr würdet es einfach erleben, Erwachsene, die zusammen im Bett sind, Liebe machen, sich gut sind. Lust und Spiel der Erwachsenen, die sich nicht unterscheiden würden von Eurer Lust beim Spielen. Sehr viel Zärtlichkeit habt Ihr unter Erwachsenen nicht sehen können im letzten Jahr, viel eher Streit, unterdrückte Gewalt, böse Worte.

Ist die alte Köchin da?
Ja, ja, ja.
Dreimal muss sie rummarschieren,
Viertes Mal den Kopf verlieren,
Fünftes Mal muss sagen,
Du bist schön, und du bist schön
Und du die Allerschönste.

Mein Vertrauen in Eure Fähigkeit, Dinge selbst wahrzunehmen. Ihr merkt selbst, dass Christoph und ich sehr verschieden sind. Nicht nur, wenn ich Euch ins Kino mitnehme, er Euch auf eine Exkursion in den Wald. Ihr seid nicht einem Block «Eltern» ausgesetzt, sondern zwei Verschiedenen. Es erwachsen Euch nicht nur Nachteile daraus.
Ihr habt schon herausbekommen, dass Ihr uns gegeneinander ausspielen könnt. Ich gebe viel zuviel nach, ich bin Euch gegenüber leidlich schwach, und Ihr erwischt mich immer. Darum findet Ihr mich lieb. Christoph ist viel strenger, was oft wahrscheinlich besser ist. Nur wenn er Dinge durchzusetzen versucht, von denen ich

nicht glauben kann, dass Ihr sie wirklich wünscht, dann werde ich unruhig. Wie vor den Ferien, als er Euch vorschlug, die alte Katze einschläfern zu lassen. Ich war entsetzt, wie Ihr sogleich einverstanden wart, Ihr, die Ihr Euch allabendlich gestritten habt, auf welcher Bettdecke die Katze schlafen dürfe. Solange, bis das verängstigte Tier vor Eurem Gezänk die Flucht ergriff. Zu Christoph sagt Ihr oft ja. Bei mir sagt Ihr viel schneller nein, Ihr getraut Euch auch schneller. Ihr anerkennt und bewundert den handlungsfähigen, starken Vater. Bei ihm ist Sicherheit. Ich kann Euch soviel Sicherheit nicht geben. Ich habe mich immer irgendwie gefügt in Bereichen, die Euer – vermeintliches – Wohl berührt haben. Daneben habe ich mir eine eigene Welt aufgebaut, in der ich selbst bestimmen konnte. Diese Welt wurde immer grösser und das Gemeinsame mit Christoph immer geringer. Das Gemeinsame seid Ihr gewesen, nein, nichts Geringes, aber so wie Ihr mir zum Leben nicht genügtet, so war mir dieses eine Gemeinsame nicht genügend.

«Du willst den Fünfer und's Weggli haben.»
«Du hast unmögliche Erwartungen.»
«Du überforderst ständig deine ganze Umgebung.»
«Du stehst neben der Realität.»
«Du bist ein Snob mit deinen Ansprüchen.»

Manchmal sagst Du Silvan, «ich bin immer traurig» oder «früher war es schöner». Dann bin ich verzweifelt, weiss nicht mehr, was ich machen soll, komme nicht rückwärts, nicht vorwärts. Ich wünschte so sehr, dass es für Euch wieder bessere Zeiten geben würde.

15. April

Ostern. Erste Ostern, die ich nicht mit Euch verbringe. Sicher habt Ihr mit Christoph Eier gefärbt. Vielleicht habe ich Euch gefehlt; hoffentlich nicht. Christine war zu Besuch mit ihren zwei Kindern, und da war sicher viel Betrieb. Christoph hat gesagt,

«komm nicht vor Mittwoch zurück, wahrscheinlich kann Christine so lange bleiben. Es würde stören».
Ich sage, «ich werde Sehnsucht nach den Kindern haben». Und er sagt, «diese Bemerkungen kannst du dir sparen».
So ist es. Eine Aussage, die schmerzt mich, und eine andere, die schmerzt ihn. Und so immerfort.

Ich hatte einen sehr schönen Tag. Ich bin stundenlang gewandert in den Hügeln ob Sternenberg. Mit Hans gehen und gehen, ein wenig ziellos, in Schluchten hinunter und auf der Gegenseite wieder hinauf, um Kuppen herum, viel reden und etwas vor sich hersummen und zwischendurch rennen und auch lachen. Angst vor Übermut und doch eine Ahnung davon, wie das ist, glücklich sein können.
Begleitwort meiner Kindheit, «us em Lächli gits es Bächli», wogegen ich mich wehrte, den frühen Tod des Vaters jedoch als eine hinterhältige Bestätigung empfand. Wenn Ihr wie tolle Hunde auf Euren Betten springt, muss ich mir nahezu die Zunge abbeissen, um den Reim nicht an Euch weiter zu geben. Leitspruch aus Hans' Kindheit, «alles, nur nicht weinen», Mannkindheit. «Alles, nur nie vor einem Mann heulen», sagte meine Mutter beim ersten Liebeskummer, «mit geröteten Augen und geschwollener Nase vertreibst du jeden.»

In einer Wirtschaft einkehren. Die Bauern sprechen von den Toden ihrer Nachbarn und Verwandten. Tod ohne Schreck und Stachel. Stundenlang können sie darüber reden. Der war Jahrgang zwölf und der war ein Neunzehner und ist noch früher gestorben. Ja, das war dort so in der Familie, die sind alle nicht alt geworden. Und die Frieda war auch erst fünfundsechzig, und einer der Brüder ist schon mit zwanzig gestorben. Und lebt jener noch? Der nicht, aber seine Brüder, die sind noch rüstig. Und so geht das. Wie man übers Heuen spricht oder übers Melken. Ein wenig wie im Totentanz, das Mähen, die Sense. Jenes junge Mädchen und jener Greis, wahllos.

Ich denke an die selbstgewählten Tode verschiedener Freunde, «aus der Lebensmitte» nicht gerissen, sondern einfach gegangen; überlegt, geplant, nach einer Summe von Verweigerungen eine letzte Verweigerung.
«Ich habe ihn nicht halten können», sagte die Frau, die Freundin, «wollte ich ihn davon abbringen, wandte er sich von mir ab, verschwand. Wollte ich in seiner Nähe sein, solange es noch möglich war, blieb mir nichts anderes übrig, als ihn zu begleiten.» Was sie getan hat, bis zuletzt. Ob sich der Mann bewusst war, wie sehr er die Frau gezeichnet hat für all die kommenden Jahre? In seinen fünf Jahre zurückliegenden Tagebuchnotizen stand,
«noch bin ich geplant und geduldet
zu tun was erlaubt und geschuldet»
Und zehn Jahre zuvor hatte er geschrieben,
«nehmen wir an der kreis sei
zweidimensional
sagen wir eine zweiheit
und er wird von beiden intensiv
verlassen»

Nach Deiner Geburt, Silvan, hatte mir jener Mann einen Strauss Graslilien gebracht und das Mutterzimmer nach wenigen verlegenen Worten fluchtartig verlassen.

Und Hans sagt, durch den Wirtshausgarten gehend, «da hat jeder seinen Tod, seinen Ort zu sterben, seine Zeit. Könnten sie sich wohl vorstellen, dass es etwas gibt wie Massenmord, ein Hineintreiben der Menschen in einen gemeinen gewaltsamen Tod?»
Wir kommen an einem Hof vorbei. Ein Bauer in unserm Alter, fünf Buben. Der Kleinste, er erinnert mich an Dich Silvan, trottet hinter dem Vater her in den Stall.

Ich arbeite dieser Tage fast nichts. Nichts, um ehrlich zu sein. Die Buchrezensionen, was für ein Stumpfsinn. Die Filmkritiken, nicht besser. Ich lüge Euch an, wenn ich die ganze Zeit sage, ich muss jetzt arbeiten. Das ist nur eine läppische Ausrede. Im Grunde drehe ich im Kreis, grüble.

Oft kommt es vor, dass mich jemand fragt, warum ich mich mit Film und Kino beschäftige. Die Antwort glaubt mir niemand. Ich sage, «bevor die Kinder da waren, hab ich geschrieben, was mir Lust bereitete, unter vielem anderem Filmkritiken. Bei der Tageszeitung, für welche ich damals arbeitete, beschäftigte sich niemand mit dieser Sparte, und ich habe eine Filmrubrik eingeführt. Später, mit zwei Säuglingen zuhause, blieben mir die Kritiken.»
Nachmittags, wenn Ihr schlieft, eineinhalb Stunden ins Kino sitzen und danach abends schreiben oder abends in eine Vorführung gehen und morgens um fünf Uhr aufstehen, solches lag eben drin. Die Konzentration für eine mehrtägige Reportage aufzubringen, sie zu organisieren mit allem Drum und Dran, das gab ich nach ein, zwei Versuchen auf.
So ist es. Oder doch nicht? Ins Kinodunkel sitzen und alles vergessen, unerreichbar werden, die Blankstellen im Gehirn mit irgendetwas Beliebigem füllen, war das nicht eine Verlockung? Euch habe ich auf der Leinwand nicht gefunden, mich selten. Das hat sich inzwischen verändert. Frauen, Kinder, Mütter, eine Masche geworden. Hollywood-gestrickt, links und rechts, hand- und maschinengestrickt, gestrickt jedenfalls.

16. April

Ostermontag. Kühle Luft, getränkt von schweren Gerüchen und Erde. Ich kann den Frühling kaum wahrnehmen, er scheint knallfarbig wie nie zuvor in den geordneten Vorstadtgärtchen. Ich bin immer noch im Januar, immer eine Jahreszeit hintendrein.
Ich sollte bis morgen einen Artikel schreiben über «Deer Hunter», einen amerikanischen Vietnamfilm. Vergangenheitsbewältigung im Groschenromanstil. Blutiger.
Vietnam, darüber werdet Ihr in den Geschichtsbüchern lesen. Wenn Ihr guten Geschichtsunterricht habt, vielleicht in den letzten Klassen, werdet Ihr davon hören. Vielleicht werdet Ihr mich fragen, was ich damals gemacht habe. Werde ich dann die Frechheit haben, von Vietnam-Hearings und Demonstrationen zu reden? Und so tun, als wäre hier wirklich etwas geschehen? Als

hätte ich verstanden, was dort geschah? Ich habe fleissig alles gelesen, Berichte gesammelt, Bilder ausgeschnitten. Unzählige Versammlungen tagsüber und nachts und Sonntag morgens ins «Andere Kino». «Der Kirchbesuch der Linken», sagte Christoph und drehte sich schläfrig zur Seite. Manchmal zögerte ich, wäre auch lieber im Bett geblieben.
Ich war, immer neben Vietnam, der Mittelpunkt der Welt. Du Michael lagst winzig in einem Korb. Oder ich trug Dich im linken Arm, an die Schulter gelehnt, durch die Stadt, Kinderwagen mochte ich nicht. Wenn ich im Gedränge des Trams stand, dachte ich an die vietnamesischen Mütter auf der Flucht oder an jene andern Mütter, die in Viehwagen ostwärts gefahren wurden, dreissig Jahre zuvor. Und drückte Dich stärker an mich. Über meinem Schreibtisch hing ein Pressefoto. In einem Boot sass eine Frau, selbst noch fast Kind, ein lebendiges Bündel neben sich und viele andere Habseligkeiten. Das Kleine trug ein gestricktes Mützchen, ein altmodisches, aus einem Hilfswerk-Bestand vielleicht. Ein genau gleiches Mützchen hatte ich Dir nach altem Muster gestrickt. Die Rippen, die über das Köpfchen gedehnten Längsrippen, immer musste ich diese ganz gewöhnlichen Rippen anschauen.

Ihr lebt in einer heilen Welt. Manchmal Einbrüche, der Krebstod der Mutter einer Kindergartenfreundin, den Ihr schnell vergesst, das stark mongoloide Mädchen einer Nachbarin, mit dem Ihr Euch nach einigem Verwundern und fragenden Blicken in meine Richtung gut unterhält. Bilder ölverpesteter Vögel oder angeschwemmter Wale in der Zeitung, die Euch lange beschäftigen. Was Ihr kennt, sind die schrecklichen Unzulänglichkeiten der Erwachsenen, ihre Streitsucht, Rechthaberei und Kleinlichkeit. Vom nichtalltäglichen Schrecken der Welt habt Ihr wenig Ahnung.

Gestern Nacht hat Hans ein Tonband abgespielt, ein Gespräch mit Frank Martens. In Plötzensee hat dieser Mann, selbst ein Gefangener, den zum Tode Verurteilten die Haare geschnitten, kurz bevor sie zur Guillotine geführt wurden.
Ich lag am Boden und hörte zu. Was war anderes möglich, als sich

zusammenzukrümmen, sich selbst zu halten? Ich wagte nicht mehr, Hans anzublicken, so ungeheuerlich ist das Erzählte. Sich fragen, wie man weiterhin schlafen, essen, sich liebkosen kann mit dem Wissen um so viel Schändlichkeit. Das fast als eine Missachtung empfinden für die Toten, die durch unmenschliche Qualen gingen. Und doch, wem nützt die Trauer, das Mit-Leiden, das daran Kaputtgehen – ausser den Falschen?
Hans sagte, «Du bist tief und fest am Boden eingeschlafen». Selbst wenn es nicht so gemeint war, klang es wie ein Vorwurf, eine Enttäuschung, und hätte mich getroffen, wäre nicht sein graues Gesicht gewesen. Wie kann man einschlafen, während erzählt wird, wie die Todgeweihten im Totenhaus Tag und Nacht angekettet waren, wie man sie in bestimmten Abständen geholt hat, wie sie Hunderte von Tode gestorben sind, wenn der Staatsanwalt von Zelle zu Zelle gehend die Namen laut rief und die Urteile nochmals verlas? Die heimlichen Nachrichten, im Munde verborgen gehalten, für Familie und Freunde, dem Todeshaarschneider zugeschmuggelt. Das Stück Brot, zugesteckt und verzehrt, während die Schere den Nacken freimachte. Die toten Körper im Schuppen, auf der Haut mit einer Nummer bezeichnet, die Köpfe, mit Pech abgedeckt, die Ströme von Blut, versiegend. Silvan. Michael. Ihr wisst nichts davon. Geniesst noch das Privileg, nichts wissen zu müssen.

«Wenn heute einer sagt, man habe damals nichts gewusst von Tötungen, dann lügt er. Ich habe das Morden bereits erlebt, als ich in Polen war.
Am Morgen des ersten Novembers 1939 haben wir bei Breslau die polnische Grenze überschritten, und nach wenigen Stunden gab es die ersten Toten.
Wir sind in Rava einmarschiert, vor uns war die SS da. Es standen viele Wehrmachtswagen herum, ein General war da, der einen Kopfschuss abbekommen hatte durch die Scheibe. Auf dem Marktplatz haben wir gerastet, und da geschah folgendes: Ein SS-Verband zog heran mit einem Haufen von Menschen. Das Entsetzliche war, dass ich in diesen Reihen einen Berliner Juden entdeckte, einen Freund, er hiess Lilienthal. Ich bin völlig unbedacht auf ihn

zugesprungen, in Wehrmachtsuniform, konnte es nicht begreifen, den hier wiederzufinden. Ich hatte geglaubt, er wäre längst geflüchtet.
Während ich ihn ansprach, trat eine Frau mit einem Kind aus der Reihe. Ein SS-Mann stürzte los, ich kann es beschwören, was ich jetzt sage, nahm das Kind weg, hat es an den Beinen gefasst, es war vielleicht ein halbes Jahr alt. Und hat es mit dem Kopf gegen den Baum... Es hat gekracht, wie wenn man eine Kokosnuss aufschlägt. Ein anderer SS-Mann schlug mich mit dem Kolben auf den Rücken, sagte, ich hätte mit Judenschweinen nichts zu reden.»

Martens hält inne, hustet, stammelt.
Die Aufnahme bricht ab.
«Was soll ich mit diesem Band machen?» fragt Hans, und ich bin ratlos.

Angst um Hans, der morgen wegfährt, den das alles offensichtlich kaputtmacht. Es wird Nacht, bald wird er heimkommen. Ich muss Licht machen, sollte etwas kochen. Unüblicherweise. Was soll ich jetzt die grosse Rollenverweigerung praktizieren? Sagen, ich koche nicht, ich decke nicht den Tisch, entferne nicht die welken Blumen, ziehe nicht die Leintücher gerade, all dieses frauliche Zeug. Die Kriegerwitwe, die den Heimkehrer im Urlaub verwöhnt. Was soll ich mit diesem Bild im Kopf?
Ich kann und soll die Verantwortung nicht übernehmen für das, was er erlebt. Soll ich deshalb die Hände in den Schoss legen? Jede zusätzliche Bewegung vermeiden? Um nicht in meinen Dingen gestört zu werden, nicht berührt, nicht hineingezogen zu werden, allein bleiben und allein lassen?
Oder *ist* etwas wie Solidarität in einer schwierigen Situation?

21. April

Samstagabend. Es ist zehn Uhr, Ihr schlaft beide, mit der üblichen Feiertagsverspätung, jetzt fängt meine «Freizeit» an. Heute habt Ihr mir einen Tag beschert, mit dem ich recht und schlecht über die Runden kam. Und so habe ich ein Gefühl der Dankbarkeit und sehnsüchtiger Nähe zu Euch. Natürlich habt Ihr Euch längere Zeit gestritten, Ihr buhlt auf widerliche Weise um meine Gunst, wollt einander ausstechen, fühlt Euch ständig versetzt. Habe ich jedem einzelnen so wenig geben können, dass Ihr Euch meinetwegen dauernd verprügeln müsst?

«Du hast dem Silvan mehr Honig aufs Brot gestrichen.» – «Aber klar, ich habe ihn doch auch viel lieber.» – «Ach, das zieht nicht mehr, das hast Du schon letzte Woche mal gesagt.»

Ich habe mir Euer Zimmer vorgenommen und die überflüssigen Dinge weggeräumt. Das Zerschlissene habe ich weggeworfen. Ihr habt es unter lautem weinerlichem Protest wieder aus dem Kehrichtsack herausgeholt. Ich unterschätze immer wieder den Wert von rostigen Nägeln, zerbrochenen Muscheln, Stückchen von farbigem Elektrikerdraht, von Knochen und Kuhzähnen und mache mich zur hassenswerten Aufräumerin. Würde ich nicht von Zeit zu Zeit auch diese Rolle übernehmen, würdet Ihr auf einer Müllhalde leben.

Ich habe gewaschen, die Wäsche aufgehängt, später zusammengelegt, fehlende Knöpfe angenäht, schadhafte Stellen ausgebessert, den Schrank in Ordnung gebracht, beschriftet, Hosen, Unterhosen, Hemden, bald könnt Ihr ja lesen. Meine Aktionen belustigen mich. Wir sind mit dem Fahrrad zur Migros gefahren und haben uns Feiertagsleckereien zusammengekauft.

Alles einfachste Dinge, meine Hände tun nützliche Dinge. Zwischendurch muss ich Euch die Degenhardt-Platte auflegen, die Ihr nun entdeckt habt. «Ala Kumpanen, Sangesbrüder kommt herein, wir trinken unsern violetten Wein», den Refrain singt Ihr mit. Im Haus samstäglicher Musik-Wirrwarr, Keith Jarrett bei Koppmeiers, Gabriela Ferri bei Anna, Reggae bei Binkels. Wer mit dem Haus vertraut ist, kann von der Musik auf die Stimmungslage in den Wohnungen schliessen.

Später seid Ihr friedlich dagelegen. Da Euch nachts hie und da ein Männchen besucht, mit glühenden Augen und dürren Armen und Beinen, es kommt zur einen Türe herein, dreht eine Runde und geht zur andern hinaus, hat jedoch letzthin Dich Silvan zum Bett hinausgeworfen, singe ich das Lied vom «bucklichen Männchen» in Abwandlung des Originals, «ich mag dich gern, mach aber keinen Unfug, nachts will ich schlafen, lass mich in Ruhe», so etwa. Beschwörungsformeln.

Als wir von dem Tische kamen,
gingen wir zu Bette,
ich und du und 's Butzemännchen,
zankten um die Decke.

Als wir um die Decke zankten,
fing das Bett an krachen.
Ich und du und 's Butzemännchen
mussten herzlich lachen.

Silvan möchte mich neben sich haben beim Einschlafen, aber doch nicht zu nahe. Ich soll den Arm nicht um seinen Bauch legen, sonst habe er zu heiss. Diese Geste des Wegstossens, mit der mir Eure erwachsenen Geschlechtsgenossen oft weh getan haben, dieses Sich-Abkehren und einem unerbittlich den Rücken Zuwenden. Eine legitime Geste ist das.
Es ist jetzt still im Haus. Ich höre Anna herumgehen, aber ich getrau mich nicht, zu ihr hinzugehen, sie hat zu offensichtlich bekundet, dass sie allein sein will. Meinen Schreibtisch aufräumen, ich habe eine solche Unordnung, dass ich ohnehin nicht arbeiten kann in diesen Stössen von Papier. Der Stoss mit Unerledigtem wird immer höher, starrt mich an und macht mich mutlos. Soll ich Belegexemplare meiner Artikel weiterhin in Ordner ablegen? Aufbewahren? Wozu überhaupt? Um mich zu beruhigen, dass ich immer noch weiterschreibe?
Ein Buch lesen.

«Solange Frauen Kinderlieder singen, haben sie keine Worte, ihre Unterdrückung zu formulieren.» Laure Wyss.

Ich liebe Kinderlieder. Ich will Kinderlieder singen können und und und. «Und was?» ist manchmal schwierig.
Mit einer andern Frau sprechen. Iso ist nicht da. Marlies ist wortkarg, Christine mitten in einer Haussitzung, Verena im Kino, sagt ihr Freund.
Christoph ist an einem Männerwochenende.

23. April

Morgen ist erster Schultag für Michael und erster Tag im zweiten Kindergartenjahr für Silvan, meine Grossen. Eine der Kommission genehme Kindergärtnerin, eine neue Lehrerin, durch die Binkels-Kinder im Vorjahr getestet und empfohlen, neue, verschiedene Stundenpläne für Euch und für mich. Du Silvan kannst es nicht leiden, dass um Michael ein Schultheater gemacht wird. Du wirst nun zurückversetzt und gehörst im Haus zu den Kleinern. Neuer Schultornister, neues Etui, neue Hosen, alles für den ältern Bruder von Grossmutter gestiftet. Du trägst sie herum, zeigst sie allen, während Michael sich keinen Deut darum schert. Tatsächlich scheint mir, Du wärest mindestens so schulreif wie Dein Bruder. Du fühlst Dich zu Recht beleidigt, schliesslich hast Du bereits mehr Milchzähne verloren als er.
In den letzten Tagen habe ich Eure Kleider hergerichtet. Was ein Schulbeginn so mit sich bringt. Einen Turnsack nähen. Zum Trost und zum Ausgleich die Patchworkjacke von Silvan verlängern. Ich habe mir alle erdenkliche Mühe gegeben, als müsste der Turnsack der schönste werden. Und habe hernach festgestellt, dass ich mich selbst unter Druck setze, unter jenen Druck, von dem mir alleinstehende, geschiedene und «ledige» Mütter erzählen: alles mindestens so gut oder noch etwas besser als «normale» Mütter machen zu müssen.
Meine Mutter, die gute, hat nächtelang genäht und gestrickt, um mir die Kleidung herzustellen, die sie für gymnasiumswürdig hielt. Ihre Enttäuschung heute, nach all den Investitionen.

Ich habe mich sehr mit Christoph gestritten. Ich suche immer noch nach möglichen Lösungen. Maureen, die amerikanische Freundin, therapienbewandert, sagte, «es gibt in Konflikten mit zwei Parteien drei verschiedene Ausgänge, erstens, beide verlieren; zweitens, einer gewinnt, der andere verliert; drittens, beide gewinnen». Am besten lebe man, wenn man eine doppelte Verlustsituation in eine gemeinsame Gewinnsituation verwandeln könne. Ich will nicht gewinnen und nicht verlieren, was mir reihum als Entscheidungsunfähigkeit und kompromisslerisches Verhalten angelastet wird. Ich kann mich schlecht erklären. Die mir richtig scheinenden Worte kommen mir immer erst nachträglich in den Sinn. Im Augenblick der Auseinandersetzung verheddere ich mich in Emotionen, anstatt kühl und distanziert zu bleiben. Beherrscht ein anderer die Technik der kühlen Rede, so bin ich ausgeliefert.

Mit Anna habe ich Pläne geschmiedet, zusammen eine Wohnung im Haus zu beziehen. Anna, Tina und ich, ein Dreifrauenhaushalt. Ich bin fast ein wenig euphorisch geworden, habe mir das ausgemalt. Wir würden uns verwöhnen, ich sie in den Notfalldienstnächten, sie mich, wenn ich noch spät nachts schreibe. Und Tina, Fraukind, Kindfrau mit ihren zwölf Jahren, wäre ein wenig unsere Tochter.

Aber gestern morgen, ich hatte es bereits gespürt und erwartet, sagte Anna, es sei ihr doch zuviel mit meinen zwei Rangen, die oft auch in der Wohnung wären, um mich herum, unvermeidbar, ja wünschbar. Jetzt, da sie mit Tina aus dem gröbsten herausgekommen sei, möchte sie die Kindersituationen nicht nochmals erleben, morgens um halb sieben geweckt werden, werktags und feiertags, das Geschrei, das Streiten, das Rufen nach Mutter. Und im Laufe der Scheidung würden die Kinder zweifellos mehr Schwierigkeiten machen, und das könne sie nicht ertragen, nun, da sie diese Geschichten bald einmal für sich bewältigt habe.

Zuerst war ich erschlagen. Aber ich weiss, dass sie recht hat, ihr Mut zur Ehrlichkeit das einzig Richtige ist. Ich kann mich gut in ihre Lage versetzen. Es würde mir wahrscheinlich ähnlich gehen, ergeht mir ja auch schon ähnlich. Oft ist mir das Geschrei der zwei kleinen Hexen von Esther und Verena unerträglich, und ich

möchte das lärmige Haus weit hinter mir lassen. Oft habe ich nicht die geringste Lust, mich der Kleinen anzunehmen, obwohl ich sehe und aus eigener Erfahrung weiss, dass ich den Müttern einen Dienst erweisen würde. Frauensolidarität, nicht nur auf Spruchbändern, in Büchern und Zeitschriften, etwas Schwieriges, ein Glücksfall.
Christoph meint ohnehin, eine Lösung innerhalb des Hauses wäre nicht von Gutem, die Distanz zwischen uns bleibe zu gering, und die Reibereien würden kein Ende nehmen. Ich fürchte, er hat recht, und Ihr werdet unter dem Fortlauf der Dinge noch zu leiden haben.
Ich habe Euch in die Bettmitte gerückt und die Kissen breitgestrichen, Guardalamerda, es ist halb zwölf, und ich sollte noch den letzten Truffaut-Film bekritteln.

29. April

Ein Sonntag, an dem ich nach freier Wahl an meinem Schreibtisch sitzen kann. Ihr seid früh ausgezogen, mit Rucksack und zappligen Beinen, und habt sicher einen guten Tag mit Christoph. Es ist mir recht wohl in meinen holzgetäferten Wänden, ich liebe den Ausblick aus diesem Fenster, die rosabraunen Bäume in Blüte. Viel Gerede, Lachen und Kindergeschrei ums Haus. So recht bin ich nicht zuhause. Ich habe Lust auf Kaffee, aber keine Lust, in die Küche, in die Stube zu gehen, immer weniger, die gehören nicht zu mir, nicht mehr, haben nie gehört. Erst in solchen Augenblicken fällt mir auf, dass ich nichts zu diesem Haushalt beigetragen habe ausser einer Anzahl Bücher. Aus tatsächlicher Besitzlosigkeit heraus und auch aus dem Unvermögen, Wohnlichkeit herzustellen.
Mein verdammter Verfolgungswahn nimmt wieder zu. Heute morgen sassen Anna und Esther im Garten, beim Blumengiessen sah ich von oben, wie sie sich unterhielten, und glaubte, einige Gesprächsfetzen mitzubekommen. Esther machte eine wegwerfende Bewegung, und ich glaubte zu hören, «am liebsten wäre mir, sie würden alle beide wegziehen». Ich glaubte zu hören, «es ist ja nur

ein anderer Mann». Anna antwortete, «das siehst du zu einfach, das ist klar nicht der Fall». Ich war bedrückt, überzeugt, dass sie über mich sprachen. Ich dachte, ich gehe gleich hinunter und frage sie, ob ich richtig gehört hätte oder ob ich wieder einmal am Durchdrehen sei. Wie idiotisch käme ich mir dabei vor. Also zwinge ich mich zu arbeiten.

Aus dem Stoss Unerledigtem das Material zu Urs Grafs Film «Kollegen» zusammensuchen, einen Artikel für die Gewerkschaftszeitung ausdenken, die Bilder liegen vor mir. Was ich nicht schreiben kann, aber was mir nun durch den Kopf geht, ist, dass ich mich gleich verhalte wie die Arbeiter im Film. Ich möchte gern etwas erreichen, etwas fordern, überlege mir, dass es ohnehin zuviel ist. Ich habe nicht das Vertrauen, meine Forderung als etwas Selbstverständliches hinzustellen.

Die Arbeiter im Film wollen die ihnen zugestandene Arbeitsreduktion von einer Stunde am Freitagnachmittag einziehen. Damit gewinnen sie eine Stunde mehr Freizeit. Eine klare und logische Forderung. Die Geschäftsleitung will die eine Stunde auf die ganze Woche verteilt haben. Die Arbeiter halten ihren Vorschlag selbst ein Stück weit für unmöglich. Die Zweifel an der Selbstverständlichkeit ihrer Forderung schwächt sie in ihrer Position den Mächtigen gegenüber. Sie nehmen die Argumentation der Padroni vorweg und gehen als bereits Geschlagene in die Sitzungen.

«... da gibt es gar nicht viel zu ändern ... sie müssten ja die Blockzeit ändern. Ich weiss nicht, ob sie das eingehen. Ich sehe darin schwarz ... Das wird schon nicht in Frage kommen ...»
«Du weisst, wie stur sie sind, und wir müssen das akzeptieren, so leid es uns tut. Anders wär's mir auch lieber.»
«Man soll es doch sein lassen. Man macht die Geschäftsleitung nur verrückt, wenn man noch lange stürmt deswegen.»

Was soll ich denn daraus lernen? Meine Bedürfnisse genau zu kennen und zu fordern, ohne zu betteln. «Angst essen Seele auf», sagt ein arabischer Fremdarbeiter im Film von Fassbinder.

Für Euch ist es nicht einfacher geworden. Wenn ich heimkomme, begrüssen wir uns übermütig, zärtlich. Letzthin sagtest Du Michael, «küss und begrüss den Christoph wie uns». Du hast ihn und mich mit Deinen Armen zusammenhalten wollen. Ich kann nicht. Ich kann nicht. Ich hätte Dir sagen müssen, «schau, ich kann das einfach nicht. Es ist nicht das gleiche, wenn ich Euch umarme und küsse, ich kann Euch nichts vormachen, so weh Euch das tut». Du siehst mich böse und missbilligend an. Unter Deinem Blick bin ich schon wieder daran, ins Schwanken zu kommen. Ich habe Euch davor bewahrt, in die Stadt zur Schule fahren zu müssen, habe die Verantwortung für den Schulbetrieb hier übernommen, was zur Folge hat, dass ich hier bleiben muss, was zur Folge hat, dass – wenn ich nicht anderswo im Haus wohnen kann – er oder ich gehen muss.

Bleibe ich, werde ich allein sein mit Euch. Ich bin feige, fürchte die Doppelbelastung, fürchte, Ihr würdet eine dauernd übermüdete, nervöse und schlechte Mutter haben, fürchte, Ihr werdet streiken und mir die Schuld an allem zuschieben, böse auf mich sein, dass ich Christoph weggetrieben habe. Eine nicht unbegründete Furcht, weil Ihr so reagiert habt, als er letztes Jahr mehrere Wochen wegfuhr. Angst vor Eurer Sehnsucht nach Christoph und Gewissheit, dass ich sie nie werde wettmachen können.

Christoph schlägt vor, ich solle eine Wohnung im Dorf nehmen. Heute abend die sonntägliche Haussitzung. Was, wenn alle diesen Vorschlag gut finden? Ihre Ungeduld, ihr Verärgertsein über den Konflikt. Schliesslich glaubten wir alle, mit diesem Haus den Frieden gekauft zu haben.

Vielleicht hasse ich dieses Haus manchmal, die Scheissleute alle, die alle nur ihre Bequemlichkeit wollen, ihren festen Platz an der Sonne, ihre Küche, ihr Bad, ihr Auto, ihr, ihr, ihr. Die ihre eigenen Schwierigkeiten verstecken, von den Schwierigkeiten anderer nicht berührt werden wollen, als handle es sich um eine ansteckende Krankheit. Die im Garten herumstochern, ihren Salat, ihre Kohlrabi und ihre Radieschen pflegen, stundenlang. Ich bin ungerecht, aber wenn ich wütend bin, spüre ich, dass ich irgendwo noch lebe.

Vor dem Fenster explodieren die Löwenzahnblumen in der Wiese.

4. Mai

Ich bin in der Stadt müde geworden, und anstatt mich an der Kruggasse ein wenig hinzulegen, habe ich reflexartig die Bahn zu Euch genommen. Wie lieb Ihr mich empfangen habt, Euch an mich gedrückt habt, mich auf keinen Fall allein lassen wolltet. Ich legte mich auf den Boden in Eurem Zimmer, und Ihr habt Euch an mich gekuschelt.

Der Redaktor hat heute nach der Sitzung zu mir gesagt, «ich habe dich und deinen Mann auf dem Hirschenplatz stehen gesehen, und ich weiss nun, dass auch du Schwierigkeiten hast. Ein Paar, das so dasteht, steht an der Peripetie». Ich fragte mich, was das Fremdwort bedeute, und war unangenehm berührt. Er hat eine Menge erzählt, freundlich, fast väterlich, ich habe etwas Unzusammenhängendes gesagt, Fragmente einer Kommunikation, ich hätte den Faden aufnehmen können, war doch zu misstrauisch. Nullpunkt, immer wieder Nullpunkt. Als ich über den Stauffacherplatz gehe im Gedränge, beginne ich mir vorzustellen, wie das Leben ohne Euch wäre. Doch weggehen. Die Kruggasse wird auf den Herbst gekündigt. Ein neues Arbeitszimmer in der Stadt muss ich ohnehin finden. Der Gedanke an das Frauenbüro, eine Hoffnung. Iso, Lisa, Ann, andere Frauen, ich, bereits wieder Bilder in meinem Kopf. Aber ich wollte doch Christoph standhalten, mich auch für meinen Platz im Haus wehren.
Die Begegnung mit ihm auf dem Hirschenplatz. Schon lange wollte er mich zu der ihm bekannten Therapeutin schleppen. Meine unüberwindliche Abneigung, unter der Anschuldigung von Böswilligkeit in eine vorschnelle Zusage umgewandelt. Wir sitzen am Boden, Kissen, indische Teppiche, viele Bücher und viel Papier. Ein grosses Fenster, nur Himmel. Erstens Feststellen des Nullpunktes, zweitens Feststellen der «Gefühle», drittens «es wird schon wieder». Und erst nachträglich frage ich mich, warum

mir die Frau gesagt hat, sie hätte damals um ihr Kind gekämpft wie eine Löwin und später gefunden, es wäre doch «lässig» gewesen ohne diese Bürde. Warum hat sie von mir verlangt, ich solle mich in Christophs Lage versetzen, als wäre mir das fremd? Und hat das gleiche von ihm nicht verlangt? Christoph erklärt, warum ich nicht im Haus wohnen könne, es erinnere ihn an die Zeiten, da Hans noch da lebte. Augenblicklich Schuldgefühle bei mir. Er erklärt, dass, falls ich die Kinder bei mir hätte, er sich entfernen würde, da seine väterlichen Gefühle, zu sehr getroffen, kein anderes Verhalten zuliessen. Die Frau fragt mich, ob diese Gefühle für mich verständlich seien? Ich höre mich ja sagen, schaue in den Himmel.
Auf dem Hirschenplatz trennen wir uns, ohne uns die Hand zu reichen, beide mutlos.
Ich kann nicht weiterschreiben.

5. Mai

Den ganzen Tag habe ich vertan, nicht mal Zeitung gelesen, nicht mal jemanden angerufen, nicht mal einen Brief geschrieben. Versuche, Lösungen auf dem Papier zu finden, als gäbe es irgendein Schema, zu welchem man Zuflucht nehmen könnte.
Es schneit seit zwei Tagen. Auf dem Heimweg bin ich zwei Stationen zu weit gefahren und musste zurücklaufen. Auf dem Löwenzahn lag Reif, die Blumen standen mit steif aneinander gelehnten Stengeln. Ich fuhr mit der Hand darüber, es raschelte wie Herbstlaub.
Dinge, die mir nun fortlaufend zustossen. Ein Trambillett lösen, gedankenverloren zerknüllen und wegwerfen und unfreiwillig schwarzfahren müssen. Zur Hauptpost laufen, daran vorbeigehen und abends erstaunt sein, dass der Brief noch in der Tasche ist. Dir Silvan ein Geburtstagsgeschenk aussuchen und es zwischen den Stuhlreihen im Kino stehen lassen. Schlüssel, Agenda, Geld, Notizen immer wieder vermissen. Namen, Titel, Ereignisse, aber auch alltägliche Worte vergessen, deshalb kaum mehr wagen, an einer Diskussion teilzunehmen.

Ich habe letzthin in der Zeitung von der Frau gelesen, die, Küchenhilfe, Schwesternhilfe, langjährige Pflegerin ihrer schwerkranken Mutter, zur Brandstifterin wurde. Der Mann, den sie liebte, hatte auf Verlangen der Ehefrau die Beziehung zu ihr abgebrochen. Danach begann die Frau, überall dort, wo sie sich geliebt hatten, Keller, Unterstände, Verschläge hiess es in der Zeitung, Brände zu legen. Es wurde nie schlimm. Geringfügige Schwelbrände, wenig Sachschaden. Das Gericht erklärte sie für unzurechnungsfähig, debil, und entliess sie mit einer bedingten Haftstrafe. Alle Zeitungen fanden das Urteil äusserst mild. Infantile Persönlichkeitsstruktur. Hilfsbereit, liebenswürdig, pünktlich, zuverlässig sei sie gewesen.
Nichts scheint mir folgerichtiger als jene Brandlegungen. Von einem Menschen begangen, der sich nicht mit Worten ausdrücken kann, diese Tatsache wurde im Gerichtsbericht ebenfalls festgehalten.
Anna hat Nachtdienst. Ich höre sie unruhig hin- und hergehen. Ich weiss, die Vorstellung, ein Fixer könnte ihr unter der Hand wegsterben, hält sie in Schrecken. Später höre ich sie telefonieren und wegfahren. Ich hätte sie begleiten wollen, aber ich fürchtete, sie würde abweisend reagieren. So warte ich, bis ich sie die Treppe wieder heraufkommen höre. Die Geräusche dieses Hauses, ich kenne den Fusstritt jedes einzelnen, das Kinderweinen kann ich auseinander halten, die Tonlage der Erwachsenen.
Anna sagt, «endlich aus dem persönlichen Mief herauskommen, es gibt nämlich wirklich noch anderes». Den ganzen Tag hab ich in diesem Mief geschmort, ein kleinbürgerlicher Sauerbraten, der mir ununterbrochen aufstösst und den ich verdauen will, will, will.
Schlafen gehen, Du Silvan wirst mich bestimmt um halb sieben wecken. Mit heftigen Küssen und Umarmungen, so dass ich dich nicht wegstossen kann.
Jemand sagte zu mir, «diese Situation, dass das Kind sich morgens an dich schmiegt, davon musst du dich ohnehin einmal lösen. Nun wird es einfach früher geschehen». Einfach.

9. Mai

Heute bin ich früher aus der Stadt zurückgekehrt, weil ich versprochen habe, die kleinen Mädchen zu hüten, damit Esther und Anna ans Frauentreffen gehen können. Ein wenig beneide ich sie um die Frauengruppe, möchte mehr darüber wissen, teilnehmen. Seit mehr als einem Jahr bin ich an keiner politischen Arbeit mehr beteiligt, vermisse sie, würde es aber nie schaffen, jetzt. Die Losung, dass «das Private politisch» sei, habe ich so sehr beherzigt, dass ich in Privatheit ersticke. Meinen privaten Schritten eine Ideologie überzustülpen, davor graut mir. Das Wort Freiheit ist mir ein Kloss im Hals, schlucken oder ausspeien.

Gestern nachmittag sind wir zusammen ausgezogen, Anna, Esther, Verena, die sieben Kinder, alle in den Kleinbus gepackt und an den See hinuntergerumpelt. Ich sage nicht viel jeweils, habe den Kopf voller Gedanken, Friedlichkeit, grüner Schimmer von den Bäumen, fahles, unwirkliches Licht, der Himmel gefiltert durch Millionen keimender Blätter. Du Michael bist natürlich trotz meiner Warnung in den See gelaufen, bis das Wasser oben in Deine Stiefel drang und Du mit nassen Füssen herumlaufen musstest. Ärger, und dann Gleichgültigkeit. Manchmal richtiger Zorn, dass Dir meine Befehle dermassen gleichgültig sind. Kannst Du ein Ekel sein, hörst und siehst einfach nichts. Du Silvan bist in einer anschmiegsamen Phase, folgsam, weinerlich. Auch nicht gut.

Auf einer Bank liegen und in die Bäume blinzeln, Wasserspiegelungen an den Stämmen. Gedanken an Hans, der weit weg ist, und Erinnerung an Zeiten, da ich diese Bucht mit ihm entdeckte. Bild um Bild überlagert den See, der in der Rückblende bleigrau wird, schwarz in der Nacht, weisslich fade in der Morgendämmerung, gleissend im Sommermittag. Ein verschmutzter See, grosse Fische treiben mit aufgeblähten Bäuchen, liegen halbverwest auf dem Grund. Unrat und Schaum schlägt gegen schimmliges Schilf. Ihr stochert mit Stöcken nach Büchsen und Fischskeletten.

Mein Handeln damals, «Kopflosigkeit» oder «mit dem Kopf durch die Wand gehen»? Das im Kopf hin- und herschieben.
Auf den Kopf oder die Füsse fallen.

Die Frauen sitzen da, Ihr spielt, lacht, macht Unfug. Habt Hunger und Durst. Eine der Frauen sagt, «ganz ohne Männer ist friedlich, ich vermisse sie gar nicht, keineswegs».
Immer häufiger geschieht es, dass ich für mich formuliere, was ich sagen möchte, aber es nicht laut sage. Warum muss es immer betont werden, dass wir die Männer nicht nötig haben, dass uns ohne sie wohl ist? Wie frei sind wir von ihnen, wenn wir doch immer Bezug nehmen, die Distanz betonen müssen? Ärgerlich. Ich kann diese Beteuerungen nicht mehr hören.
Es ist, ist friedlich, zugegeben. Ich lasse mich einlullen, was wäre mehr zu wünschen jetzt, als hier zu sein mit den Frauen und Kindern? Und doch, Ihr könnt Euch kaum vorstellen, wie mich diese Friedlichkeit unruhig macht. Bin ich weg, denke ich mit Sehnsucht an diesen Frieden, bin ich da, wird er mir lästig. Die Erwachsenen langweilen mich, Ihr, die Kinder, selten. Friedlichkeit ist mir Tünche, nur mir offenbar, unter diesen Bedingungen jetzt, ich soll die andern mit mir in Ruhe lassen und ihnen nicht den Frieden verderben.

Weil ich frühzeitig zuhause war, habe ich mit Euch gegessen, wie früher. Da seid Ihr zufrieden, Vater, Mutter, Kinder, die alte Tischordnung, die alten kleinen Geplänkel, die Gemütlichkeit, gewohnheitsrechtlich. Mir ist nicht gemütlich. Ich denke, Ihr lasst Euch einmal mehr täuschen, Ihr fallt auf uns herein. Schaut genau hin, es ist nicht wie früher. Wir schauen uns nicht in die Augen, wir lachen ein wenig zu schrill, wir kümmern uns zu angestrengt um Eure Butterbrote. Mich überfällt dann ein unbezwingbares Schlafbedürfnis. Fluchtschlaf.

24. Mai

Ob Ihr Euch an den gestrigen Mittwoch erinnern werdet?
Den ganzen Nachmittag hat mir Anna in den Ohren gelegen, ob ich mit ihr in eine Gartenwirtschaft käme, unter den Platanen würden wir sitzen und in die Weite schauen und den Pfannenstiel, der uns hier den Horizont abschneidet, vergessen. Du Michael

hattest am Morgen Fieber, ich also an diesem heissen Tag im Grunde Hausarrest. Ich sagte, «nur mit den Kindern, wenn überhaupt, ich kann jetzt nicht ohne sie weggehen, heute nicht». Euch wollte sie nicht dabei haben. Als es Abend wurde, gab sie nach. So sind wir weggefahren, etwas Übermut in uns, die drei Kinder auf dem Rücksitz, unser Kostbarstes und Schwierigstes, um uns die vor Blüten strotzenden Bäume, ein Rosahimmel und tiefgraue Wolkenberge weit hinten.

Nach S. sind wir gefahren, Ihr habt unter Euch gekichert. Anna und ich waren abgeschirmt durch unsere Erinnerungen an diesen Ort. Sie zeigte mir das Spital, in dem sie gearbeitet, das Haus, wo sie gewohnt hatte, Tinas Zimmer, auf eine Laube ausgehend. Die vollkommene, verschlafene Idylle, mit sich ringelndem Geissblatt, übermoosten Treppen, schattigen Wiesen, vergammelten Hinterhöfen. An einem reich renovierten Haus fuhren wir vorbei, «da, Anna, dieses Haus gehört zu meiner Geschichte». Ich erkannte es spät, aber ein Bild hing in meiner Erinnerung. Es war das grosse, alte Weinbauernhaus, das wir einmal hätten kaufen können. Wir alle von damals, da sind wir gestanden, auf der gegenüberliegenden Wiese, eine Anzahl Freunde und Bekannte, zukunftswillige Genossenschafter, unter andern Christoph, Hans und ich. Hans, Meilen von Schweigen entfernt, von zu verscheuchenden Gedanken umgeben.

Die jetzt unvermittelt heftige Erinnerung an jenen Zustand, als die Welt gegen aussen fast heil war. Sie war es längst nicht mehr. Ein Haus anschauen hiess damals wegkommen aus dem grünen Gefängnis der wohlhabenden Vorortsgemeinde, wegkommen vor allem. Niemand begriff, warum ich mich dort nicht wohlfühlte, die grosse, billige Altwohnung, der Garten, herrlich für die Kinder, die Stille, der Ausblick auf den See. Nie mehr im Leben würde ich so herrschaftlich leben, ein gütiger Zufall, Beziehungen von Christophs Eltern.

Der englische Garten, von einer hohen, undurchdringlichen Buchshecke umgeben, manchmal Hundegekläff aus der Ferne. Jeden Morgen ritt eine Mumie vorüber, Ihr hattet Euch zur Gewohnheit gemacht, am schmiedeisernen Tor zu stehen und zu rufen, «Totemügerli, Totemügerli». Der Mann würdigte Euch keines Blickes. Ich hasste die pelzbehangenen Weiber in der Metzgerei und beim Bäcker, ihre zuchtedlen Hunde und Zweitwagen, hasste ihre gepflegten Rasen, ihre Schilder, die in regelmässigen Abständen die Strasse zierten, «Privat», «Achtung Hund», «Boteneingang».

«Was du ererbt von deinen Vätern hast, erwirb es, um es zu besitzen.» Inschrift am Zolliker Schulhaus.

Die Mutter war beeindruckt, öfters zu Besuch bei der aufgestiegenen Tochter. Freunde bezeugten, dass wir einen glücklichen Eindruck machten. Ich wollte wegkommen.
Das Weinbauernhaus war allerdings zu baufällig gewesen, so weit reichte der gemeinsame Renovationskredit nicht.

Anna zeigte mir die Mauer, in welche sie hineingefahren war, und während Ihr Euch auf die Schaukeln beim Wirtshaus stürztet, erzählte sie mir noch einmal die Geschichte dahinter. In einem lachenden, ironischen Ton, stellenweise heftig lachend sogar. Sie arbeitete sehr hart damals, das Spital war eine einzige Herausforderung. Und das Kind zuhause, Tina, das immer zu kurz kam, das sich oft allein das Mittagessen zubereiten, allein abends zu Bett gehen musste. Das den Schritt der Mutter nachts auf der Treppe hörte und an der Art und Weise, wie die Mutter auftrat auf den Stufen, erkannte, ob es noch eine Frage stellen, ein Erlebnis mitteilen könnte, selbst noch eine Geschichte zu hören bekommen würde.
Eine Woche Ferien stand bevor. Das Kind würde eine Woche lang wegfahren. Die Freiheit eine Woche lang. Der Mann, den sie vermisst, entbehrt hatte, würde kommen. Sie würde eine Woche lang alles andere hinter sich lassen, ein einziges Leben haben, nicht zwei, drei nebeneinander.
Das Kind verreiste, sie kaufte gleichentags ein neues Auto, kein Gebrauchtwagen sollte es sein. Sie bestand darauf, abends mit dem Auto in das nicht weit entfernte Gasthaus zu fahren. Der Mann war im Grunde dagegen, hatte aber so grosse Achtung vor den Wünschen der andern, besonders einer Frau, dass er ins Auto

stieg. Im Gasthaus sassen sie, tranken, assen, eine unerträgliche Spannung entstand, sie weiss selbst nicht mehr genau, was geschah. Ein tödlicher Galgenhumor, ein Spassmachen über sich selbst. Ein nach Distanz Schreien, weil die Nähe unerträglich nah war. Sich verlieren, wissen, dass man verloren ist, weil man die Nähe will und sie doch nicht erträgt; die Distanz will und weiss, dass sie schmerzt. Angst, verletzt zu werden, und Lachen darüber, dass alles einmal zu Ende geht.

Ein Tisch im hintern Winkel des Wirtshauses. Spät brachen sie auf. Sie fuhr von Anfang an viel zu schnell. Freunde, die voranfuhren, hielten unterhalb der Kurve an. Sie wussten, dass sie die Kurve nicht schaffen würde, sahen zu, wie das Fahrzeug sich in die Mauer grub. Der Knall warf die Leute aus den Betten. Sie standen bald neugierig da, liessen sich nicht vertreiben, merkten, dass hier etwas nicht mit rechten Dingen zu- und herging.

Der Mann war durch die Scheibe katapultiert worden. Sein Gesicht war durch das Sicherheitsglas in kleine Schnitte zerteilt. Die Freunde gingen mit ihm nach Hause, ganz in der Nähe. Anna, kühl und in einer ihr fremden Überheblichkeit, bot den Leuten tausend Franken für die beschädigte Mauer an. Gerade die Unverfrorenheit der Frau, die sich als Ärztin ausgab und sich in einem mehr als seltsamen Zustand befand, machte die Leute skeptisch. Insgeheim riefen sie die Polizei. Auf dem Posten, bei der Blutprobe, beim Aufnehmen des Protokolls: immer die gleiche Arroganz, ein Lächeln in den Mundwinkeln. Sie fragte nach den Reglementen, die der Polizist hervorkramte. Schliesslich fuhr man sie nach Hause.

Der Mann sass auf dem Bett, das Gesicht vom Blut gereinigt, die übelsten Schnitte zurechtgemacht. Nähen musste man nicht. Es war alles gut gegangen.

Später eine Gerichtsverhandlung, eine hohe Geldstrafe, angemessen ihrem Verdienst und Berufsstand. Auch da blieb sie kühl.

Der Zusammenbruch kam schnell. Die Woche fand nicht mehr statt. Nie mehr fand etwas statt. Das Leben war aus ihr gewichen. Eine Hülle blieb, die Fähigkeit, Haltung zu bewahren, bis die Arbeitszeit zu Ende war. Sie konnte sich nicht mehr um Menschen kümmern. Sie war eine Mörderin, sie hatte den Mann morden

wollen. Sie lag wach in den Nächten und betrachtete ihre Mörderhände. Die Arbeit kündigte sie beim nächstmöglichen Termin. Dann lag sie zuhause, stand wochenlang nicht mehr auf. Die kleine Tochter kochte sich Mahlzeiten aus Büchsen. Würstchen sind eine Erinnerung, Ravioli und wieder Würstchen. Die Mutter war nun immer zuhause. Schön wäre das gewesen, wenn nicht ein wenig unheimlich. Das Kind spielte Musik, brachte die ersten Besuche, Blumen, Bücher. Das Leben kehrte nicht zurück. Ein Abglanz davon, manchmal. Sie sprach mit dem Kind darüber, was geschehen wäre, wenn die Mutter umgekommen oder einmal nicht mehr da wäre. Man kam überein, dass das Kind zu Mutters bester Freundin ins Ausland fahren würde. Schweden. Das Kind sagte, es würde sich freuen.
Nach einem Jahr zog sie aus in ein anderes Haus, in eine andere Umgebung, fand eine neue Stelle. Das Leben war freundlich mit ihr, es kehrte nicht zurück. Der Mann zahlte freiwillig die Hälfte der Unfallkosten, sie hatte ihn in jener Nacht zum letzten Mal gesehen. Viele Jahre lang hatte er viel Leben bedeutet. Auch wenn sie Liebe mit einem Zufälligen machte, kam das Leben nicht zurück. Sie war oft unruhig, überlegte hin und her, wohin sie ziehen könnte, und wusste, dass sie diesmal ausharren musste, dass sie sonst verloren war, dass die Kraft nicht ausreichte, wieder irgendwo neu anzufangen. Zu oft hatte sie neu angefangen. Diesmal würde sie warten, bis die Tochter selbständig war. Wenn sie das nur schaffte.

Und ich lasse sie immer wieder im Stich. Wie ich Euch im Stich lasse. Wie ich meine Dinge packe, die Bücher, die Unterlagen zu irgendwelchem blödsinnigen Artikel, ein Kleid, und mich davonmache, während Ihr in Euren Betten schlaft. Ich sehe nochmals nach Euch, streiche über Eure Köpfe, räume ein Spielzeug aus dem Weg und schliesse die Türe, fliehe die Treppe hinunter, steige in das Auto und fahre sehr schnell fort. Erst auf der Autobahn beruhige ich mich, zünde eine Zigarette an. Den Weg auswendig wissen, die Treppe hochgehen und diese Wohnung betreten. Die Fülle von Zärtlichkeit, Freude und Schmerz fühlen, die ich hier erlebt habe. Ein Schwanken zwischen ja, ja und aufquellender Verzweiflung.

3. Juni

Pfingsten. Anna und ich teilen uns in die Vorliebe für Festtage, diese künstlich verhängten Einschnitte. Diesmal wollen wir sie gut hinter uns bringen. Tina ist zu ihren Grosseltern gefahren, Ihr seid im Wallis. Das ganze Haus ist südwärts gezogen. Erstmals haben wir den Garten, die Wohnungen für uns. Anna hat sich für den Notfalldienst eingetragen. Ich muss Gesprächsprotokolle für einen Film abschreiben, eine nicht zu anstrengende, nicht zu langweilige Arbeit, die ich gern mache, weil ich die Bauern, die mir auf Band sprachen, gut leiden kann. Wir stellen Annas Telefon auf den Fenstersims, ich richte mich mit der Schreibmaschine unter dem Pflaumenbaum ein. Eingekauft haben wir, wir werden uns abwechslungsweise etwas Gutes kochen.
Endlich ist der Garten verstummt, können wir ihn ohne Kindergeschrei geniessen, vorbehaltlos, ohne uns zu fragen, ob wir kinderfeindlich geworden sind.
Selbst das Dorf scheint ausgestorben zu sein, in einen südländischen Hitzeschlaf versunken.
«Nach einem halben Tag werde ich wissen, ob der Drogennachschub geklappt hat über die Festtage», sagt Anna. «Ist kein Stoff mehr in der Stadt vorhanden, werde ich ununterbrochen mit Leuten zu tun haben, die Entzugserscheinungen erleiden.» Sie schildert mir den Entzugsverlauf, die körperlichen Qualen, das ganze Leiden. Ihre Vorbehalte der Ersatzdroge Methadon gegenüber. Das Telefon bleibt stumm. Nach Stunden beginnt sie sich zu entspannen, zu beruhigen. Wappnet sich gegen alles, was da kommen kann. Ich lese ihr die markig patriarchalischen Sätze meiner Bauern vor. So weit, wie es den Anschein macht, liegen die Welten nicht auseinander. Die Droge auf dem Dorf, Alkohol.
Wir legen uns zwischen den Johannisbeer, spannen eine Tuchwand und liegen nackt in der Sonne. Die Wärme, ein Rausch, worauf ich wintermonatelang warte.

Ein Buch zwischen uns, das uns begeistert. Wir lesen uns abwechslungsweise Kapitel um Kapitel vor.

«Sollte ich während meiner Abwesenheit zurückkehren, behaltet mich hier, bis ich wiederkomme.» Ein «Schizophrener» in David Coopers «Sprache der Verrücktheit».

Abends legen wir das Buch zur Seite und fühlen uns wohl.
Ich sage zu Anna, «wäre ich einem Mann so nahe wie dir, würde ich ihn wissen lassen, dass ich ihn liebe». «Ja», sagt Anna, «da ist ein Widerspruch. Ich bin meiner Freundin vor Jahren über tausend Kilometer nachgereist, habe mehr für sie getan als je für einen Mann und blieb doch immer in meiner Haut. Ein Annehmen der über uns verhängten Normen. Selbstzensur.» Grenzen, Schweigen. Wir wollen weiterhin unbefangen lachen und reden. Warum nur sagt Anna später, «denk nicht an Frauen, weil es mit Männern schwierig ist. Nur das nicht, das tun alle meine Fixerinnen». Wenn ich sehr getroffen bin, lasse ich mir nichts anmerken. Auf Anna werde ich wieder und wieder zählen können, ich weiss.

Manchmal frage ich mich, wie Ihr als Männer sein werdet. Die kleine Maria wickelt Ihr mit Neugierde und Hingabe. Die Mädchen in Eurem Alter haltet Ihr für Heulsusen. Die um einige Jahre ältere Tina ist eine Prinzessin, die Ihr scheu und erfolglos umwerbt. Nachdem ich Dich Michael an ein Treffen der Bürofrauen mitgenommen habe, sagst Du anerkennend auf dem Heimweg, «tüchtige Weiber kennst du da».

«Wiberschmöcker, Wiberschmöcker»

Sechzehn Weiber hab ich jetzt,
fünf will ich verkaufen,
fünf will ich dem Schinder geben,
fünf will ich versaufen.
Wenn die Not am grössten ist,
behalt ich doch noch eine,
kommt der Teufel, holt sie mir,
bleib ich halt alleine.

29. Juni

Ich war mit Dir Michael am Türlersee. Du warst übermütig, überglücklich, mich einen Nachmittag für Dich allein zu haben. Du hast mich umworben, meine Hand gehalten, Dich an mich gelehnt, Deinen Kopf auf meinen Bauch gelegt. Im Wasser hast Du Dich an mich geklammert, zitternd vor Kälte, als könnte ich Dir hier Wärme geben. Du hast von Dir gegeben, soviel Du konntest, und ich glaube, Du hast nicht soviel bekommen, wie Du bekommen könntest. Wieder war ich oft abwesend in Gedanken. Du sagtest, «gib mir richtige Antworten, mach nicht ‚hm', sag nicht mal ‚ja', mal ‚nein', und dann stimmt es erst noch nicht». Ich wurde traurig, wütend über mich ob meiner Unfähigkeit, ganz auf Dein kleines lachendes Gesicht einzugehen, Dich wirklich wahrzunehmen. Ich musste mir ständig Mühe geben, in Deiner Gegenwart zu sein. Wie schwierig muss es für Dich sein, der Du jede Regung aufnimmst. Entferne ich mich zu weit von Dir, rufst Du mich auf Deine Weise zurück. Am Tisch im Wirtshaus begannst Du, die Mayonnaise auf die Papierunterlage zu schmieren, bist auf dem Stuhl herumgezappelt, ich begann, Dich auszuschelten. Teufelskreis, anstatt Deinen Appell anzunehmen und Dir entgegen zu kommen. Natürlich bist Du nach hinten gekippt. Ich dann, «siehst du, ich hab's dir doch gesagt». Erwachsene sind grauenhaft.
Mutter-Clown, Mutter-Kopfhängerin. Wechselbad für Wechselbälger.
In einem Gespräch mit Christoph sage ich, Beziehungen betreffend, «ich nehme, soviel mir gegeben wird, und schaue, wie das geht». Er sagt, «ich gebe, soviel ich kann, und schaue, was geschieht. Bekomme ich genügend, viel, zurück, ist es gut, bekomme ich immer weniger, wird es mühsam. Damit muss ich dann fertig werden». In seltenen Augenblicken, in Fragmenten, spärlich und vorsichtig, austauschbare Erfahrungen. Austauschbar das Leiden aneinander, das Leiden an andern, nicht mehr austauschbar: die Freude.

5. Juli

Amalie Pinkus, die Amalie Pinkus ist und Theos Frau und und und. Ihr kennt ihr schönes bräunliches Gesicht, ihre kräftigen Hände und Arme, den sicheren Blick aus ihren auffallend hellen Augen. Wenn sie im Haus zu Besuch ist, betrachtet Ihr sie aus einiger Entfernung mit unverhohlener Neugier. Am liebsten sind mir die vielen Fältchen um ihren Mund, die ungleich tiefern Längsfalten auf der Stirn, der dünne Streifen nackter Haut, der das weisse Haar im Scheitel teilt.
Heute war ich ihr Gast. Sie war nicht nur gern bereit, meine Fragen zu beantworten, sie wollte mich zum Mittagessen einladen. Die Tramfahrt nach Wollishofen, voller Erwartungsfreude. Der Wohnblock, in dem sie seit 1939 eine Wohnung hat, Eingangstüre mit vergitterten Glasaussparungen, grauer Verputz im Treppenhaus, auf jedem Stock eine Türe links, eine Türe rechts, Vertrautes. Der Stubentisch ist gedeckt wie für ein Festmahl, sie trägt die Speisen auf, geniesserisch ziehe ich den Duft ein. Ihre raschen, selbstverständlichen Bewegungen. Nie Pose, immer eine natürliche Bescheidenheit, bei der man, kennt man sie besser, manchmal ausrufen möchte, «Amalie, sei nicht so bescheiden». Wie falsch das wäre.
Beim Kaffee beginnen wir, rückwärts zu gehen. Nun bekommen die Wohnung, Bücher, Fotos, Bilder andere Gesichter. In dieser Wohnung haben Emigranten während vieler Jahre Unterkunft gefunden, sind drei Kinder aufgewachsen, haben Hausdurchsuchungen stattgefunden, ist unzählige Stunden diskutiert worden. Die Geschichten sind so zahlreich, dass wir von einem Jahrzehnt ins andere kommen, bis wir zu ordnen beginnen, den Anfang suchen.
Der Vater, aus einem Tessiner Dorf als Maroniverkäufer nach Zürich verschlagen, später Gemüsehändler, wenig erfolgreich, ein gütiger, fröhlicher Mann, der an Tuberkulose stirbt, als Amalie gerade zehn geworden ist. Der Bruder ein Jahr älter. Die Mutter, arbeitsam wie ein Pferd, rebellischer als der milde Vater, sich auflehnend dagegen, dass bei all der Schufterei kein Entkommen aus der Armut ist. Tagsüber steht sie im Lädeli, die Nähmaschine

in Reichweite. Wenn keine Kunden kommen und abends und nachts näht sie Militäruniformen, Kleider, Krawatten. Heimarbeit. Amalie hilft ihr dabei nach der Schule, die Erinnerung an Hunderte von Knöpfen, Druckknöpfen, Säumen. Schlechtest bezahlte Arbeit.

Der Plan, nach vielen mutlosen Nächten gefasst, dem Elend ein Ende zu machen. Ein gemeinsamer Tod, dem alle zustimmen. Der Bruder macht eine Zeichnung, da liegen sie mit aufgedunsenen Bäuchen, gasvergifteten Gesichtern. Die Mutter spricht danach nie mehr von dem Vorhaben. Sie stirbt, als Amalie sechzehn ist. Es ist Januar, Amalie beschliesst, nicht mehr zur Kirche zu gehen. Am 1. Mai kauft sie ihren ersten Maibändel, sie weiss nicht recht warum, vertraut aber dem Gesicht des Verkäufers. Die Geschwister und eine wenig ältere italienische Freundin bleiben zusammen in der elterlichen Wohnung, tragen ihre schmalen Löhne zusammen. Amalie kann keinen Beruf erlernen, eine Enttäuschung, keine Verbitterung. Immer wieder kommt sie darauf zu sprechen. Sie arbeitet im Büro des Vormundes, der dem Bruder erlaubt hat, Buchhalter zu werden. Der Bruder hat die schlechteren Zeugnisse als Amalie, wie auch viele ihrer Klassenkameraden, selbst die «grössten Dubel», die eine Lehre antreten oder weiter zur Schule gehen dürfen. Amalie muss für ihren Lebensunterhalt aufkommen. Es gibt daran nichts zu rütteln.

Sie spricht voller Bewunderung von den gescheiten Frauen, die sie später an Kongressen kennen lernt, die Rosa Grimm, die Lisel Bruggmann, die Passionaria und andere. Deren Redegewandtheit verschlägt ihr die Sprache. «Ich bin immer die ‚Dümmste' gewesen, die mit der miesesten Schulbildung», sie habe immer untergeordnete Arbeit getan, mit bestem Willen und Ausdauer. Diese Aussage, ich höre auf, ihr zu widersprechen, steht im Gegensatz zur andern, wiederkehrenden Feststellung, dass sie Frauen nie für unfähiger oder weniger tüchtig als Männer gehalten, dass sie sich von ihrem viel beleseneren, «wichtigeren» Mann nie an die Wand hat drücken lassen. Die Grossmutter, die Mutter, die Kindergärtnerin, die Frauenrechtlerin war, sie alle waren selbstbewusste Frauen gewesen. Zuhause, in der Schule waren die Frauen stark. Im Berufsleben hatten die Männer das Sagen. Das Erschrecken

war gross. Und nochmals ein Erschrecken nach der Geburt der Kinder, drei Söhnen, Aufwachen in einer Gesellschaft, die nichts, aber auch gar nichts unternimmt, das Leben berufstätiger Mütter zu erleichtern, im Gegenteil, deren Bedürfnisse gröblich missachtet.
Schulzeiten, wir schweifen ab. Silvan geht in den Kindergarten von neun bis elf, Michael zur Schule von acht bis zehn oder von zehn bis zwölf, täglich alternierend. Jede Stunde kommt und geht einer. Man hält mich zum Narren. Die Volksschule, für die ich mich eingesetzt habe, fällt mir in den Rücken. Amalie kann sich erinnern, «Handorgelnessen» war einer der Begriffe, den sie damals erfand. Halbtags arbeiten und immer etwas unruhig sein; als «Halbtäglerin» im Betrieb nie richtig ernst genommen werden. Den Lohn einer Hütefrau geben, die ihr, Glück hat sie gehabt, zwölf Jahre lang treu bleibt. Ja, den ganzen Lohn, denn alles andere wäre lediglich Ausbeutung einer weitern Frau gewesen.
Ein Seufzer, sie hatte gehofft, für die Schwiegertöchter, im gleichen Alter wie ich, würde sich alles ändern. Würde es eine Tagesschule geben, einen Mutterschaftsschutz, Anerkennung der häuslichen und ausserhäuslichen Arbeit. Die jetzt anderthalbjährige Enkelin würde es vielleicht erleben, wer weiss.
Geldverdienen, einen eigenen Lohn haben, immer eine Selbstverständlichkeit. Eine innere und äussere Notwendigkeit.
Die Ehe, die Kinder, etwas, das sie sich als junges Mädchen nicht ersehnt hat, nicht vorstellen konnte oder wollte. Dinge, die ihr zustiessen und bei deren Eintreffen sie überlegte, warum sie das nicht tun können sollte.
Amalie als junges Mädchen, das Foto zeigt ein schmales, ernsthaftes Gesicht, nicht streng, nicht lieblich, ebenmässig schön. Nein, nein, ich übertreibe, meint sie, die Stenotypistinnen seien alle viel hübscher gewesen. Sie kann sich nicht erklären, warum sie dem jungen Fremden aufgefallen ist. Er ist Schweizer, 1933 von den Nazis aus Berlin ausgewiesen worden, Kommunist, Jude. Er weiss mehr als alle andern. Sie lebt fünf Jahre mit ihm zusammen, bis sie am Vorabend des Zweiten Weltkrieges heiraten.
Amalie als junges Mädchen, eine schwierige, begeisternde Zeit. Anfangs der dreissiger Jahre streiken in Zürich die Schneider, die

Monteure, die Mieter, in Brüttisellen die Schuharbeiter. Amalie geht zu Versammlungen, wird Mitglied in einer Organisation für die politischen Gefangenen und Mitglied in der «Internationalen Arbeiterhilfe». Sie besucht Kurse der «Marxistischen Arbeiterschule».
Sie ist stolz zu erzählen, dass sie die beste Sammlerin bei einer Kinderhilfsaktion war. Dreihundert Franken für die unterernährten Kinder arbeitsloser Textilarbeiter im Kanton St. Gallen. Es fällt schwer, von Haus zu Haus zu gehen, die Scheu zu überwinden. Die Leute geben ihr zehn oder fünfzehn Rappen, mehr können sie nicht erübrigen. Einmal wird sie denunziert, und die Polizei nimmt ihr eine Sammelliste mit sieben Franken ab, ein grosser Verlust.
Zum ersten Mal geht sie über die Schweizer Grenze. Sie reist als Delegierte an den Zehn-Jahre-Kongress der «Internationalen Arbeiterhilfe» nach Berlin und von dort in die Sowjetunion. Taschkent, Samarkand. Sie ist zwei Monate arbeitslos, hat keine Unterstützung. Nimmt allen Mut zusammen, fragt nicht nach morgen, will das fremde Land sehen. Die usbekischen Frauen. Sie tragen einen Schleier aus Rosshaar, bewegen sich freier als die Schweizerinnen. Gehen aufrecht und stolz, wissen, was sie vom Althergebrachten sich bewahren, was sie an Neuem fordern wollen. Als später ihre Enttäuschung über die Sowjetunion wächst, verblasst das Bild der usbekischen Frauen nicht.
Aber die Enttäuschung kommt erst einige Jahre später. Anfangs der dreissiger Jahre tritt sie in die KP ein. Nicht ohne Gefahr ist das, denn sie hat eine neue Stelle erhalten beim Schlossermeisterverband. Hundertfünfzig Franken verdient sie dort. Niemand darf erfahren, was sie in der Freizeit tut, eine Entlassung kann sie sich nicht leisten. Der Bruder ist seit zwei Jahren arbeitslos. Sie arbeitet in der Freizeit für die Partei, im Frauenkomitee gegen Krieg und Faschismus, macht die Administration für eine antifaschistische italienische Wochenzeitung, liest «Lohnarbeit und Kapital», Jack London, Upton Sinclair, die Berichterstattung zum Dimitroff-Prozess in der NZZ, die der Chef in den Papierkorb geworfen hat.
Eines Tages, Anfang 1934, besucht sie ein Mann, der Togliatti

heisst, und fragt sie, ob sie einen Koffer mit doppeltem Boden nach Bologna, Florenz und andern Städten bringen würde. Sie tut es über ein verlängertes Wochenende, «sehr ungeschickt», wie sie meint. In den Strassen norditalienischer Städte verteilt sie rund zweihundert ihr anvertraute Briefe in zahlreiche öffentliche Briefkästen, geht stundenlang zu Fuss, fürchtet sich zu sprechen, da ihr Bergeller Dialekt fremd klingt, weiss nicht, ob die ihr nachfolgenden Männer Spitzel oder nur einfach Schwerenöter sind.
Einen weitern Auftrag möchte ihr der Compagno Togliatti geben, aber da ist ihr Freund und Mann, der als Leiter eines kommunistischen Pressedienstes viele «Illegale» kennt. Beide können und dürfen sie nicht «gefährliche» Kontakte haben, das verstösst gegen die Regeln der Konspiration. Togliatti fragt die junge Frau, ob sie den Mann liebe. Ja, sie glaubt ja. Und ist erleichtert über das Verständnis des italienischen Genossen.
Die schwierigsten Zeiten?
Amalie macht nochmals Kaffee in der Küche. Sie braucht nicht lange nachzudenken. Kriegsausbruch. Einen Monat darauf die Geburt des ersten Kindes, das sie nach drei Wochen in die Krippe geben muss. Ganztagesarbeit, der Mann ist arbeitslos, auf Stellensuche, manchmal eine Gelegenheitsarbeit. Er wäscht Windeln und kocht. Die Partei ist inzwischen verboten, aber die Arbeit geht weiter. Später wird der Mann aus der Partei ausgeschlossen, ein Unbequemer, und Amalie als Ehefrau stillschweigend von der Liste gestrichen. Diese Streichung kann sie noch heute nicht verwinden.
Was ist heute? Ein schalkhaftes Lachen, ich sehe, daher kommen die Fältchen um den Mund. «Ich zerreisse keine Stricke mehr.» Sie wird bald siebzig. Nun sind die Jungen an der Reihe. Die jungen Frauen, ihr geheimes Usbekistan. Sie spricht mit Wärme von den Zwanzigjährigen, mit denen sie in der Informationsstelle für Frauen (Infra) zusammenarbeitet. Genugtuung über das Tun der letzten Jahre. Aber, «wenn ich jung wäre, würde mir das niemals genügen». Es geht alles zermürbend langsam in der Schweiz. Viel Verschleiss. Keine Spur von Resignation bei ihr. Sie sei selbstbewusster geworden, sagt sie. Früher hätten die Frauen zeigen wollen, dass sie so gut sind wie die Genossen, dass sie an ihrer Seite

mitgehen können. Jetzt möchte sie, Amalie, in ihrem Siebzigsten einmal erleben, dass die Männer an der Seite der Frauen gehen. Dass die Männer sich nicht mehr schämen, über Kinderkrippen als politischem Problem zu reden. Dass es nicht mehr eine Männersache gebe und eine «Abteilung Frauen», sondern ein Gemeinsames.

«Stell dir vor», sagt sie, «vier Pinküsser habe ich mir angeschafft, ich hab lernen müssen, mich zu wehren.» Heute würde sie nicht mehr immer und ohne weiteres akzeptieren, dass die Arbeit des Mannes die wichtigere sei.

Eine Frage, die mir zögernd über die Lippen kommt. Ob sie nie daran gedacht habe, alles liegen zu lassen?

Nein, sie hätte eine sehr gute Beziehung zu ihren Kindern gehabt, obwohl – sie scheut sich nicht, es zu sagen – ihr keines eigentlich gelegen gekommen sei. Und sie sich ein Leben ohne Kinder gut hätte vorstellen können. Sie hätte jedoch nie etwas bereut. Sie sei froh, dass sie mehrere Jahre ohne Kinder mit ihrem Mann gelebt habe. Die Tragfähigkeit einer Beziehung sei eher gewährleistet. Sie hält inne, denkt nach, korrigiert sich. «Nein, die Beziehung ist im Grunde nie gewährleistet. Man muss sich eine Beziehung machen, von Tag zu Tag. Im Augenblick, da du Kinder hast, wird es kompliziert. Die Beziehung leidet darunter, wenn du Kinder hast, nicht umgekehrt. Sie sagen immer, Kinder täten verbinden, das stimmt überhaupt nicht. Das ist das Tragische für die Kinder.

Es ist dunkel geworden, der Himmel ist schwarz überzogen. Die Frage, was sie konkret anders machen würde, könnte sie nochmals von vorne beginnen, entlarvt sie mit ihrer Antwort als eine dumme Frage, «wenn ich überzeugt war, habe ich einfach gehandelt. Und ich weiss nicht, ob man dann nachher sagen kann, das hätte ich anders machen wollen». Wie sie es gehabt habe, sei nicht gut gewesen, zuviel Arbeit. Nicht nachahmenswert sei das, und sie begreife Frauen, die sagen, warum ein Recht auf Arbeit, ich habe Arbeit genug. «Aber mein Postulat», sage ich, «dass Frauen einen Beruf haben und ausüben und Kinder haben, beides mit Lust, ohne Zwang, ohne aufgefressen zu werden, ohne Opferhaltung, ohne Krämpfe, ist denn das utopisch?» «Nein», sagt Amalie, «das ist überhaupt nicht utopisch.» Sie denkt in Generationen, nicht mehr in Jahren oder Jahrzehnten. Auf die jüngern Männer, glaubt sie, sei mehr Verlass. Ihre Söhne jedenfalls seien in allen Haushaltdingen beschlagen. Die Schwiegertöchter wüssten es zu schätzen. Ein unspektakulärer Beitrag zur Veränderung.

Erst kürzlich hat mir Anna vorgeworfen, ich erziehe Euch nicht zu den Männern, die ihrer Tochter mögliche Partner sein könnten. Es ist tatsächlich erzieherische Schwerarbeit, Euch Hausarbeit beizubringen. Kochen und Nähen auf der Nähmaschine tut ihr gern, alles andere langweilt Euch unsäglich. Paschas, Vögel, Machos rufe ich Euch, untaugliche Schimpfwörter. Ihr sonnt Euch darin. An Eure Solidarität appellieren oder in Streik treten, Massnahmen, die gelegentlich nützen.

Ein heftiges Gewitter, weisse Regenwände. Amalie nötigt mir einen alten Schirm auf und die restlichen Süssigkeiten für Euch. Einen Sack mit geflickten Bubenhosen kann ich auch mitnehmen. Sie ist etwas müde. Solange von sich selbst reden.
Ich bin guten Mutes, als ich im Tram heimfahre.

13. Juli

Meine besten Vorsätze. In der Hitze dieser Tage verkommen sie. Zeit, Ferien zu haben. Zuvor muss ich mich noch von vielem freimachen. Die letzten Tage mit Euch waren schlecht. Ich habe ausschliesslich für die Zeitung gearbeitet, Vorarbeit, um ohne Ballast wegfahren zu können. Ich war angespannt, und Ihr habt es zu spüren bekommen. Dabei das tun, was ich am meisten verabscheue, Euch Schuld zuschieben. Diese widerliche Art der Schuldbarmachung.
Wir baden zusammen, Ihr setzt wie immer das Badezimmer unter Wasser. Wenn wir Pech haben, läuft das Wasser durch irgendwelche Ritzen, tropft unten auf Marias Bettchen. Ich schreie und tobe. Du Silvan lässt Dich wie immer nicht durcheinanderbringen, jagst mir nach und klatschst mir auf den nackten Hintern. Das tue man nicht mit Frauen, sage ich und versuche, Dich zu er-

wischen. Dabei rutsche ich auf dem nassen Boden aus, falle voll auf den Rücken, ein scharfer Schmerz, ich kann mich kaum mehr erheben. Wie unwürdig quittier ich das, ich winsle und heule und jammere, sage, «ihr seid schuld, ihr blöden Vögel». Ich schleppe mich gebückt aufs Bett. Du Michael schaust mich entsetzt an, beugst Dich über mich und streichelst mich, «nicht weinen, es geht vorbei». Was für eine unzulängliche Mutter, ich heule doch längst wegen anderer Dinge, und Ihr steht da, und ich zwinge Euch ein schlechtes Gewissen auf.

Es hilft mir in diesen Augenblicken, alle Ordnung fallen zu lassen. Wir kriechen zu dritt ins Bett, essen Butterbrot. Ihr wollt Geschichten von Bea, dem Kind, hören. Wie ich der Schwester aus Eifersucht die Locken wegschnitt, wie ich sonntags zur Messe hinauslief und in der Stadt verlorenging, wie ich morgens um fünf im Zeughausgarten Flieder für die Mutter stahl, mich mit den Buben im Quartier prügelte, meinen Titel als beste Rollschuhläuferin hartnäckig verteidigte, Taufe, Hochzeit und Beerdigung spielte. Einschlafen. Im Knäuel. Ich erwache meist gegen Mitternacht und verteile die heissen, feuchten Körperchen in die richtigen Betten.

15. Juli

Der Mann und die Frau, die Vater und Mutter sind, treffen sich nur noch unter der Wohnungstüre. Und hie und da eine Stunde lang bei der Anwältin. Ein neues Wort, Kampfscheidung. Der Mann will die Kinder bei sich haben. Er ist im Recht, er hat die Institution Familie nie in Frage gestellt, die Frau des öftern. Sie ist es, die weggelaufen ist.

Eines Nachts, es wird nun schon um drei Uhr hell, beginnt die Frau, eine Liste der Freundinnen des Mannes aufzustellen, soweit sie sie gekannt hat. Darum würde es ja dann gehen. Zahn um Zahn. Sie zerknüllt den Zettel und schämt sich. Keine Kampfscheidung, unmöglich.

Er die «Obhut», sie die «elterliche Gewalt». Der Mann überwin-

det sein Misstrauen und willigt ein. Die Anwältin meint, kein Gericht werde diese Lösung annehmen.
Der Mann und die Frau schreiben sich Zettel, die sie auf den Küchentisch legen.

«Michael muss sein Impfzeugnis morgen zur Schule bringen.»
«Silvan geht ins Museum, bitte Geld mitgeben.»
«Michael hat mich völlig aufgesogen, Silvan ist zu kurz gekommen, kannst du etwas ausgleichen?»
«Michael macht Aufgabenstreik, was tun?»
«Achtung, Kinderarzt nicht vergessen, es ist Zeit, die Nähte aus Silvans Kinn zu entfernen.»

Wenn keine Feindseligkeit ist, schreiben sie darunter «mach's gut».

Dir Michael geht es nicht gut. Ich kann nicht vergessen, wie Du Dich auf dem «Kanabett» zusammengekrümmt und geschluchzt hast, Du hast Dich richtig in den Schlaf geweint. Ich wollte Dich in die Arme nehmen, aber Du hast mit Deinen Fäusten nach mir geschlagen. «Lass mich in Ruhe», hast Du hasserfüllt gesagt. Ich habe es aufgegeben und habe die Küche aufgeräumt, verstört, denn immer habe ich gedacht, dass es etwas Gutes sei, jemanden in die Arme zu nehmen. Du verweigerst Dich, ich habe es mir zu einfach gemacht. Als ich zu Dir zurücklief, hast Du tief geschlafen, die Augenlider gerötet. Ich habe Dich ins Bett getragen. Ich bin Deine erste Sehnsucht und Deine erste Enttäuschung. Nicht anwesend, wenn Du mich brauchst. Du hast es satt, nach meinen Zeitplänen zu tanzen. «Du interessierst Dich nicht wirklich für mich, machst nie etwas mit mir, nur schmusen und schlafen, ich will dich nicht», hast Du mir gesagt.

Die Mutter ruft an, um mir zu sagen, Silvan hätte sich bei ihrem letzten Besuch hinter der Türe versteckt und geweint. Ich sei eine Hexe und die Schande ihres Lebensabends. Sie wage es nicht mehr, das Haus zu verlassen, so sehr schäme sie sich meinetwegen. Es könnte ja jemand nach mir fragen. Ich sage, «ich habe mich deinetwegen nie geschämt».

«Da bestand auch kein Grund.»
«Ich bin nicht so sicher.»
Sie sagt, was auch immer sich zugetragen habe, nie sei jemand zu Schaden gekommen, nie hätte jemand etwas gewusst. Diskretion, Anstand. Ich sage «widerlich», und hänge auf.

Im Iran beginnt man, Frauen hinzurichten. Prostituierte, Ehebrecherinnen. Es sagt einer, «nun gibt es wenigstens Gleichberechtigung».

Es hat erstmals das Heimkommen von Hans auch Mühe gemacht. Wochen unterschiedlicher Erfahrungen, nicht mehr mitteilbar, nicht mehr aufnehmbar. Auf verschiedensten Planeten gehen. Meine Haut, zu dünn. Verlustängste, Bindungsängste, am grössten die Angst vor Wiederholungen. Grauzonen, selbst hier. Er liebt das Robert-Walser-Wort, «Niemand ist berechtigt, sich mir gegenüber so zu benehmen, als kennte er mich.» Ich liebe Ingeborg Bachmanns «Malina», «Er sagt, man begreife die Menschen überhaupt nur, wenn man nichts fordere von ihnen und sich nicht herausfordern lasse, es zeige sich alles ohne dies.» Worte helfen wenig.

Ihr wollt nun wegfahren. Die Kinder ringsum sind in die Ferien gefahren, die meisten ans Meer. Dazu reicht mir das Geld nicht und auch nicht der Mut. Die Hütte im Wallis, als zusammenbrechender Stall vor Jahren erworben, mit Freunden bewohnbar gemacht. Dahin würde er mich mit Euch gehen lassen, sagt Christoph. Ich rufe Evi S. an. Ja, sie wäre froh, wenn ich die kleine Rahel mitnehmen würde. Heuet, und sie erwartet ein drittes Kind. Und Geneviève, würde sie mit ihren drei Kindern zu den Eltern in die Bretagne fahren oder vielleicht mit mir kommen? Sie kommt sehr gerne. Wir verabreden uns alle auf den nächsten Dienstag. Zwei Frauen, sechs Kinder, bin ich von allen guten Geistern verlassen? Nachts liege ich wach und möchte alles rückgängig machen.

23. Juli

Die Hitze. Von den Nadelböden unter den Lärchen kommt ein trockener, würziger Geruch. Die Sonne brennt tagsüber das Hirn weg. Ich brauche jetzt keines. Wir leben draussen, spärlich bekleidet oder nackt, kochen, essen draussen. Kriechen nur nachts in die Schlafsäcke in der Hütte. Ihr habt schwarze Füsse, dunkle Haut bis zum Haaransatz. Werdet in kürzester Zeit Wildlinge. Kein Mensch kommt vorbei. Wenn es doch etwas zu tun gibt, arbeiten Geneviève und ich uns in die Hände. Es geht wie von selbst, keine Aufforderung, keine Erklärung, kein Ratschlag.
Nachts, wenn Ihr schlaft, sitzen wir im Gras. Unsere Leben, so verschieden wie nur möglich. Sie, im bretonischen Dorf aufgewachsen. Mutter führt die Post, Vater ist Mechaniker. Von Pfarrer und Lehrer des Dorfes nach Rennes zur Schule, dann zur Universität geschickt. Sie studiert Mathematik, weil wenige Mädchen das tun, und sie in diesem Fach sicher einen Studienplatz bekommt. Und weil sie begabt ist. Sie ist nicht lange Lehrerin. Ein Durchreisender bleibt bei ihr, unentschlossen, reist weg, kommt wieder. Holt sie in die Schweiz. Er wird in ihrem Leben ein Wandernder bleiben. Sie liebt ihn, wie er ist. Das heisst nicht, dass er es ihr nicht schwer macht. Sie hat ein Kind im Januar, das zweite im Dezember des gleichen Jahres, das dritte im übernächsten Jahr geboren. Darauf weiss der Mann, dass er sich das Leben so nicht vorgestellt hat. Er ist entschlossen, wegzugehen und jenes Leben zu suchen, wovon er Vorstellungen hat. Er lebt jetzt in einer fernen Stadt, ist öfters zu Besuch, schickt Geld. Sie bewohnt ein altes, niedriges Häuschen im hintersten Zipfel des Juras. Die Kinder halten sie in Atem. Sonst ist ihr Leben ruhig, einfach, ohne offensichtliche Not. Die Freundschaft der Bäuerinnen im Weiler lässt sie ihr Fremdsein manchmal vergessen. Die Schweiz ist hier nicht mehr ganz die Schweiz. Sie ist das Alleinsein gewohnt. Sie ist eine aufmerksame Zuhörerin, keine Erzählerin. Sie stellt mein Leben nicht in Frage, ich das ihre nicht. Es ist gut so.
Wenn ich sie in der Sonne liegen sehe, sehr dünn und mädchenhaft, die langen schwarzen Haare, ihr Gesicht ganz wenig über-

schattet von etwas, das Traurigkeit sein könnte oder Wehmut oder Sehnsucht, das sich aber noch nicht festgesetzt hat, dann denke ich, sie schlummert, sie wartet ihre Zeit ab. Sie sagt, «ich weiss jetzt noch nicht, was ich tun werde, aber ich weiss, dass ich in einem spätern Zeitpunkt wissen werde, was zu tun ist».
Als sie nach zwei Wochen wegreist, vermisse ich sie.

Am Bahnhof habe ich Zeitungen kaufen müssen. In Nicaragua tobt der Bürgerkrieg. Ihr wollt die Bilder erklärt haben. Ihr wollt vieles erklärt haben. Nach den Tagen mit den kleinen Mädchen wollt Ihr genauer wissen, wie man Kinder macht. Wir liegen stundenlang auf einer alten Wolldecke. Ich nähe Flicke auf die Löcher, die Mäuse im Winter gefressen haben. Ich werde immer unruhiger.

Es nimmt ein böses Ende. Als Christoph heraufkommt, Euch die Ferien zu verlängern, und die Mutter, um ihm dabei behilflich zu sein, bricht der hässlichste Streit aus, den wir je hatten. Es hängen zu viele Erinnerungen an diesem Ort.
Die Mutter sagt zu mir, «armes Kind, wenn du mal aufwachst, kann man nur Angst um dich haben». Ich nehme die Nähkiste, ein handlicher Holzgegenstand, von der Wolldecke und werfe sie nach ihr.
Grimsel, Brünig, Luzern, Zürich. Ich kann Eure Gesichter nicht vergessen.

14. August

Ihr seid die dritte Woche weg. Die Grosse Freiheit. Tage des Taumels, Hanstage, reden, lieben, reden, in scheinbarer Grenzenlosigkeit. Darin verlorene Zärtlichkeit für vergangene Wochen und für kommende zusammengefasst. Sich fallen lassen und nicht aufschlagen.
Arbeiten, für die Zeitung, für das Frauenbüro, eine letzte Drehwoche bei den Bauern.
Ich habe Sehnsucht nach Euch. Und Panik. Heute ist mein letzter

freier Dienstag für Monate. Nächste Woche und viele nachfolgende werdet Ihr um diese Zeit essen wollen und anderes mehr. Meine Widersprüche fressen mich heute auf. Mir scheint, das Gescheiteste, was ich tat, ist, dass ich für Euch zwei Päckchen wegschickte mit Marzipantierchen drin, graue Muscheln, rote Seesterne und Krebse. Ich hoffe, dass die Verkäuferin beide Säckchen gleich abgefüllt hat. Und mit der gleichen Post musste ich Christoph ein juristisches Papier schicken, die Zeit beginnt zu drängen. Einen juristischen Ton anzuschlagen gegen einen Menschen, den ich geliebt habe, erzeugt richtige Versagergefühle. Gegen den Vater, der für Euch ein Wespennest ausgenommen, es in viele Teile zerlegt hat und Euch das Wachsen der Wespen vom winzigen Ei bis zum ausgewachsenen Insekt zeigt. Der das Gewöll einer Eule nach Hause bringt und daraus vor Euren staunenden Augen das ganze Skelett einer Maus zusammenträgt. Der Euch eine Fledermaus ausstopft. Der Der Der.
Ich fürchte mich vor dem Termin.
Ich ertappe mich dabei, nicht unfroh zu sein, dass Hans zu jenem Zeitpunkt in Frankreich drehen wird.

21. August

Nun füllt Ihr wieder das Haus und müsst Euch an ein zivilisiertes Leben gewöhnen. Du Michael erinnerst Dich, dass Du in die Lehrerin verliebt bist, der Schulweg fällt Dir nicht zu schwer. Du Silvan sagst mir nach wenigen Tagen seufzend, «du stellst dir nicht vor, wie doof dieser Kindergarten ist, ich halte es einfach nicht mehr aus. Lass mich nur einmal zuhause bleiben». Ich warte diesmal nicht ab, bis Du Dir Bauchweh zulegst nach dem Aufstehen, und drücke für einmal ein Auge zu.
Christoph ist gelöst, hat eine gute Zeit mit Christine gehabt. Ich bin froh. «... Aber», sagt er und schaut auf den glänzenden Wirtshaustisch. «Nein», sage ich, «kein Aber, lass alles stehen, so wie es jetzt ist, jetzt, jetzt.»
Ich muss ihm noch mitteilen, dass Annemarie Z. vor zwei Tagen sich umgebracht hat. Eine, seine Kinderliebe. Er sagt, er hätte es

erwartet. Er habe sie vor einem halben Jahr besucht, eine Nacht lang hätten sie sich ihre Geschichte weiter erzählt, die vor zwanzig Jahren unterbrochen worden war. Sie sei sehr am Ende gewesen, und er hätte vielleicht wieder hingehen sollen. Aber es hätte keinen Sinn gehabt, ändern hätte er nichts können, auch nicht helfen können, nicht helfen wollen.

Für mich war diese Nachricht, und wie ich sie erhalten habe, ziemlich hart. Ich sass am Vorabend am gleichen Tisch, zusammen mit Anna, Tina und Tinas Vater. Ich sass da, hörte mit halbem Ohr zu. Wohnungssuche, jemand sucht eine Wohnung. Der Mann sagt in seltsamem Ton, die Wohnung in S. ist nun frei. Ich spüre an der Art, wie Anna verstummt, dass hinter der Mitteilung etwas anderes steht. Sie sprechen später über eine fünfunddreissigjährige Frau, mit der Anna zusammengewohnt hat, über ihren ersten Selbstmordversuch mit neunzehn Jahren und den jetzigen, geglückten. Ge-«glück»-t, sagt man. Anna sagt, die Frau sei jahrelang in Behandlung gewesen, aber behandeln hätte man die Eltern müssen, vielleicht hätte es Möglichkeiten gegeben ... Spitzeneltern, er ein angesehener Gelehrter, sie französische Aristokratin und Künstlerin. Die Tochter überfordert, mit unauslöschlichen Versagergefühlen behaftet.

Ich suche, stumm dasitzend, das Bild jener mir unbekannten Frau zusammenzusetzen, die, gleich alt wie ich, «es» getan hat. Plötzlich begreife ich, dass ich diese Geschichte aus nächster Nähe kenne, diese Frau hat immer wieder meinen Weg gekreuzt. «Hiess sie nicht als Mädchen Annemarie Z.?» frage ich.

Christoph und ich als Achtzehnjährige im Garten seiner Eltern. Er reicht mir das Bild eines Mädchens mit Ringellocken und einem grossen Mund. Sie hätten als Kinder alle Ferien zusammen verbracht. Die Eltern hätten sie ein wenig verkuppeln wollen, und es sei ihnen beinahe gelungen. Er lacht. Die Mutter macht ihm im Herbst Vorwürfe, als er nicht in die gemeinsamen Ferien mitfahren will.

Ich bin neunzehn und lehne zum Zugfenster hinaus. Mir ist eng, der Zug fährt nach Paris, dort werde ich lange Zeit bleiben. Christoph steht unter mir. Er reicht mir im letzten Augenblick den «Blick» durchs Fenster, «da steht etwas von Annemarie Z.» Der Zug verlässt Neuenburg, und ich lese die Geschichte des jungen Mädchens, «Tochter aus bestem Haus», im grässlichen Blick-Stil, das sich mit Tabletten vollgestopft hat und halb erfroren aufgefunden wurde. Da ist auch wieder das Ringellocken-Bild. Ich starre auf das Bild und stelle mir vor, wie das ist, das gleichaltrige Mädchen, das in den Wald läuft und sich vergräbt. «Ach», sagt Christoph später, «es war ja nur Valium, sie hätte wissen können, oder hat es gewusst, wie das wirkt.» Ein Schaudern hab ich schnell verdrängt.

Jahre später überrascht mich eine ältere Dame mit einem auffallend schönen, gebräunten Gesicht, die Haare im Nacken zu einem schweren Knoten gebunden, Frau Z., in der alten Villenwohnung. Sie war bei meiner Schwiegermama zu Besuch und überbringt mir einige Dinge. Ich stehe da zwischen den beiden halbangezogenen Kindern, in einer schmutzigen Küche, einen Korb nasser Wäsche im Arm, mir ist es etwas peinlich. Sie steht mitten in meinem Chaos und schaut mit scharfen Blicken um sich. Ich muss in einer halben Stunde in die Stadt fahren und bin nervös. Noch ist Antonella, die Euch hätte hüten sollen, nicht eingetroffen.
Frau Z. nimmt mich später im Auto mit. Ich schaue an mir hinunter, kein erhebendes Gefühl, jedenfalls kein Aufzug für eine Pressekonferenz. Vorläufig sitze ich im wogenden Mercedes, und ein Nebel von Balenciaga hüllt mich ein. Ich weiss noch genau die Stelle, kurz vor dem Rotlicht beim Bellevue, als Frau Z. sich zu mir herüber beugt und sagt, «ich finde es sehr bedenklich, wie Sie ihre Kinder verlassen. Sie sollten gewiss nicht berufstätig sein, man sieht, dass es den Kleinen schadet. Und Sie selbst sind ja auch recht angespannt. Ich würde mir das an Ihrer Stelle nochmals ernsthaft überlegen». Mit einer selbstsicheren Bewegung öffnet sie mir die Türe, und ich stehe auf der Strasse.

Etwa drei Jahre später. Ich wohne noch nicht lange im grossen Haus auf dem Land. Ich koche Nachtessen, stehe am Herd. Die Kinder im Zimmer nebenan. Plötzlich steht eine grosse, noch junge Frau unter der Tür, mit langem, vollem, lockigem Haar. Den üppigen Körper in ein dunkelbraunes weites Wollkleid gehüllt. Sie sagt beiläufig, du bist wohl die Bea, aber sie scheint mich nicht wahrzunehmen. Sie geht in die Stube, mustert alles. Um ihren Mund zuckt es fortwährend, sie hat schmale, flatternde Hände, die in einem fort sich bewegen, aneinander reiben, an ihrem Kleid auf- und abgehen. Sie geht ins Kinderzimmer und stellt eine einzige Frage, «sind das Christophs Kinder?»
Ich sage, «gleich wird er heimkommen, setz dich an den Tisch und iss mit uns». Nein, das will sie nicht. Sie geht rasch. Ich habe das Gefühl, jemanden verpasst zu haben, der mich nicht an sich herankommen liess und mich nur in einer Funktion wahrnahm, die einer Ehefrau und Mutter, die am Herd steht und Nachtessen kocht. Wir hatten keine Chance.

Und jetzt. Anna sagt, «sie wurde auf Schizophrenie diagnostiziert. Nur die besten Psychiater waren gut genug. Sie wurde mit Psychopharmaka abgefüllt; mir grauste, wie wir zusammen wohnten, wenn sie jeweils das weisse Pulver löffelweise schluckte. Zeitweise war sie in einer Klinik». Anna ist überzeugt, dass sie nicht schizophren war. Von Zeit zu Zeit habe Annemarie die Eltern eingeladen. Das habe sie so überfordert, dass sie völlig auseinandergebrochen sei. Sie hätte tagelang in Kochbüchern geblättert, nachts nicht mehr geschlafen, sich vollgepumpt. Schliesslich habe sie, Anna, sich der Sache angenommen, und gemeinsam hätten sie das Theater eines Festmahls abgezogen. Die Frau Z. sei ihnen im Lauf des Abends jedoch auf die Schliche gekommen, und alles habe von vorn begonnen.

In der Christoph zugeschickten Todesanzeige steht, «Unsere geliebte – Annemarie Z. – ist der Übermacht ihres Leidens erlegen.»

7. September

An diesem Morgen fahren der Mann und die Frau, die Vater und Mutter sind, aus verschiedenen Richtungen kommend, auf den Parkplatz vor dem niedlichen Gerichtsgebäude eines Landstädtchens. Die Frau hat das Auto ausgeliehen und muss es sobald wie möglich zurückbringen. Der Mann wird heute schwarz auf weiss bestätigt bekommen, dass sein Gefährt von nun an ihm allein gehört. Es ist ein kitschig-blauer Herbsttag. Sie schauen sich misstrauisch an, wissen nicht, ob nicht der eine den anderen doch noch im letzten Augenblick hereinlegen könnte. Erpressungen, Drohungen, Anklagen, Gegenklagen, nun wäre immerhin die Gelegenheit, sie offiziell werden zu lassen. Wenn das Gericht auf die gemeinsam getroffene Vereinbarung nicht eingeht, würde sich Gelegenheit bieten, die Sache zu eigenen Gunsten zu beeinflussen. Sie gehen allein vor Gericht, das ist billiger, und sie sind überzeugt, dass sie ihre Sache allein vertreten können. Diese Überzeugung und die Belustigung über die Situation, die ihnen als die absurdeste Aktion in ihrem bisherigen Zusammen- und Auseinandergehen erscheint, das schafft eine Spur schalkhafter Solidarität. Im Gerichtssaal mehrere Männer, der Gerichtspräsident «jung und dynamisch», wie ihn die Anwältin geschildert hat. Er lasse mit sich reden. Nun runzelt er die Stirne über dem Papier, sagt, dass die Vereinbarung nicht zu den üblichen zähle. Die Frau muss zuerst Stellung nehmen. Sie wiederholt, was sie sich die halbe Nacht vorgesagt hat. Die Vereinbarung entstamme der Praxis, die vorgeschlagene Lösung werde seit mehr als einem Jahr durchgeführt. Sie entspreche im Grunde dem neuen Kindesrecht. Wenn die Väter sich vermehrt der Kinder annähmen, so gehe es nicht an, dass sie im Scheidungsurteil ausgeschaltet würden. Für neue Situationen würden auch die Gerichte neue Lösungen finden müssen. Im vorliegenden Fall sei die Mutter bereit, die Kinder in der Obhut des Vaters zu lassen, wenn sie die elterliche Gewalt innehabe, somit auch ein Wort mitzureden habe, falls der Vater ortsverändernde Entscheide fällen würde. Und wenn ihr die Kinder halbwöchentlich zur Betreuung zugesprochen werden. Sie hört sich zu, hört sich Worte brauchen, die sie sonst nie im

Mund führt. Es redet. Die Männer nicken, so sie nicht eingenickt sind.

Zur Ehe befragt, sagt sie, sie hätten sich als Schüler gekannt, eine lange, gute Beziehung gehabt, nach dem Studium geheiratet. Mit der Geburt der Kinder sei es schwierig geworden, sie hätten sich zusehends auseinander gelebt, verschiedene Bedürfnisse, über alles und jedes verschiedene Ansichten gehabt. Sie erwähnt auch den Mann, mit dem sie gearbeitet und mit dem sie sich befreundet hat.

Sie sieht sich von aussen, sie hat ihr brävstes Kleid angezogen. Sie findet sich komisch in ihrer Verkleidung und in ihrer Ernsthaftigkeit, aber den Richter scheint das alles zu überzeugen.

Der Mann, nach seiner Meinung befragt, sagt, er könne nur wiederholen, was die Frau gesagt habe. Der Richter will mehr wissen. Der Mann beginnt von vorne, erzählt mit andern Worten die gleiche Geschichte. Fügt die unterschiedliche soziale Herkunft an, die sich im Laufe der Jahre bemerkbar gemacht habe, die politischen und ideologischen Meinungsverschiedenheiten. Er habe auch die Überforderung der Frau durch Kinder und Beruf zu spät wahrgenommen, vieles zu spät begriffen. Er sei eben als Mann erzogen worden.

Als in seiner Rede der Begriff «offene Beziehung» fällt, sind die Herren links und rechts vom Gerichtspräsidenten augenblicklich wach und ein Ohr. Er habe den Begriff so ausgelegt, sagt der Mann, dass es ihm nie in den Sinn gekommen wäre, neben seinen Freundschaften die Familie in Frage zu stellen. Die Frau hingegen, sie sei eben eine Frau und ganz anders, habe Beziehungen viel ernster genommen und radikaler gelebt. Das habe er schlecht ertragen können, er sei, wie gesagt, männlichen Normen verhaftet.

Die Frau will nicht denken, das ist ein Szenario für einen Männergruppenfilm, sie will denken, er hat sich verändert.

Während das Gericht berät, stehen sie draussen. Dass sie immer rauchen muss. Sie ist eben doch verlegen. Sie lachen sich an. Das Gericht übernimmt die Vereinbarung im Wortlaut und wird das Urteil zustellen.

Sie fahren in verschiedenen Richtungen auseinander. «Mach's gut.»

Silvan, Michael. Ich bin froh, dass Ihr heute und übers Wochenende bei Freunden seid. So kann ich mich in Ruhe wieder zusammensetzen. Also bin ich jetzt eine geschiedene Frau. Ein gutes Gefühl, ich atme tief. Und um die Ecke lauernd eine neblige Traurigkeit.
Diesen seltsam vor einem bürgerlichen Gericht begonnenen Tag ganz gewöhnlich weitergehen lassen. Ich muss für die Zeitung an eine Pressevorführung, aber ich laufe ins falsche Kino. Ich rufe den Verleiher an und nehme ein Taxi, die Zeitung soll's bezahlen. Ich wähle ein Taxi mit einer ältern Frau am Steuer, Brille und Brandnarben im Gesicht. Ein Kollege schreit wütend los, nun sei er an der Reihe, er warte länger. «Ich will aber mit der Frau fahren», sage ich. Wir fahren los. Die Frau meldet durch den Funk, wo sie sich befindet, und dass der Gast ausdrücklich gewünscht habe, mit ihr zu fahren. Mir ist es peinlich, und ich frage, ob sie nun meinetwegen Scherereien haben werde. «Nein», sagt sie, das mache nichts, und sie sei ohnehin zuerst gewesen, und der Kollege im Unrecht. Ich sage, dass ich nun einfach Lust gehabt hätte, mit ihr zu fahren, und finde es gleichzeitig absurd, mich zu rechtfertigen und anzufügen, ich hätte nichts gegen Chauffeure.
Der Verkehr ist zähflüssig, wir haben Zeit zu reden.
Sie macht diese Arbeit seit 1966. Das Auto gehört ihr, sie ist der Taxizentrale nur angeschlossen und bezahlt dafür monatlich fünfhundert Franken. Dazu kommen hohe Versicherungssummen, Benzin, Unterhalt des Autos. Sie arbeitet zehn Stunden täglich mit einem stündigen Unterbruch für eine Mahlzeit. Fünf-Tage-Woche.

Die Arbeit gefalle ihr, allerdings sei es mühsam, danach den Haushalt zu machen. Der jüngste Sohn wohne noch zuhause, wolle aber nächstens zur Freundin ziehen, und das sei gut so, alt genug sei er. Sie habe immer gearbeitet und die Kinder ziehen lassen, sie seien selbständig geworden und immer wieder zu ihr zurückgekehrt. Und das mache sie zufrieden.

Sie lebe gut so, und am meisten freue sie, dass sie keinen Chef habe, niemand ihr befehlen könne ausser den Fahrgästen.
Wir verabschieden uns und wünschen uns gegenseitig alles Gute. Ich bringe den Film hinter mich, lasse mich vom Verleiher mit Schinkengipfel entschädigen, was mir ein Mittagessen einspart.
Und in die Sitzung, die wöchentliche, in der Zeitung. Ich bin wenig gesprächig, muss mir Mühe geben, mitzukommen.
Den Nachmittag verbringe ich an der Kruggasse, wenig festlich, den Abend im Frauenbüro. Wir teilen uns die Räume auf, können im nächsten Monat hier zu arbeiten beginnen. Ein guter Anfang. Bedrückend nur, dass Ann ihre nächste Krebsuntersuchung vor sich hat. Meine Verwirrung daneben, Verhältnisblödsinn.

Ich fahre nachts zu Anna. Und heule ein wenig, weil ich mir doch nicht recht vorstellen kann, wie es weitergehen soll. Sie schimpft mich aus, schüttelt mich, lacht mich sogar aus. Wir trinken Wein, und ich bin plötzlich sehr nüchtern. Anna sagt, «glaub nur ja nicht, dass ich selbst so souverän bin, dass ich mich selbst besser fühle». Sie holt ein Bündel alter Hefte, versteckt hinter einem Gestell. Tagebücher. Sie hat sie seit Jahren nicht mehr geöffnet. Und beginnt, mir vorzulesen. Erst lächeln wir, die grossen Worte, die grossen Gefühle, unsere Aufbrüche, unsere Abhängigkeiten, die verzweifelten Umwege, dann lachen wir laut, nicht verächtlich, nein, herzlich. Es dämmert, todmüde bin ich. Übers Wochenende wollte ich doch wegfahren, ist mein letzter Gedanke, aber nun bleibe ich bei mir und verrichte meine Dinge.

12. Oktober

Ich bin mit Dir Silvan eine Woche bei den Bauern gewesen. Du bist in diese Welt eingetaucht wie ein Fisch ins Wasser, hast Dich mit dem gleichaltrigen Jungen am ersten Tag angefreundet. Du hast mit ihm die Kühe gehütet, Kartoffeln zerstampft im Silo, Äpfel aufgelesen und viel Unfug getrieben im Gerümpel hinter der Scheune. Ich habe Dich nur kurz bei den Mahlzeiten und nachts gesehen. Es war schön, mit Dir im grossen Bett zu schlafen, die

feuchtkalten Barchentleintücher aufzuwärmen. Tagsüber wolltest Du nichts von mir wissen, bist Deinen Geschäften nachgegangen. Es ist gut mit Dir.
Unsere Ankunft und unsere Tage sind einzig überschattet vom Unglück im Dorf. Ein fremdes Unglück.
Bei der Einfahrt ins Dorf eine Ansammlung von Leuten auf der Strasse, später Nachmittag, Stallzeit. Etwas Ungewöhnliches muss vor sich gehen.
Einschwenken auf den Vorplatz der Mühle. Martha und ihre vier Kinder laufen auf uns zu. Ob wir es gesehen hätten, das Unglück. Das kleine Mädchen sei auf dem Heimweg, vom Nachbar Rätz kommend, unvermutet in das Auto gerannt.
Ich sehe Martha an, woran sie denkt, das eigene tote Kind, das älteste, das von einem sich loslösenden Erntewagen fiel und vom Rad erdrückt wurde.
Beim Nachtessen wird wenig gesprochen, die Kleinsten werden nicht wie üblich rechtzeitig zu Bett gebracht. Sie tollen herum mit Dir, als wäre heute ein Fest. Das Unglück wird nicht mehr erwähnt, nicht das eigene, nicht das fremde, man will es bannen. Der Vater spielt Klavier, singt laut den Gefangenenchor aus Nabucco. Die ältern Töchter lachen ihn aus, worauf er sich neben Martha auf die Ofenbank setzt. Der Ofen ist zum ersten Mal angeheizt worden. Mann und Frau sitzen da, ein unbedeutender Abstand zwischen ihnen, die Hände auf den Knien, beide schauen geradeaus.
In meinem Kopf die Erinnerung an die Grossmutter, die mir zu verschiedenen Malen die Geschichte vom Ältesten erzählt hat. Sie schilderte das Unglück, als wäre sie dabei gewesen. Ihre Stimme verhaspelte sich in einem Flüsterton, wenn sie zur Beschreibung des Hirnschälchens kam, das im Gras gelegen, das man nachträglich ins Spital gebracht habe, umsonst, das Kind sei schon tot gewesen.
Nahm ihre Erzählung diese Wendung, konnte ich mich oft nur durch Flucht aus der Stube einer erneuten, präziseren Schilderung von Blut und Knochenteilen entziehen.
Der Mann auf der Ofenbank, ohne die Neigung seines Oberkörpers zu verändern, hebt den linken Arm und legt seine Hand auf die Hand Marthas.

Am nächsten Morgen liegt der erste Nebel im Mühletal. Martha sagt beim Frühstück, sie müsse mit Therese zum Zahnarzt fahren, dann würde sie die restlichen Äpfel lesen und in den Keller tragen. Die leeren Kartoffelsäcke müssten zusammengebunden, die schadhaften verbrannt werden. Der Mann sagt, er müsse die zwei schönsten Rinder zur Viehschau bereitmachen und zur Wiese bei der Kreuzung bringen. Auf der Kreuzung sehe ich später die Kreidezeichnung und die Bremsspuren.
Martha sagt, das Kind habe die Nacht nicht überlebt.
Vor der Haustür der leidtragenden Familie ist der Vorplatz gekehrt, manchmal fährt ein Auto vor, fast immer stehen Blumenstöcke da, wechselnde, die wie von Geisterhand verschwinden. Das Dorf ist leer und stumm. Das Wirtshaus ist geschlossen. Das kleine Mädchen hatte ich dort in Begleitung seines Vaters getroffen. Es war auf seinem Stuhl hin- und hergerutscht und hatte artig und zur Zufriedenheit des Vaters der fremden Frau seinen Namen genannt. Der Vater arbeitete als Drucker in der nahegelegenen Stadt. Er hatte mir erzählt, nach seiner Lehre als Typograph, da sei er sich noch als etwas vorgekommen, wäre stolz auf seinen Beruf gewesen. Jetzt sei es vorbei damit, seine Arbeit könnte jetzt von jedem Handlanger ausgeführt werden. Im Dorf fühle er sich unter den Bauern wohl. Auf dem Land habe er immer leben wollen, vor allem mit einer Familie, das habe er sich schon als junger Bursche so vorgestellt.
Er sass oft mit dem Kind im «Kreuz» nach Feierabend, während die Frau im Haus nebenan das Nachtessen zubereitete.
Wir fahren erst nachmittags zum Zahnarzt in die Stadt. Dort schlendere ich bis zum abgemachten Zeitpunkt durch die Hauptgasse. Es ist immer noch warm fast wie im Sommer, die Strassen lärmig und voller Einkaufsvolk. Noch stehen Tische und Stühle der Wirtschaften im Freien. An einem Tisch bemerke ich den Vater des verunglückten Kindes, umgeben von Kollegen. Er spricht laut, mit den Händen, erklärt etwas, einige lachen, und er lacht zurück. In diesem Augenblick erkennt er mich, und sein Lachen gefriert, er grüsst mich verlegen. Auf seinem Gesicht die Angst, ich könnte im Dorf erzählen, dass er hier hinterm Bier sitze und lache. Da ich ihm die Angst nicht nehmen kann, mache ich schnell einen

Bogen zur andern Strassenseite, damit er mich aus dem Blickwinkel verliert.

Am Vorabend der Beerdigung kehrt Leben ins Dorf zurück. Man hat inzwischen der Mutter des Kindes einen Leidbesuch abgestattet. Es heisst, der Arzt hätte gerufen werden müssen, er habe ihr Beruhigungsmittel gegeben. Sie sei noch jung und könne weitere Kinder haben, dieses Mädchen sei gar wild gewesen, man habe es öfters im Bereich der Strasse herumspringen sehen.
Wer selbst ein Grab auf dem Friedhof zu pflegen hat, macht sich auf mit Blumen und Hacke. Der Friedhof soll am nächsten Tag einen ordentlichen Eindruck machen.
Mit Martha und den Kindern stehe ich vor dem Grabstein des Ältesten. Peterli Mollet, 1963-1970, Gotteswille.
Begonien, Astern, da und dort schon Tannenreisig auf den säuberlich abgetrennten Rechtecken. Die Reihe der Kindergräber liegt in der untern linken Ecke des Friedhofs, von Buchshecken gerahmt. Ein kleines Rechteck ist frisch ausgehoben, ein Erdloch im Rasen. Martha ängstigt sich, der Kleinste könnte in die Kindergrube fallen. Mit schnellen Bewegungen hackt sie das wenige Unkraut weg, drückt Astern in die Erde. Es stehen noch andere um ihre Gräber. Der Anblick des geöffneten Bodens lässt die sonst gehaltene Distanz schwinden. Klein sei das Grab, sagt einer zu Martha, und auch nicht eben tief, zu wenig tief, scheine ihm. Sie sagt, ja, die Grube bei ihrem Ältesten habe sie viel tiefer in Erinnerung. Der Totengräber werde sich aber wohl auf die Ausmasse verstehen. Möglich sei schon, meint der andere, dass Peterlis Grab tiefer gewesen sei, der Peterli sei auch drei Jahre älter gewesen. Im nächsten Frühjahr würde er aus der Schule kommen, sagt Martha. Es sei doch besser so, sagt eine Frau, als Martha sich tiefer über die Astern bückt, der Peterli wäre doch nie mehr normal geworden. Man verabschiedet sich freundlich.
Gegen neun Uhr abends sehe ich Ferdinand, den Ammann, im Sonntagsanzug über den Vorplatz zur Mühle gehen. Über die Schultern trägt er einen schweren Kranz, den er offiziell zu überbringen hat. Das Trottoir hätte doch längst gebaut werden müssen, hat er mir gesagt. Ortsbild hin oder her, man habe am fal-

schen Ort gespart. Es seien schon mehrere Kinder angefahren worden, die Strasse sei eine Rennstrecke, bei der nächsten Gemeindeversammlung werde man einsichtiger sein müssen.
Anderntags laufe ich mit den Kindern, die ich während der Beerdigung beaufsichtige, dem Waldsaum entlang. In der Ferne sieht man die Kirchturmspitze. Dort spricht nun die Frau Pfarrer gütige Worte. Es ist in Gottes Rat, das zu nehmen, welches man am liebsten hat, darauf habe sie ihre Ansprache abgestützt, erzählt Martha beim Nachtessen.
Ihre Funktion bestehe darin, hatte mir die Frau Pfarrer im Vorjahr gesagt, die Leute anzuhören. Man sei hier wortkarg und vertraue seine Sorgen ungern andern an. Man komme jedoch oft zu ihr, und dass da jemand einfach zuhöre, das tue den Leuten gut. Sie könne zwar keine Hilfe anbieten, die Leute müssten selbst einsehen, dass sie in ihren Verhältnissen ausharren müssten. Dass aber jemand da sei, der wisse, was sie durchmachen müssten, das sei Hilfe und Beruhigung.

In Zürich finde ich unter der Rubrik «In Kürze» eine Notiz in der Tageszeitung, «Beim Überqueren der Strasse ist die dreijährige Simone S. aus Gossliwil SO an ihrem Wohnort von einem Auto erfasst und getötet worden.»

8. November

«Eure Abmachung gefällt mir nicht. Ich werde eine Protestation machen.» Michael.

Ich habe längere Zeit nichts mehr geschrieben. Nicht weil wir wieder zusammen über alles reden können, im Gegenteil.
Nach drei Tagen mit Euch bin ich völlig erschöpft von Machtkampf, Streik und Provokation. Von Eurer ununterbrochenen Streiterei. Natürlich mache ich Fehler, natürlich sollte ich nicht schreien. Natürlich dürfte ich nie sagen, ich habe Euch satt, ich kann nicht mehr, ich will Euch nicht mehr sehen. Die drei Tage in der Stadt sollte ich arbeiten, hänge herum und grüble endlos,

warum nur alles schief geht. Es ist, dass ich das zweigeteilte, dieses schizophrene Leben, das ich mir selbst angetan habe, schliesslich habe ich es sogar schriftlich schwarz auf weiss und vom Gericht bestätigt, dass ich das einfach nicht schaffe.

Ihr nehmt mich nach meiner Abwesenheit völlig in Beschlag. Ich weiss, wie die Teufelskreise beginnen, und bin zugleich unfähig, sie zu durchbrechen.

Du Michael kannst Deine Bedürfnisse mir gegenüber klar durchsetzen, klebst an mir, holst Dir zurück, was Du vermisst hast. Wenn Du nicht genug bekommst oder nicht das, was Du willst, oft äusserst Du unsinnige Wünsche, versuchst Du Dich in zerstörerischen Aktionen, bis ich nachgebe und mich ausschliesslich Dir widme. Nützt alles nichts, gehst Du auf Silvan los, verhaust ihn, drohst ihm, seine Freundinnen auf dem Schulweg zu verdreschen. Stundenlang streitet Ihr Euch. Greife ich ein, wird es nur schlimmer. Helfe ich Silvan, weil er verzweifelt schluchzt, unternimmst Du irgendeine Verrücktheit, bis ich Dich anschreie. Dann wiederum, wenn ich am Ende bin, zeigst Du Dich verständnisvoll, tröstest mich. Ruhe. Und es kann von vorne beginnen.

Du Silvan beginnst, Dich zurückzuziehen, gehst anderswohin im Haus. Auf Deine Weise scheinst Du gut über die Runden zu kommen. Dann aber schreist Du nachts, hast schreckliche Ängste, wagst nicht mehr, allein zur Toilette zu gehen. Machst Dir eine dicke Haut, legst Dir Speck zu, so still vor Dich hin.

Du bist manchmal unglücklich und allein, und das würgt mich. Es kommt selten vor, dass Du etwas gegen mich unternimmst. Letzthin hast Du mein Kleid, das vor meinem Weggehen herumhing, mit Zahnpasta bespuckt. Ich war niedergeschlagen, und Du hast als Missetäter zu weinen begonnen. Wieder einmal wurde ich mir der Missverständnisse bewusst und war machtlos, sie zu klären. Ich war nicht traurig wegen der Flecken auf dem Kleid, es bedrückte mich, dass Du kleiner Junge Deine Verunsicherung, Deinen Protest gegen mein Weggehen nicht mehr auf andere Weise ausdrücken kannst, dass Du mein Weggehen verhindern willst und es doch nicht wirst tun können.

Versagergefühle, Zweifel daran, ob unsere Erwachsenenabmachung für Euch gut ist. Und doch nach wie vor keine andere Lösung sehen. Misstrauen Christoph gegenüber, wieder und wieder. Unsere Erziehungsarten sind zu unterschiedlich. Nach drei strengen Tagen bei ihm tobt Ihr Euch bei mir aus. Ich bitte ihn, auf Eure Verlustängste einzugehen, sich abends vorläufig nicht von Euch zu entfernen. Hart und einschränkend für ihn. Das Leben eines doppelbelasteten Vaters. Er fasst meine Bitten als Vorwürfe auf, beteuert, er habe keine Schwierigkeiten mit Euch, er lasse sich von mir nichts vorschreiben, nur weil ich nicht zurechtkomme und dabei hysterisch werde. Ich versuche zu erklären, dass ich während der ersten Jahre Euch am nächsten war, allein verantwortlich für Euer Wohlbefinden, dass meine Beziehung zu Euch zwangsläufig eine andere sei. Und gleichzeitig beginne ich zu verstehen, dass ich die Beziehung, die zwischen ihm und Euch neu und dichter entsteht, nicht stören soll, achten muss.

Meine Schuldgefühle helfen mir am allerwenigsten dabei. Ich fühle mich als Aussenseiterin, stehe überall quer im Feld. Im Dorf ist mir nicht wohl, viele Leute gehen mir aus dem Weg. Ich passe nicht da hinein. Am Montag wurden im Kindergarten Räben geschnitzt. Ich glaube, Du Silvan hast Dich richtig gefreut, dass ich da war. Hast Du gespürt, wie fremd ich mich fühle unter den andern Müttern? Sie sind jung, hübsch, lieb, beherrschen diese besondere Art mütterlicher Konversation. Ich weiss überhaupt nicht mehr, was ich sagen soll. Die schauen, sagt mir eine Stimme, jedenfalls ordentlich zu ihren Kindern.

Oft habe ich mir gedacht, dass ich von Euch eine Anpassung verlange, im Dorf, in der Schule, selbst im Haus, die ich selbst zu vollziehen nicht mehr bereit bin. Anlass zu vielen Streitigkeiten.

Die Angst verlieren, Euch entfremdet zu werden. Mut haben zu sagen, ich bin zwar anders, aber es ergeben sich nicht nur Nachteile für Euch. Sich erinnern, dass es immer Zeiten gegeben hat, in denen Zusammenleben mit Euch schwierig war. Winter, eine anfällige Zeit.

An den drei «Beatagen» stehe ich um sechs Uhr auf und fahre zu Euch. Es ist dunkel und kalt morgens. Mit nebligem Kopf durch den Nebel fahren. Im Haus ist es still, meist schlafen noch alle. Wenn ich auf dem «Heizplan» stehe, gehe ich zuerst in den Keller und werfe eine Ladung Holz nach, kontrolliere die Hebel und Uhren. Ich bin zufrieden, dass ich dieses Ungetüm von Ofen bedienen kann. Dann wecke ich Euch, stehe in die Küche und mache das Frühstück. Abends, wenn Ihr in den Betten liegt, fahre ich zurück in die Stadt.

« Wenn ich den Zitronensaft in die Milch leere, was geschieht dann?»
«Tu's ja nicht, sie scheidet.»
«Der Christoph und du, ihr seid gescheidet, nicht wahr?»
Michael, mir zuvorkommend, sagt zu Silvan, «ja, das weisst du doch. Und ‚geschieden' sagt man».

Wir haben einen Fehler gemacht. Wir hätten Euch besser erklären sollen, was das Wort Scheidung bedeutet. Wir glaubten, da sich äusserlich für Euch nichts geändert habe, würden sich lange Erklärungen erübrigen. Die Umgebung hat das für uns nachgeholt.
Vermaledeites Mitleid. Die Mutter, wenn sie Euch in Christophs Auftrag hütet, nennt Euch «arme Scheidungswaislein».
Die Bauernfrau, die ihren Jungen, Euren Freund, vom Spiel abholt, sagt zu mir, «ich habe von Eurer Katastrophe gehört, ach, wenn man selbst in einer intakten Ehe lebt, wird man durch eine solche Nachricht ganz niedergedrückt».
Ihr werdet ständig gefragt, «ist Eure Mutter zuhause, wo ist sie, wie ist das jetzt eigentlich?» Und es gibt Leute, die, wenn sie mich sehen, verblüfft ausrufen, «Sie sind da, sieh mal an, ich dachte, Sie wären davongelaufen».

Trauer und Wut. Hans fragt nicht nach meiner Traurigkeit, wenn ich meine elenden Zustände vor ihm nicht verberge, lehnt mich nicht ab, will mich nicht aufdringlich trösten. Nimmt mein Schweigen an, bezeugt mir, dass er mir nahe sein möchte. Wie es mir gerade dadurch gelingt, zu reden.

26. Dezember

Die Mutter hat Mut, trägt
manchmal auch einen Hut.

Sie sorgt für ein Kind, das rennt
ganz geschwind, fast wie der Wind.

Sie kann auch kochen, ebenso
Computer lochen, und an die Türe pochen.

Sie hat zwei Katzen, die fangen
Spatzen, und können gut schmatzen.

Sie ist geschieden und lebt in Frieden.

Tina, elfjährig, für ihre Mutter Anna, zu Weihnachten.

3. Januar 1980

Zum erstenmal schreibe ich die neue Jahreszahl, zwei chaotische, kaputtmachende Jahre hinter mir, welches vor mir?
Oder: ein paar schöne, stille Tage hinter mir, Ihr seid in den Skiferien gewesen. Ausschlafen, lieben, lesen, reden, schreiben, ruhig sein, mich selbst sein, spüren, wie das ist, ungeteilt mich selbst sein. Eine Vision von Leben, wie es ohne Euch sein könnte, vorstellbar, blasphemisch, dumm. Hätte ich Euch nicht, würde ich mich wahrscheinlich nach den Visionen von Euch sehnen und vielleicht spät, sehr spät doch noch ein Kind machen. Meine Gespräche mit Iso, seit Monaten, ob ein Kind für sie möglich wäre. Der biographische Zeitdruck, unter den die unentschiedenen «kinderlosen» Freundinnen fallen, dieses Jahr, nächstes Jahr, bald ist es endgültig zu spät, hat die Zeit, das Alter entschieden. Geschlecht als Schicksal erleben, wogegen doch erfolgreich angekämpft, einiges erreicht wurde. Keine Ratschläge meinerseits,

vielleicht eine Schilderung des Guten, des Schwierigen. Mein Kinder-Los.
Jetzt ist Viertel nach zehn, und Ihr wollt nicht schlafen, heute nicht. Christoph ist weg. Ihr treibt Euch in der Wohnung herum. Ich habe Euch bis vor einer halben Stunde Dschungelbuch erzählt, dann mich ins Gastzimmer zurückgezogen. Ihr sitzt auf meiner Türschwelle und kichert Euer solidarisches Kichern. Gut so, mit der Zeit werdet Ihr zu Euren Betten trotten.
Ich beneide Euch um Eure Vitalität. Ich bin längst todmüde. Ihr seid schlitteln gegangen, habt Wachskerzen gezogen, auf dem Estrich Messer geschnitzt, Lego-Autos gebaut, zum Nachtessen Omeletten gebraten. Man kann sie essen. In den Pyjamas seid Ihr herumgesprungen, vom Bett hinüber in die Stube aufs Kanabett und zurück, unzählige Male. Im Winter kommt Ihr mir vor wie Raubkatzen hinter Gittern. Die Tage zu kurz, zu dunkel, zu kalt. In meiner Müdigkeit komme ich mir selbst immer wieder abhanden. Eben fühlte ich mich ausgeschlafen. Nach wenigen Tagen des Hingehens von einem Pol zum andern: bleiern. Funktionieren, indem man wieder kocht fürs Haus, Artikel schreibt für die Zeitung, sechzig, achtzig, hundertzwanzig Zeilen auf vorgedrucktes «Computerpapier», wäscht, kocht, flickt, spielt, Tram fährt, Geld von der Bank holt, in eine Sitzung geht. Von mir bleiben Krümel. Ich selbst Krümel, aufessbar.
Wenn ich zuerst immer mein Chaos vor Euch ordnen muss, bis ich die Arbeit beginne, die ich wirklich tun muss, und danach auch schon erschöpft bin, wie kann ich da jemals etwas tun? Und doch habe ich erfahren, dass mein Ehrgeiz, befriedigende, mehr als das, wirklich stimmende Beziehungen zu haben, ob zu Erwachsenen oder zu Euch Kindern, es gibt keine Unterschiede mehr, dass dieser Ehrgeiz bei weitem den beruflichen Ehrgeiz übersteigt. Das braucht viel Zeit. Wie habe ich immer die Männer benieden, die ihre Schwierigkeiten in Arbeit ummünzen konnten. Ja, es schien oft so, als ob private Schwierigkeiten sie zu Leistungen erst recht stimulieren würden. Die konnten abschalten, sich hinsetzen und arbeiten.
Ich will mich nicht den Gesetzen des Ummünzens unterwerfen,

unter dem Preis von Verdrängung arbeiten. Aus Lust arbeiten, welch ein monströser Luxus in dieser Gesellschaft.
Ich muss für mich selbst aufkommen, sechzig-Zeilen-um-sechzig-Zeilen-weise. Früher hätte ich sagen können, ich bleibe eine Weile bei den Kindern zuhause, ich bin müde, dieses zweifelhafte Privileg hätte ich haben können und hätte mir dabei sogar das Privileg eines gesellschaftlich sanktionierten Verhaltens ergattert.
Jetzt ist Arbeiten verbindlich geworden. Es ist gut, es ist besser so. Mein ganzes Leben ist verbindlicher geworden.
Ich werde nachschauen gehen, ob Ihr eingeschlafen seid.

1. Februar

Letzte Woche war ich an den Solothurner Filmtagen. Ich hab Euch einen Kalender gemacht für die Tage meiner Abwesenheit. Jeden Tag ein Stücklein Schokolade, auf einen grossen Karton geklebt. Ihr habt den Karton wild bemalt und Freude gehabt. Die Adventskalender Eurer Kindheit, sieben Tage, zehn Tage, zwölf Tage, bis das Christkind zurückkommt. Die Psychoväter winken mir aus der Ferne, Mutter und Süssigkeit, Mamma, süss, Süsses lutschend und Mamma. Sie sollen mich.
Ihr fragt mich, «was hast du in Solothurn gemacht?» Ich sage, «ich habe in fünf Tagen tausend Franken verdient», was Euch ungeheuerlich erscheint. «Dass man dich fürs Schreiben bezahlt...», Michael schüttelt den Kopf.
Was ich verschweige ist das Sich-fremd-Fühlen unter Hunderten. Die vielen Wichtigtuer, jeder ein bisschen besser als die andern, jeder die andern kritisierend, vornherum freundlich sein, hintenrum Getuschel, wer mit wem, wo, warum, die schlechte Arbeit von dem, und jener ist auch nichts mehr wert. Der Neid, die Missgunst, und immer nur lächeln. Nach zwei Tagen hasse ich meine nach oben gehenden Mundwinkel. Ich gehe ins Hotelzimmer, wenn auch nur zwei Stunden ohne Film sind. Ich lege mich aufs Bett, die Arme unter dem Kopf verschränkt, schaue in den weisslichen Winterhimmel. Möwen, Dächer, Schneetau fällt in Brokken von den Biberschwanzziegeln, es ist, als tappe jemand auf den

Vordächern herum. Dann wird mir besser. Ich ertrage soviele Gesichter nicht mehr, soviele leere Worte, «distanziert», »technisch gekonnt, aber», «technisch unbedarft, aber», «rührend, aber».
Ich gehe durch die Leute, und eine Stimme ruft mich, ich muss gleich in den nächsten Film gehen. Hans hat ihn schon gesehen, kommt mit, «ich will doch nur neben dir sein, alles andere ist mir gleich», sagt er. Mir dämmert, dass er es wörtlich meint. Er ist mit seinen Kindern da. Wir treffen uns zum Nachtessen. Der Ältere nimmt mich nicht wahr, und ich dränge mich nicht auf, ich bin diejenige. Der Jüngere beobachtet mich unentwegt, lächelt verschmitzt fast, reisst die Augen auf vor derjenigen. Schaut weg, wenn ich ihn ertappe. Es gibt nichts zu sagen. Ich will mir kein Wohlwollen erschwindeln, kann man ohnehin nicht bei Kindern. Misstrauen von Kindern ist mir heilig.

Am Montag komme ich in der Frühe zu Euch, lieb und zärtlich seid Ihr. Ich versuche, den Artikel hinter mich zu bringen. Wären Eure Schulzeiten koordiniert, würde ich bis nachmittags ein schönes Stück vorankommen. So fahre ich nachts in die Stadt zurück mit dem unfertigen Zeug, schreibe bis um drei Uhr, bin morgens um halb acht wieder bei Euch. Habe den Schlusssatz und die Korrekturen geschafft, während Ihr in der Schule seid. Nachmittags muss ich das Papier in die Redaktionssitzung bringen. Du Michael belagerst das Auto und willst unbedingt mit mir kommen. Da ist nichts zu machen, und ich muss Dich mitnehmen.
Der Redaktor ist verärgert, «muss der da ...». Ich sage, ja, der bleibt da und hat versprochen, ganz still zu sein. Du setzt Dich in eine Ecke und bemalst mit unendlicher Geduld ein Häuschenpapier.
Alle sind übermüdet und gereizt. Ich werde wegen meiner eigenen Filmarbeit angegriffen. Nicht die Kritik trifft mich, die kenne ich selbst, sondern der Tonfall, die unvermittelt heftigen verletzenden Worte. Welche Rechnungen werden denn hier beglichen, frage ich mich. Mein Blick geht unwillkürlich in Deine Ecke, Du schaust von Deinem Häuschenpapier auf, betrachtest die gestikulierenden Erwachsenen, kühl. Plötzlich stehst Du auf, stellst Dich

vor mich hin, drückst Deinen Kopf gegen meinen Bauch. «Gehen wir», sagst Du.
Dichter Abendverkehr. Obwohl ich es auf keinen Fall haben will, stehen mir die Tränen zuvorderst. Kolonnen, Rotlicht, Du beugst Dich über den Sitz, kraulst meinen Nacken, sagst, «hast etwas nicht gut gemacht? Komm, wir gehen zusammen Nachtessen». Und Du ereiferst Dich. Nein, nicht ins «Weisse Kreuz», nicht in den «Blutigen Daumen», nicht Wurst und Pommes frites am Stand. Du wünschest in ein richtiges Gasthaus zu gehen, mit Tischtüchern und Stoffservietten, mit zwei Gängen, Dessert. Unterwegs finden wir etwas Passendes. Schrecklich teuer wird das werden.
Nach der Vorspeise sagst Du, «bist immer noch traurig? Aber Bea...». Und Du beginnst, die Szene auf der Redaktion nachzuspielen. Obwohl Du inhaltlich nichts verstanden hast, mimst Du mir reihum die Beteiligten, mich eingeschlossen mit meinem verdatterten Gesicht, vor. Mir tut alles weh vor Lachen. Bist Du ein lieber Kerl.

12. März

Wir laufen zusammen über die baren Wiesen. Ihr klaubt eine Kröte aus einem Erdloch. Noch ist sie steif und wenig beweglich. Froschlaich in Tümpeln, Tausende glasiger Kugeln, goldbraun im Sonnenlicht. In den Brombeerhecken ein Marder, hin- und herhuschend. Das Niemandsland unterhalb des Dorfes, wo früher die Abfallgrube war, Eure Glücksmine. Noch steckt Kupferdraht zwischen dem Huflattich, ein rostiges Motörchen, Teile einer Öllampe. Ich lasse mich von Euch führen, als ob ich blind gewesen wäre.

Gestern wurde ich in den Kindergarten zitiert. Die Räume sind erschreckend geschmacklos eingerichtet. Die Ordnung allerdings ist beachtlich. Nicht ein einziger Pantoffel liegt quer. Die Kindergärtnerin eröffnet mir, dass sie schulpsychologische Tests durchgeführt habe und dass Du Silvan, sie ringt nach Worten, vielleicht doch nur bedingt schulreif seist. Deine Mobilität sei zwar überdurchschnittlich gut, geschickt seist Du, und Deine Fragen zu beantworten sei mitunter nicht einfach. Dennoch, die Zeichnungen zeigten, dass Deine Kombinationsfähigkeit und Dein Denken noch zu wenig entwickelt seien. Sie schlage vor, Dich ein weiteres Jahr im Kindergarten zu behalten. «Das wäre so ziemlich das Schlimmste, was man dem Kind antun könnte», sage ich. Sie sucht die Zeichnung hervor, die Dein Ungenügen dokumentiert. Die Aufgabe bestand darin, ein angefangenes Motiv zu Ende zu zeichnen. Ich sehe auf der untern Hälfte des Papiers eine Art Blatt, Baum, irgend etwas Pflanzliches. «Ein Blatt soll es sein, ein angefangenes Blatt», sagt die Kindergärtnerin. Du Silvan hast die Zeichnung mit einem bunten, sich bis zum Bildrand reckenden Türmchen fortgesetzt. Ich finde den Turm schön. Die Kindergärtnerin erklärt mir nochmals die Aufgabenstellung und Dein Versagen. Es könne mich natürlich niemand davon abhalten, Dich trotzdem in die erste Klasse zu schicken, meint sie auf meine Uneinsichtigkeit hin. Sie hält mich für ehrgeizig, sie verstehe «mich als Mutter» schon, besser wäre, ich würde den Schulpsychologen zur Abklärung beiziehen. Nein, dazu hätte ich keine Lust.

Und da sei noch etwas, Dein Verhalten lasse zu wünschen übrig. Letzthin habe ein Kommissionsmitglied dem Kindergarten einen Besuch abgestattet. Der Herr sei zufrieden gewesen. Nach einer Stunde hättet Ihr Euer Znüni verzehrt. Unterdessen hätte der Herr den Wunsch geäussert, einen Inspektionsgang im Freien zu machen. Du habest kurz danach aufgestreckt und verlangt, die Hände waschen zu dürfen. Seltsam sei ihr das vorgekommen. Du hättest Dich bald wieder scheinheilig auf Dein Stühlchen gesetzt. Erst später habe sie gemerkt, dass Du den Herrn in den Garten hinausgeschlossen habest, sowohl die vordere wie die hintere Tür seien verriegelt gewesen.

Ich kann nicht anders, als laut herauszulachen. Die Kindergärtnerin macht ein Hopfen-und-Malz-verloren-Gesicht.

Auf dem Heimweg leiste ich Dir insgeheim Abbitte, ich habe Dich unterschätzt, Du Sanfter, hätte Dir so etwas nicht zugetraut. Ich bin stolz auf Dich.

15. April

Ich war mit Euch eine Woche in Paris. Nein, Ihr wart mit mir eine Woche in Paris. Zürich ab 06.57, Paris an 14.04 (Sommerzeit). Ich wundere mich über mein Aufgeregtsein, als ich die Fahrscheine und Sitzplatzreservation abholen gehe. Die Reise ist dreimal so lang wie von Zürich nach Biel zur Grossmutter, und ich kann mich erinnern, dass Ihr nach Solothurn jeweils nicht mehr zu halten seid, wie stellt Ihr Euch das vor? «Bitte, lass uns fahren», sagt Michael, «ich halte es in dieser Schweiz einfach nicht mehr aus».

Im Bahnwagen bin ich froh, eine spanische Familie mit vier Kindern in der Nähe zu haben. Mutter hat alle Hände voll zu tun, die Wildfänge zu beaufsichtigen, ihre schwarzen Blicke nageln sie auf den Sitzen fest. Während der Fahrt streicht sie Brote, wickelt den Jüngsten, gibt ihm die Flasche, kämmt die Mädchen, zieht dem Ältesten die Socken hoch. Papa hat sich in sicherer Entfernung in einem Abteil zum Schlafen niedergelegt. Wenn der Lärmpegel, lachen, streiten, schimpfen, bis zu ihm dringt, sieht man seinen jugendlichen Kopf über dem Polster auftauchen, einer Kasperlifigur nicht unähnlich. Der Kopf zischt und droht nach vorne, eindeutige Handbewegungen kommen dazu. Die Kinder sind eine halbe Stunde ruhig. Da capo.

Die Windräder, Mistelbäume, Schleusen und Kanäle, die ich Euch zeige, fesseln Euch nur kurz, Ihr zeichnet. Einige Male lauft Ihr nach vorne bis zur Lokomotive, nach hinten zum Schwanz des Zuges. Der Löwe, den ich mir unbedingt ansehen muss, stellt sich heraus als überdimensionierter Hund eines amerikanischen Trampers. Kurz vor Paris flickt Ihr die Tasche eines jungen Mannes mit Pfeifenputzern, die Ihr aus Euren Hosensäcken kramt. Gare de l'Est, vorbei an der Inschrift, die an die Deportation von vieltausend Juden erinnert, meine Schlummermutter der «Rue des Batignolles» erzählte mir mehrmals, wie sie den Abtransport ihrer jüdischen Schneiderin mit Kind und Grosseltern beobachtet hatte, vorbei, zum Taxistand.

Rue Ferdinand Duval, eine hellblau gestrichene Holztüre, scharfer Katzengestank im gepflästerten Innenhof, Ihr haltet den Atem an, Paris überrascht Euch zum ersten Mal. Wir steigen eine Wendeltreppe hoch. «C'est toi, la vieille?» ruft eine Stimme im dritten Stock. Ein Mann schlurft herbei, will den Koffer zur Wohnung des Monsieur Nicolas hinauftragen, horcht uns aus. «Schön, Schweiz, schön», sagt er bei jedem Zwischenhalt. Er war in der Schweiz interniert.

Ich finde das Schlüsselversteck, öffne die verschiedenen Schlösser, setze mich in dem grossen Raum drinnen erleichtert aufs Bett. Es hat geklappt: die Mansarde mit den Spuren wechselnder Mieter, getrocknete Rosen, Zeichnungen an den Wänden, Bücher, vergilbte Pläne, Fotos, Farbtöpfe. Auf einem Sims eine Postkarte, René Magrittes Frauenkopf, ebenfalls auf einem Sims stehend, über das Augenlid ein roter Klecks, getroffen. Auf der Rückseite eine angebrochene Botschaft, «Liebster, seit Wochen gehe ich in dieser Stadt, die Zeichenmappe unterm Arm, von hier zur Akademie und wieder zurück. Ich bin ununterbrochen beschäftigt. Du bist immer gegenwärtig, ein Zeichen von Dir wäre mir alles.» Vielleicht ist das Zeichen gekommen, oder die Frau hat ihr Warten getötet.

Wir laufen jeden Morgen zur Rue de Rivoli hinunter. Keine Pläne, kein Programm. Vielleicht bin ich in einer Stunde erst ein paar Häuserblocks weiter, vielleicht in einem weit entlegenen Stadtteil.

Wenige Dinge, die ich Euch zeige und deren Faszination ich mir bewusst bin. Von denen Ihr gehört habt und die Ihr zu sehen wünscht. Die Metro, den Eiffelturm. Ihr seid dem Boden einen halben Meter näher als ich. Ich habe nicht gewusst, dass die Bäche, die den Boulevards entlang rinnen, soviele wertvolle Dinge mitspülen. Andersens einbeiniger Zinnsoldat wäre Euch nicht entgangen. In der Metro streikt das Putzpersonal. Die RATP bittet ihre Kunden, «den Zustand dieser Station, verursacht durch einen internen Arbeitskonflikt», zu entschuldigen. «Sales négriers» ist unter die Affiche gekritzelt worden. Ihr habt keine Eile, einen Zug zu besteigen. Erst müsst Ihr durch den knöcheltiefen Unrat waten, einen Kaugummi aus dem Automaten haben, die Geisterzüge mit dem Grubenauge ein- und ausfahren, verschwin-

den sehen, spekulieren, wie man ohne Gefahr auf die andere Seite hinüberkäme. Ihr wollt mir nicht glauben, dass man dabei umkommt, beugt Euch über den Rand, starrt auf das todbringende Metall. Meine Panik, Silvan zu verlieren, der sich überall vordrängelt, der immer um eine nächste Ecke weg ist. Michael schlüpft in meine Hand, wenn Leute anschwemmen.
Einbrüche. Der Bettler, der Euch mit hohler Hand um eine Münze bittet. Er schüttelt den Kopf, will mehr haben, schaut in Eure Börsen, die Ihr ihm schliesslich hinhaltet, und holt ein Franc-Stück heraus. Dann lacht er, sucht in seinen Innentaschen, holt ein Bündel Noten hervor und winkt damit. Eure Blicke gehen von mir zu den Noten, zu den Bartstoppeln, zu den Noten. Gegen sein Lachen kommt Eure Entrüstung nicht an. Da auch ich lache, steht Ihr für Augenblicke verunsichert in der Höhle. Später wird Michaels Börse zwischen St. Michel und Châtelet gestohlen. Ich habe ihn vorgewarnt, wenn auch nur ein Zipfel aus dem zu engen Sack hervorschaue, werde er damit rechnen müssen. Nun kann er sich schlecht bei mir beschweren.
«Gemein, mich zu bestehlen», sagst Du Michael, «ein Kind kann man doch nicht bestehlen, ein Kind nicht.» Dass Du in der Menge gestossen wirst, schreckt Dich nicht, Du stösst vielleicht zurück; dass Dich eine Verkäuferin in fremden Worten unmissverständlich beschimpft, nimmst Du gelassen hin. Aber keinen Sonderschutz zu haben als Kind, das beschäftigt Dich lange.
Barbès-Rochechouart, ein freundliches Licht. Fast nur Schwarze in der Station, diesmal wollt Ihr auf die Bank sitzen und den Leuten zuschauen. «Es gibt nicht nur arme Neger», flüstert Ihr mir zu, «diese Dame dort mit den kleinen Mädchen sieht sehr fein aus.»
Wir kommen von der Sacré Cœur her. Die Zuckerbäckerei hat Euch besser gefallen als alle andern Kirchen. Das Dunkel lockt Euch und die Kerzenteller mit den vielen Lichtern. Ihr wollt auch eine Kerze anzünden. «Für wen?» frage ich und sehe, wie es in Euren Köpfen arbeitet. «Für beide Grossmütter.»
Das Bild des Gekreuzigten, immer noch kein gewohnter Anblick für Euch. Schlicht eine Scheusslichkeit. Ihr betastet Eure Hände, wo würde der Nagel durchgehen, wo wäre der Schmerz am gering-

sten. Ihr wehrt Euch gegen die Brutalität der Darstellung und seid zugleich angezogen.

Ihr wollt den Fluss nachts haben. Da Ihr Euch mit eigenen Augen überzeugen müsst, dass zu dieser Stunde kein Schiff mehr fährt, laufen wir zur Spitze der Ile de la Cité, wo Ihr Euch erinnert, einen Landungssteg gesehen zu haben. Ein düsterer Endpunkt, das Wasser flieht dunkel und metallig von den zugespitzten Mauerquadern. Das Rauschen der Schnellstrasse, die von Scheinwerfern verklärten Häuser der gegenüberliegenden Ufer sind sehr weit entfernt. Hier ist Alleinsein. Niemand steigt die enge Steintreppe von der Strasse zu diesem kärglichen Rest Land hinunter. Würden wir hier verschwinden, kein Mensch würde es bemerken. Wir gehen um die Insel herum, soweit man dem Wasser folgen kann. Unter den Brücken fast kein Licht, Spuren von Menschen in den verankerten Schlepperkähnen, sonst Schatten, die als Menschen auszumachen sind, an die Mauer gekauert, regungslos. Es gibt sie noch. Ich denke, dass ich ohne Euch wahrscheinlich hier nicht durchgehen würde. Es ist der Klang einer Trompete, bei dem Ihr wieder an die Oberfläche hinaufzusteigen wünscht. Der Mann steht in der Mitte des Petit Pont und spielt Melodien aus italienischen Opern. Ihr hockt Euch zu seinen Füssen. Es ist eine ungewöhnlich warme Frühlingsnacht. Mit der Zeit würdet Ihr einschlafen.

Nach drei Tagen kennt Ihr den Ort, den Ihr allen andern vorzieht, den Tuileriengarten. Karpfen fangen im grossen, runden Teich. Die Karpfen sind träge, im schmutzigen Wasser schimmlig geworden. Ihr lehnt über die Brüstung, die Hand griffbereit, und es gelingt Euch nicht selten, einen Fisch zu holen. Ihr rennt, das zapplige Tier haltend, zu meinem Stuhl, lasst es wieder hineinplatschen. Mein Gruseln vor den kranken Fischen kann ich nicht verbergen, auch nicht auf den Vorschlag eines billigen Nachtessens eingehen.

Im nahegelegenen Louvre haben wir mit meinem Presseausweis freien Zutritt zu den Toiletten. Nur einmal folgt Ihr auf kürzestem Weg einer japanischen Reisegruppe zur Mona Lisa. Ihr prüft, ob der vor dem Bild durchgespannte Zaun elektrisch geladener Kuhdraht sei.

Zeit nachzudenken. In das Wasserrund zu schauen. Von Zeit zu Zeit mich vergewissern, dass Ihr da seid.

Die Mutter, der ich damals die Stadt Paris in drei Tagen gezeigt hatte. Die sagte, diese Tage hätten zu den besten ihres Lebens gezählt.

Meine Mutter, die ihre Enttäuschung darüber, nur Töchter geboren zu haben, nie verwinden konnte und mir zu Deiner Geburt, Silvan, schrieb, «Zu Deinem zweiten Sohn gratuliere ich Dir herzlich. So bist Du also eine Frau, die Söhne zur Welt bringt.»

Da bin ich mit meinen Söhnen in der Welt. Vater Freud sagt mir, dass die Mutter-Sohn-Beziehung die vollkommenste sei. Und die Töchter Freuds wollen mir weismachen, dass ich für alles Unglück, das Euch ein Leben lang verfolgen wird, verantwortlich bin. Ich werfe ihnen den Handschuh hin. Ich trage nie Handschuhe. Und werde weiterhin oft kalte Hände haben.

Als Kind liebte ich Geschichten mit einem traurigen Ende. Später kam ich unter den Zwang, Geschichten ohne Ende oder Geschichten mit glücklichem Ende zu haben.

Ihr habt die Reise im Nachtzug bis zuletzt auskosten wollen. Kurz vor Altstätten seid Ihr eingeschlafen.

Franziska Mattmann
Das verlorene Ich
Tagebuch einer Mutter

Franziska Mattmann
Das verlorene Ich
Tagebuch einer Mutter

I.

4. Februar 1976

Heute haben sie ihn geholt. In die geschlossene Abteilung der Psychiatrischen Universitätsklinik Burghölzli. Er hat sich vehement gegen den Eingriff in seine persönliche Freiheit gewehrt. Er sagte: «Das ist Hausfriedensbruch, was Sie da machen. Sie haben keinerlei Berechtigung dazu. Ich widersetze mich! Ich bin nicht krank! Ich bin gesund und im Vollbesitz meiner geistigen Kräfte!»

Dann wandte er sich an mich: «Mami! Sie können mich doch nicht einfach so mitnehmen! Ich habe nichts verbrochen und niemandem ein Leid angetan! Das ist Freiheitsberaubung!»

Der Stadtarzt versuchte, ihn zu beruhigen. Aber Michael regte sich immer mehr auf. Schliesslich rief er die Polizei zu Hilfe. Als sie nicht gleich kam, geriet er in grosse Aufregung. Er rief wieder an und später noch ein drittes Mal, aus lauter Angst, er wäre nun den drei Männern, einem Arzt und zwei hinzugekommenen Pflegern, ausgeliefert.

Der Stadtarzt versuchte ihn abzulenken und fragte: «Wollen Sie sich unterdessen nicht doch anziehen?»
Michael schaute an sich herunter und realisierte, dass er noch immer den Morgenmantel anhatte. Es war zwei Uhr nachmittags. Wortlos kehrte er sich um und lief in sein Zimmer. Einer der Pfleger folgte ihm. Michael wollte die Türe hinter sich schliessen, der Pfleger aber schob energisch seinen Fuss zwischen Tür und Schwelle und sagte: «Das geht leider nicht. Sie müssen mich schon hereinlassen. Ich bin nun für Sie verantwortlich!»

Schliesslich kam die Polizei. Zwei Mann. Sie wollten wissen, was da vor sich ginge. Der Stadtarzt wies sich aus, und gleichzeitig bestürmte mein Sohn die beiden Männer. Es gab eine momentane Verwirrung zugunsten meines Sohnes.

Dann aber zog mich einer der Polizisten beiseite:
«Wer sind Sie?»
«Die Mutter»
«Was geht hier vor?»
«Mein Sohn ist wirklich krank! Er braucht psychiatrische Hilfe», brachte ich hervor. «Ich weiss es mittlerweile von vier Ärzten. Ich selbst wusste es wohl auch, dass er Hilfe brauchte, konnte aber die Kraft dazu bis heute nicht finden, konnte nichts in diesem Sinne unternehmen. Aber er ist wirklich krank, glauben Sie mir! Und – ich habe Angst um ihn.» Ich verstummte, weinte und kam mir vor, wie Judas, der Verräter. Mein Herz schrie, und ich litt nicht weniger als mein Sohn.

Nachdem der Polizist auch meine Bestätigung hatte, kehrte sich die Angelegenheit und war entschieden. So haben sie ihn schliesslich mitgenommen.

Der Arzt aber kehrte mit mir in die Wohnung zurück. Ich weinte fassungslos. Er tröstete mich und versuchte mich davon zu überzeugen, dass ich bestimmt das Richtige getan hätte und dass es wirklich höchste Zeit gewesen sei, dass etwas in diesem Sinne geschähe. Die Widersprüchlichkeit während seines Gesprächs mit Michael hätte seinen Verdacht erhärtet. «Es scheint eine Spaltung der Persönlichkeit vorzuliegen», meinte er.

«Also Schizophrenie?» fragte ich.
«Nun, mit diesem Ausdruck sind wir heute sehr vorsichtig. Es ist nicht alles Schizophrenie, was als solche erscheinen möchte. Aber ich will nicht vorgreifen, obschon eigentlich das halbstündige Gespräch mit Ihrem Sohn diesen Eindruck in mir erweckte. Ich wiederhole: ich will nicht vorgreifen. Das ist Angelegenheit der Ärzte der psychiatrischen Klinik.»

Er hielt einen Moment inne und sah mich an: «Machen Sie sich nun aber keinen Kummer mehr. Er ist in guten Händen. Unsere Klinik ist sehr fortschrittlich, und man wird alles daran setzen, Ihrem Sohn zu helfen. . Versuchen Sie, nun erst mal selbst mit sich

ins Reine zu kommen. So könnten Sie Ihrem Sohn am ehesten behilflich sein.»
Dann ging er.

Lange Zeit sass ich da, ohne mich zu rühren, mit den widerstrebendsten Gefühlen im Herzen. Schliesslich erhob ich mich und ging zum ersten Mal seit Monaten in das Zimmer meines Sohnes, der mir den Zugang stets verwehrt hatte und sein Zimmer als sein persönliches Reich hütete. Er schloss ab, wenn er aus dem Hause ging. Ich hatte nie die Möglichkeit, das Zimmer in Ordnung zu bringen. Und gewaltsames Eindringen lag mir nicht. Ich respektierte instinktiv seinen Wunsch für ein persönliches Reduit.

Aber dann verliess er nicht einmal mehr sein Zimmer. Tagelang sass er darin, wie eine Spinne und rührte sich nicht. Ich sah es durch den Türspalt, den mein Sohn offen gelassen hatte. Er sass da, sah vor sich hin, den Kopf in die Hand gestützt, und rührte sich nicht.

Er vereinsamte.

Und er hatte Angst, wenn es an der Tür läutete oder wenn nur das Telephon klingelte. Schliesslich ängstigte ich mich selbst um ihn, denn er verstummte, trottete nur wortlos daher, wenn ich zum Essen rief, schlang es hinunter und entfernte sich ebenso still. Später dann reagierte er auch nicht mehr auf mein Rufen. Er wurde höchstens aggressiv in seinen Äusserungen, ihn doch endlich in Frieden zu lassen! Er schlief, wann er dazu Lust hatte, ob Tag oder Nacht, ass, wenn er hungrig war und nicht, wenn ich kochte. Er verlor den geregelten Tagesablauf und machte die Nacht zum Tag, den Tag zur Nacht, gerade wie es ihn ankam. Ich spürte, dass er Hilfe brauchte und drang in ihn, einen Psychiater aufzusuchen. Er wies es heftig zurück: «Lass mich damit in Frieden! Ich brauche keinen! Ich bin nicht verrückt! Aber Du! Ja, Du brauchst einen – Du spinnst schon lange!»

Als ich ihn einmal fragte, vor was er sich so ängstigte, erwiderte er geheimnisvoll und leise: «Man muss vorsichtig sein – die wollen

einen kaputt machen – am besten ist es, wenn man stumm bleibt; wir alle sprechen sowieso viel zu viel. Wenn man nichts sagt, existiert man auch nicht wirklich, und sie können einem nichts anhaben!»
Wen er mit «sie» meinte, konnte ich nicht herausbekommen. Es konnten böse Menschen sein, ebensogut aber auch böse Geister oder böse Mächte.

Michael konnte dann die Stille abrupt unterbrechen, indem er aus seinem Zimmer auftauchte, sich vor mich hinstellte und belehrend sagte: «Mami! Ich lebe! – Ich lebe aber auch nicht!»
Oder, leicht ungehalten: «Siehst Du denn nicht, dass das da (er zeigte auf ein Blatt, das er in den Händen hielt) klar und deutlich geschrieben ist! – Wie kannst Du etwas sehen, wenn nichts da steht?» fügte er gleich hinzu. Und: «Ich bin, der ich bin! Ich bin es aber auch nicht!» Alles, alles im selben Atemzug. Weiss kann ebensogut schwarz sein, wie schwarz auch weiss ist, oder ein Kreis ein Viereck, ebenso auch ein Viereck ein Kreis.

«Also doch eine Spaltung», dachte ich und erhob mich seufzend, um in sein Zimmer zu gehen. Ich sah die Verwahrlosung mit Schrecken, wusste aber auch gleichzeitig, dass ich schon viel früher hätte energisch etwas unternehmen müssen. «So etwa wird es wohl auch in seinem Innern aussehen!» Ich erschrak von neuem und begann eilig und nervös, die Tücher, die das Balkonfenster verschlossen, herunter zu holen, riss die verriegelte Balkontüre auf, stiess die grünen Läden zurück und stand zitternd auf dem Balkon. Ich wagte nicht, ins Zimmer zurückzublicken. Ich vermeinte plötzlich, meinen Sohn vor mir zu sehen, mit einem flehenden Blick, der so ganz anders war als sein bisher stumpfer oder starrer und manchmal sogar böser Blick. Bisher hatte ich nie gewusst, was denn an seinen Augen nicht mehr so war, wie früher. Ich wusste nur, dass sie jetzt anders waren, stumpf, glanzlos. Und da erfasste ich es. Die Farbe war es, die ich vermisste. Die Farbe! Man sah nur noch das stumpfe, tote Braun der vergrösserten Pupillen. Mein Sohn ist krank! Wo war der junge, intelligente Mann, der mit Auszeichnung seinen Lehrabschluss als chem-pharmazeutischer Laborant gemeistert hatte und der dabei zugleich den Professoren nachweisen konnte, dass Chemie-Aufgaben in den Lösungsbüchern falsche Resultate aufwiesen? Und wo war der Zwölfjährige, für den sich bereits Fachleute interessierten, weil er das Wissen eines Zwanzigjährigen besass? Und der nächtelang über seinen geliebten Chemiebüchern hockte, ein furchterregendes Labor mit brodelnden Behältern aus seinem Zimmer gemacht hatte und der zu meiner Verzweiflung nie richtig schlief, sondern stets verbissen, ja atemlos beinahe, arbeitete? Wo war mein Junge, der so schöne klare, graugrüne, ja sogar blitzende Augen hatte und der auf kurze, sehr präzise Art witzig, ja ironisch sein konnte?

Schon immer war er ein eigenartiges Kind gewesen und sehr sensibel. Bereits die Kindergärtnerin sagte vom Fünfjährigen: «Ich bin jetzt seit vierzig Jahren Lehrerin. Aber so ein Bub, wie der Ihre, ist mir noch nie untergekommen. Er ist ein Einsiedler mitten unter meiner Bande, aber liebenswert, wenn man auf ihn eingeht. Nur fürchte ich, dass er eine schlimme Schulzeit haben wird und stets auf Unverständnis stösst. Und doch hätte er es in sich, wenn er sich durchzusetzen vermöchte!»

Wie recht hatte sie! Seine Schulzeit wurde wirklich zur Tragödie, war eine Leidenszeit, die dann beinahe noch, kurz vor Schulabschluss, den Ausschluss mit sich gebracht hätte, weil ein unverständiger Lehrer den ihm unbequemen Schüler hasste. So wäre ihm sein Berufseinstieg sehr erschwert worden. Aber da griff ein anderer Lehrer ein, der sich die Klage des Kollegen anhörte, und er erklärte sich bereit, einen Versuch zu wagen. Und siehe da! Unter diesen Fittichen endlich durfte sich mein Sohn entfalten, wurde nicht mehr gedrückt und unterdrückt. Er spürte das Wohlwollen des Pädagogen, der sich bemühte, auf die Eigenart des Jungen einzugehen, ihn zu verstehen. Es gab auch fruchtbare Gespräche zwischen den beiden, und Michael merkte, dass er weder ein «Verstockter» noch ein «Idiot» war. Endlich fühlte er sich verstanden. Endlich hatte er jemanden – einen Vater.

Später, im Studium, wurde er von den Kollegen belächelt, gepufft, auch gehasst. Er war bei seinen Lehrern nicht beliebt. Man verstand ihn einfach nicht und nahm sich keine Mühe, ihn zu verstehen. So schob man ihn stets auf die Seite. Im besten Fall liess man ihn ungeschoren. Aber auch hier fand er einen Lehrer, der Interesse an der Eigenart dieses Jungen zeigte und ihn später sogar ab und zu nach Hause einlud, wobei dessen Frau ihn fütterte, weil er blass und schmal war. Aber was sind zwei Männer – während mehr als zehn Jahren Schulzeit??
Und nun ist er vierundzwanzig – sein Lebensweg ist unterbrochen, er ist krank! Und in einer Klinik.

Eigenartig, dass ich jetzt, während all die Gedanken rückwärts liefen – unbewusst damit begonnen hatte, das Notwendige zu tun. Ich ertappte mich dabei, wie ich Wäsche in einen Koffer legte, Pantoffeln, sein Rasierzeug und andere Utensilien. Was konnte ich sonst noch tun? Schliesslich setzte ich mich hin und schrieb nach kurzem Zögern ein paar aufmunternde Zeilen und die Versicherung, dass ich ihn nicht fallenlassen werde. Dann machte ich mich auf den Weg. Zum ersten Mal ging ich den Leidensweg, den ich in der Folge unzählige Male würde gehen müssen.

6. Februar

Heute habe ich erfahren, wo Michael ist. Sein Psychiater hat mir telephoniert und gesagt, dass ich meinen Sohn besuchen dürfe, sofern das gegenseitige Verhältnis nicht gestört sei. Wie aber konnte ich dies wissen? Bevor Michael verstummte, war er unsagbar hässig, aggressiv, einfach untragbar. Einmal sagte er giftig zu mir: «Du bist kein guter Mensch. Du hast eine schlechte Ausstrahlung!»

Heute, da ich diese Zeilen schreibe, weiss ich, dass er meine eigene, schwere Polyarthritis-Erkrankung spürte, sie aber nicht verstand.

Jedenfalls beschloss ich nach diesem Telephongespräch, erst mal abzuwarten. Ihn vorläufig nicht zu besuchen. Sollte ich aber schreiben?

9. Februar

Ich denke an ihn, Tag und Nacht und plage mich noch immer mit der Frage, ob ich richtig gehandelt habe. Sollte ich schreiben? Und wenn, was?? Schliesslich kamen doch ein paar Zeilen zusammen, indem ich ihn fragte, ob er seine Diätkost bekomme, die er seit seinen schweren Tropenerkrankungen noch immer braucht, oder ob ich ihm sonstwie behilflich sein könnte. Und ob er etwas wünsche.

Indien!
Mein Sohn sagte damals: «Indien ist eine Wunderwelt. Es ist unwahrscheinlich schön, ein traumhaftes Paradies mit seiner bunten Vogelwelt, den saftig-kräftigen, grünen Oasen und Bäumen, seiner räumlichen Weite, seiner Genügsamkeit und seiner Betulichkeit, seinem spürbaren Frieden, der so beruhigend auf unser gehetztes, strapaziertes Wesen einwirkt, seiner Stille, die man überall immer wieder findet, im Gegensatz zum lauten Europa, das an seinem Profitdenken zugrundegeht und wo der Mensch kein *Mensch* mehr sein *kann*!»

Dort in Indien begann er sich für den Buddhismus zu interessieren, insbesondere für den ZEN.

Hier mag vielleicht auch eine der Wurzeln zu finden sein, die sich für meinen Sohn so verwirrend auszuwirken begann. Nach seiner Rückkehr, in bereits verändertem Wesen, beschaffte er sich die entsprechende Literatur in deutscher Sprache, die aber meines Erachtens die Ursprünglichkeit der Aussage zumindest verwischen, wenn nicht gar verfälschen kann und somit unter Umständen zu dem Fehldenken führte, das meinen Sohn nun gefangenhält. Dazu kam noch seine denkbar schlechte körperliche Verfassung, denn natürlich brachte er nebst Malaria eine heftige Amöbenruhr nach Hause. Bald auch kam der Moment, wo er nicht mehr weiterstudieren konnte und sein Chemie-Studium, zur Halbzeit absolviert, unterbrach.

Und dann begann er zusehends, sich zu verlieren.

13. Februar

Inzwischen hat er sich telephonisch gemeldet, bat mich, ihn zu besuchen und bestürmte mich gleichzeitig: «Mami! Hol mich hier raus, bitte, bitte, sofort! Hol mich raus, ich dreh noch durch!»

Was konnte ich hierauf erwidern? Mein Trostversuch klang mir selbst lahm in den Ohren, nicht überzeugend.
Und dann kamen die Anrufe fast täglich, konstant mit der flehenden Stimme, die sagt, dass er «raus» müsse, dass «sie» ihn mit Medikamenten vergiften wollten und dass er sich weigere, sie zu nehmen.

Nun ist die Krise eingetreten. Er hat randaliert, sich die Fäuste blutig geschlagen, und ein Stuhl sei in die Brüche gegangen. Er liess mich gleichzeitig wissen, dass er nun wahrscheinlich ins «K» komme, die Abteilung vermutlich, wo die Tobsüchtigen oder sonstwie Unberechenbaren sind und dass er nun wieder eine eigene Aufsichtsperson (Begleitperson) habe. Im gleichen Atemzug dann wieder: «Mami, ich muss hier raus! Ich bin doch nicht krank! Die verstehen mich nur nicht!»

Wie oft sollte ich in der Folge diese Sätze noch zu hören bekommen. Ich wusste nie eine eindeutige Antwort darauf, nur einen Trostversuch und die Bitte um etwas Geduld. Aber auch die Versicherung, dass ich stets für ihn da sei und ihn nicht hängen lassen werde. Was konnte ich sonst noch antworten, einem Kranken, dessen eine Verstandesseite so normal reagiert wie die unsere? Wenn er deshalb ganz genau realisiert, was vor sich geht, was daher die Sache für ihn noch viel schwieriger macht?

Was ist Schizophrenie?

In der «Femina», vom 27.10.76 las ich einen Artikel von Prof. M. Bleuler, Psychiater in Zürich, der seine Lebensarbeit der Forschung der Schizophrenie gewidmet hat. Er erklärt, dass auch beim Gesunden schizophrenieartiges Leben vorkommt: vor allem in Tagträumen, im Traum oder kurz vor dem Einschlafen. Beim Ausbruch der Krankheit überbordet das schizophrenieähnliche Leben. Die Grenzen verschieben sich und eine nach Zeit und Raum ungeordnete, von Erfahrung und Logik gelöste, bild- und traumhafte, phantastische Darstellung der Welt nach innerem Wesen und Bedürfnis überwiegt. Widersprüchlichkeiten bleiben nebeneinander bestehen. Sie bilden eine Welt voll eigenmächtiger Sinnbilder und Gleichnisse. Aus der Sicht des Alltags ist diese Welt chaotisch, der Geist schafft sie sich aus dem uneinheitlichen Wesen des Menschen selbst heraus. Phantastische Trugwahrnehmungen, Vorstellungen, Neigungen, Getriebenheiten und Gefühlsbetonungen brodeln und lassen sich weder ordnen noch der Wirklichkeit anpassen. Eine eigenmächtige Aktivität bricht unabhängig von äusserer Nützlichkeit ins Leben ein.

Woher kommt die Schizophrenie?

Die Ursache dieser Geisteskrankheit liegt nicht in einer vererbten Anlage, nicht in der seelischen Verarbeitung des Lebensschicksals und nicht in körperlichen Veränderungen. Es gibt genügend Hinweise darauf, dass die Anlage durch Schizophrenie in einer zu grossen Widersprüchlichkeit an sich gesunder Entwicklungs- und Reaktionsbereitschaften zu suchen ist. Eine unausgeglichene Anlage zur persönlichen Entwicklung schafft unter widrigen Einflüssen eine ungünstige Umwelt. Die ungünstigen Einflüsse dieser so geschaffenen Umwelt auf den ungünstig Veranlagten lassen die Krankheit ausbrechen. Mit dem Einbruch der Schizophrenie überschwemmen Inhalte des Unbewussten die erfahrungsmässigen Zusammenhänge. Neben der äusseren Wirklichkeit etabliert sich eine eigene, innere Wirklichkeit. Die Krankheit lockert, bedroht und zerstört zum Teil die oberen Persönlichkeitsschichten, logisches Denken und bewusstes Wollen.

15. Februar

Die abendlichen Telephonate meines Sohnes setzen mir zu, in ihrer steten dringlichen Bestürmung, ihn ja mit allen Mitteln, wenn nötig sogar mit dem Militär, aus der Klinik rauszuholen. Es beschäftigt ohnehin mein Gewissen noch immer, wenn nicht noch mehr, ob ich richtig gehandelt habe. Und ich fühle mich jetzt stets von Michael in die Ecke gedrängt.

Heute habe ich sein Zimmer gesäubert, wieder wohnbar gemacht. Ich habe viele Zettel und Notizen gefunden. Da steht z.B. mit seiner nun so winzigen und eng gewordenen, eckigen Handschrift:

Vielleicht alle zehn Jahre ein
so schwerer Fall
Sie werden immer häufiger
Alle Arten von Wahn
Es ist der Wahn selbst

Die Psychiatrie wird mich vergeblich
vergiften: Magenkrämpfe, Erbrechen
Durchfall, Umfallen,
zwei Jahre äusserst schwer.

Von Verstand wird nicht mehr viel zu merken sein.
Der psychiatrische Terror wird vollkommen sein.

Mit freundlichen Grüssen

und ein Nachsatz:

PS. Nur ein Genie wird mich herausholen können.
Veranlassen Sie das Nötige
Haben Sie einmal Zeit?

und ein anderer Zettel:

ZIRKULAR SCHIZOPHREN – ganz natürlich, keine Behandlung, da nicht krank

weiter:

IN HERRLICHKEIT STRAHLT AMIDAS REINES LAND UND IST MEIN REINES LAND. NAMU – AMIDA – BUTSU

Ein Brief, in welchem ganze Zeilen durchgestrichen wurden, zum Teil sogar doppelt:

Zweifelt nicht an meinem Verstand, es wird nicht mehr viel davon zu merken sein. Eine Unterhaltung mit Psychiatern wird infolge deren Dummheit praktisch ~~unmöglich~~ sein. Sie begreifen ja nicht einmal, dass sie nicht zuständig sind. ~~Sie werden es einsehen müssen. Eine Tür ist eine Tür. Die armen Psychiater meinen es ja nur gut. Leider sind sie völlig gefühllos. Ihr Verstand ist erhalten.~~ Sie kennen sich nicht im geringsten in der buddhistischen Philosophie aus. Dieselbe ist reinster Wahnsinn. Wenn sie nur sehen könnten! Blind! Möglicherweise scharfe Augen. Das Seelenheil liegt im Buddhismus und nicht in der Psychiatrie. Jegliches Schwatzen ist sinnlos. Göttliches Licht. Transzendent. Es ist nirgends und doch ist es deutlich wahrzunehmen. Euer Geist ist in Finsternis gehüllt. Burghölzli ist Burghölzli. Totalburghölzli.

Ich kann mir erklären, woher diese Notizen ihren Ursprung haben. Michael war für drei Tage in der Neurologischen Abteilung des Kantonsspitals hospitalisiert wegen eines Rückenleidens, von dem er behauptete, invalid zu sein. Bei dieser Gelegenheit stellten die Ärzte seinen Geistes-Zustand in Frage und verwiesen ihn an den Psychiater, welchen Michael aber in der Folge mit der Begründung, er brauche keinen, nicht akzeptierte. Somit ihn auch nicht aufsuchte, und Zwang wurde ja nicht auf ihn ausgeübt. Dafür war das Kantonsspital nicht zuständig.

28. Februar

Ich habe meinen Sohn besucht und festgestellt, dass er zugänglicher ist. Seine Pupillen sind wieder – wie lange ist das schon her! – normal, die Farbe seiner Augen wieder erkennbar. Fast ist er wieder wie früher. Ich atmete auf und sagte ihm, dass die Medikamente doch gut täten. Mittlerweile nämlich hatte er sich entschlossen, die dargebotenen Medikamente zu nehmen, schon deswegen, weil er nicht mehr schlafen konnte. Er bestritt nun, dass die Medikamente ihm gut tun würden: «Ich bin nicht krank! Sie verstehen mich nur nicht. Und wenn ich raus könnte, brauchte ich überhaupt keine Medikamente. Dann wäre ich wieder gesund!» Dann aber gab er auch wieder zu, dass sie ihn «erleichtern». Auch scheint er nun ruhiger, doch raucht er jetzt ununterbrochen, und ich bemerke besorgt, dass beim Abstützen der Arme auf der Tischkante seine Hände zittern.

2. März

Nun ist er in der offenen Abteilung. Offenbar besteht keine unmittelbare Fluchtgefahr mehr. So kann er sich freier bewegen. Er ist in einem Dreier-Zimmer. Ich bin froh um diese Versetzung, nicht zuletzt auch wegen eines erschütternden Erlebnisses:

Ein etwa gleichaltriger Junge, mit dem Michael sich gut verstand und von dem er sagte, dass er ein lieber Kerl sei, mit dem man wenigstens noch vernünftig reden könne, war rauschgiftsüchtig, spritzte harte Drogen und war hier in der geschlossenen Abteilung zur Entziehungskur. Das ist auch eines der Dinge, die ich nicht verstehen kann: Drogensüchtige mit Kranken, mit geistig Kranken zusammen einzusperren. Das ist doch keine Lösung! Ich war diesem Jungen zum ersten Mal beggenet, als ich mich zu Michael durchsuchte und habe mich dabei gefragt: «Was tut dieser junge Mann denn hier, der scheint doch ganz vernünftig?» Nun aber freute ich mich, dass Michael einen Gesprächspartner gefunden hatte.

Am letzten Sonntag nun, als ich Michael besuchte, gab es an der Tür des Besucherzimmers ein Gerangel. Ich sah, dass ein Pfleger etwas von diesem Jungen wollte, der sich dabei heftig widersetzte und schliesslich dem Pfleger die Tür vor der Nase zuschlug. Schnell streifte er die Anwesenden mit einem Blick, kniete sich in einer Ecke nieder, riss das schmale Halstuch ab, band es eilends um einen Oberarm, legte den auf einen Stuhl, den er zu diesem Zwecke heranschob, zog mit seinen Zähnen die Binde fest zu und dann verpasste er sich eine Spritze! Der Ablauf erfolgte so schnell, dass es schon bereits vollbracht war, bis ich realisierte, was geschah. Mitleid flutete hoch in mir, ich schluckte und sah auf meinen Sohn.
Er hatte sich dem Jungen zugewandt, während dieser nun aufstand, den Kopf zu Michael drehte und schief grinste: «So, nun bin ich wieder eine Zeitlang normal.» Sprach's und war aus der Tür.

Und heute eben rief mich mein Sohn im Büro an, war sehr aufgeregt und stotterte, fand fast nicht die Worte zur Verständigung. Ich erfasste schliesslich den Sinn von dem, was er sagen wollte, nämlich: dass sich einer erhängt hätte und nun tot sei! Ich versuchte am Telephon, meinen entsetzten Sohn zu beruhigen, konnte ihm aber nicht unbeschränkt Zeit lassen, musste ja hier meine Arbeit tun. So bat ich ihn, mir doch am Abend nochmals nach Hause anzurufen, damit wir in Ruhe sprechen könnten. Hier ginge es nicht.

Es kam kein Telephon.
Später erfuhr ich, dass sich der Junge, der Rauschgiftsüchtige, im Abort erhängt hätte. Irgendein Besucher hatte ihm eine Spritze zugesteckt, eben diejenige vom Sonntag. Daraufhin hat man ihm jeglichen Besuch verweigert. Da brachte er sich um, kaum dass die Wirkung der Spritze nachgelassen hatte. Am dritten Tag.

Mein Entsetzen war gross und ebenso mein Zorn. Im Prinzip ist der Spender auch der Mörder. Hoffentlich hat er das mitgekriegt.

4. März

Ein Monat in der Klinik. Wieviele werden es noch sein?

13. März

Und wieder ein Schock! Diesmal aber einer, den Michael nicht sah, nicht miterleben musste.

Ein Krankenwagen stand vor dem Portal. Eben wurde auf einer Bahre ein alter, kranker Mann, grauweiss im Gesicht, herausgetragen. Spitz stand die Nase im Gesicht. Ein Sterbender? Mittlerweile war ich nahe genug herangekommen, sah, wie die Pritsche in den Wagen hineingeschoben und abgestellt wurde. Ein Träger beugte sich über den Mann, als ob er horchen wollte. Plötzlich drückte er mit beiden Händen zwei, drei Mal heftig auf den Brustkasten des Mannes, rief dabei seinem Kollegen zu, die Ärztin zu holen, und dann lief er selbst hinterher. Ich warf noch einen letzten Blick auf den Mann und wollte mich eben abwenden, um einzutreten, als ich sah, dass der Mann dunkles Blut erbrach. Nicht einmal, immer wieder. Es kam stossweise aus seinem Mund. Und er lag auf dem Rücken, konnte daher ersticken. Schnell lief ich hinein, um Alarm zu schlagen, aber da kam bereits der Pfleger zurück, im Gefolge die Ärztin.

Wortlos, erschreckt, setzte ich mich hin. Ich war im Moment nicht fähig, zu meinem Sohn zu gehen. So blieb ich eine Weile sitzen. Etwas später dann, noch immer aufgewühlt, stieg ich zu ihm hinauf.

Er holte seinen Mantel, und wir verliessen das Areal, obschon er eigentlich keine offizielle Erlaubnis hatte. Aber es war ihm wurst! Es hätte sich niemand um ihn gekümmert, seit sein Psychiater in die Ferien gegangen sei. Auch die angekündigte Sozial-Fürsorgerin hätte sich nicht blicken lassen!

Ich verstehe das nicht! Überlässt man die Patienten sich selber, statt ihnen die notwendige Therapie zukommen zu lassen? Ich finde das nicht in Ordnung.

Michael ist nun in die Arbeitstherapie eingereiht worden und hat, seiner Aussage gemäss, eintönige Arbeit zu verrichten. Dafür bekäme er dann einen Franken pro Tag.
Leider hat er weder am Malen noch am Zeichnen Freude, und auch Lesen mag er nicht. Er hätte Konzentrationsschwierigkeiten, sagt er.

Mit Ausnahme der seinerzeitigen Aussage des Stadtarztes habe ich bis heute keinerlei Auskunft erhalten, ob und in welchem Masse mein Sohn krank ist. Ich will nun die Rückkehr seines Psychiaters noch abwarten, dann aber dränge ich auf konkrete Angaben.

18. März

Es ist 19.00 Uhr. Soeben hat es an der Tür unten geklingelt. Unser Haus wird um halb sieben geschlossen, hat auch keinen Lift. Wir wohnen im vierten Stock, sodass man hinuntergehen muss, um zu öffnen. Meine Tochter, die gerade auf einen Blitzbesuch vorbeigekommen ist, anerbietet sich, nachzusehen. Sie kommt zurück mit einem Besucher: ihrem Bruder! Die Überraschung ist vollkommen. Michael hat die Möglichkeit zum abendlichen Ausgang (bis 20.00 Uhr) wahrgenommen.
Er ist vervös, unruhig, sucht nach Zigaretten und läuft in die Küche, um Wasser zu trinken, kommt zurück und bestürmt mich erneut, ihn aus der Klinik herauszuholen. Er wolle sofort eine Stelle, wolle arbeiten, sagt er. Dann könne er auch raus. Ich solle für ihn die Verantwortung übernehmen und einen Revers unterschreiben, meint er.

Ich versuche, mich zusammenzunehmen und ruhig zu erklären: «Das liegt nicht in meiner Macht. – Und wenn doch, dann fühle

ich mich durch meine Krankheit in diesem Moment ausserstande, zusätzlich noch die notwendige Kraft für Dich aufzubringen. Michael, Du musst Dich etwas gedulden! Schau, was ist, wenn ich nicht mehr da bin? Wer schaut nach Dir, fühlt mit Dir? Lass uns noch etwas Zeit, uns beiden, ich leide mit Dir, aber ich muss erst selbst wieder zu Kräften kommen.»
Aber, kann ich das? Viele Schwierigkeiten, die exakt in diese Leidenszeit fallen, haben mich erschöpft. Ich weine fast ständig, bei kleinsten Gelegenheiten, habe stets das Gefühl «ich kann nicht mehr!», und ich fühle mich so elend wie nie zuvor in meinem Leben, das sich bisher stets auf der Schattenseite abspielte. Der Gang ins Spital wird deshalb nun wirklich dringend. Ich kann nicht mehr den normalen Termin des ambulanten Spitalkontrollbesuches abwarten, ich habe einfach keine Kraftreserven mehr.

Der Befund der Ärztin ist klar und einfach: «Völlige Erschöpfung». Sie verschreibt mir eine dreiwöchige Arbeitspause, gibt mir ein Nerventonikum und Nobrium.

Aber immer wieder laufe ich ins Geschäft, weil ich es zuhause einfach nicht aushalte und nicht vom Grübeln los komme.

Und gerade in diesem Moment fordert mein Sohn, für ihn die Verantwortung zu übernehmen.

Was, um Gotteswillen, soll und kann ich tun??

Michael schaut mich an und bleibt stumm.

19. März

Heute abend kam er wieder, bestürmte mich und sagte aufgebracht: «Nun also hat sich auch Stephan umgebracht!»
«Wer??» fragte ich entsetzt.
«Einer von meiner Abteilung. Ich weiss nicht, was ihm gefehlt hat. Habe aber viel mit ihm gesprochen. Schien so vernünftig wie ich,

Mami! Weiss einfach nicht, wieso sie uns eigentlich da oben behalten, wo wir doch gesund sind! Stephan hat Urlaub übers Wochenende bekommen, zu seinen Eltern, und in irgendeinem Moment, da er unbeaufsichtigt war, für einen ganz kurzen Moment nur, hat er sich das Leben genommen! Zu mir selbst hat er gesagt, er wisse nicht mehr, ob er Medikamente nehmen solle oder nicht und er wisse bald selbst nicht mehr, was er eigentlich wolle. Und so, Mami, geht es mir auch schon. Ich bin vergesslich, kann mich nicht konzentrieren, kann nicht mal lesen und mich zerstreuen, die Gedanken schweifen weg, und ich weiss nicht mehr, was ich will oder was ich nicht will. . . nur eines weiss ich ganz bestimmt – und davon werden die mich nicht abbringen: ich bin nicht krank – ich bin gesund!»

Er springt auf. Wieder läuft er in die Küche, um Wasser zu trinken, kommt zurück. Ich schaue auf die Uhr. «Wann musst Du zurück in die Klinik?» frage ich, um ihn abzulenken.
«Um acht – wie spät ist es jetzt?»
«Halb. – Michael, Du musst wohl gehen jetzt, sonst kommst Du zu spät.»
Aber er bleibt noch, noch redet er, noch dringt er wieder auf Entlassung. Und die Zeit rennt! Nun ist es zu spät, um noch mit der Strassenbahn zu fahren. Ich drücke ihm das Fahrgeld für das Taxi in die Hand und sage: «Nun aber musst Du wirklich gehen, Michael. Wenn Du zu spät kommst, sperren sie Dir den Ausgang.»
Das leuchtet ein. Nun geht er.

20. März

Heute Samstag kam mein Sohn schon um acht Uhr in der Frühe angetrabt. Er habe nicht mehr schlafen können, sagt er. Und wieder beginnt er von dem Mädchen zu sprechen, das er einmal hergebracht hatte.

Cecile!

Michael studierte am Technikum in Winterthur. Samstags kam er jeweils nach Hause, und ich kochte auf die Zeit das Mittagessen. Einmal aber kam er nicht. Das Essen wurde kalt. Erst war ich böse, dann aber, mit dem Fortschreiten der Zeit, wurde ich unruhig.
Um 18.00 Uhr endlich kam er. Im Schlepptau ein Mädchen, gertenschlank, hohe Stiefel, Pluderhosen, langes, offenes, schwarzes Haar, Nietenjacke. Beide verschwanden in Michaels Zimmer. Nun aber wurde ich zornig: also das war der Grund, und dann nicht mal ein Wort der Entschuldigung! Na warte! Ich stand auf, um die Tür zu schliessen, die offengestanden hatte, dann setzte ich mich wieder, versuchte zu lesen. Es wurde 20.00 Uhr. Plötzlich wurde die Klinke meines Wohnzimmers leise hinuntergedrückt, spaltweit öffnete sich die Tür, das Mädchen streckte seinen Kopf herein und lächelte mich an. Es blieb stumm.
«Möchten Sie etwas?» fragte ich, leicht ungeduldig. Der Kopf wurde zurückgezogen, aber die Tür blieb offen. Ich war konsterniert. Das Mädchen sah apart, gepflegt aus und machte einen wachen, intelligenten Eindruck. «Warum denn gibt es keine Antwort?» fragte ich mich und bemerkte nun gleichzeitig, durch die offene Tür, wie es, mit verschränkten Armen, auf unserem langen Korridor hin und her spazierte. Hin und her, hin und her! Es machte mich nervös. Ich erhob mich und ging zur Küche. Das Mädchen kam unter die Tür.
«Wo ist er?» fragte es.
«Wer? Michael?» gab ich verblüfft zur Antwort.
«Hä, dä vo vorig», meinte es.
In diesem Augenblick kam Michael aus dem WC, und wieder folgte ihm das Mädchen hinterher. Sie verschwanden in seinem Zimmer. Die Tür schloss sich.

Später dann aber kam mein Sohn zu mir. Er war ängstlich und bleich. Ich erschrak. Überstürzt und irgendwie hilflos erklärte er: «Mami, das Mädchen ist nicht ganz bei sich. Ich komme nicht dahinter, ob es Drogen genommen hat oder nicht. An seinen Pupillen kann ich nichts erkennen. Doch es klagt über Bauchschmerzen. Was soll ich tun?»

Das verlorene Ich

«Was hat es denn?»
«Ich weiss es eben nicht, Mami – Cecile spricht nicht. Mami, ich erzähle Dir dann alles nachher, aber was soll ich *jetzt* tun?»
«Ins Spital mit ihm», meinte ich energisch. Ich wollte keinerlei Verantwortung übernehmen und arrangierte selbst ein Taxi. Michael schob Cecile hinein, setzte sich daneben, dann fuhren sie los.

Sie kamen beide wieder. Ich war nicht begeistert. Er führte das Mädchen in sein Zimmer, dann kam er zu mir und sagte: «Cecile schläft jetzt.»
«Wie kannst Du mir ein solches Mädchen ins Haus bringen! Wo hast Du es denn aufgegabelt?» fragte ich aufgebracht.

Und nun erfuhr ich die Geschichte, die mir damals noch viele Unkosten und Umtriebe machen sollte.
Michael war auf dem Weg zum Bahnhof, als das Mädchen ihm entgegenkam.
«Sali», lächelte Michael. Das Lächeln wurde erwidert, aber das Mädchen erwiderte den Gruss nicht, blieb stumm. Was Michael auch fragte, er bekam keine Antwort. Es lief jedoch neben ihm her, als er schliesslich seinen Weg fortsetzte. Und lächelte ihn an. Das Lächeln blieb. Auf dem Bahnsteig drehte er sich zum Mädchen und sagte: «Tschau». Er stieg in den Zug. Das Mädchen folgte ihm. Setzte sich vis-à-vis. Michael war der Meinung, dass es ebenfalls nach Zürich musste. Dann stieg eine ältere Frau ein und setzte sich neben Cecile. Der Zug fuhr ab, der Kondukteur kam und verlangte die Billete. Es stellte sich bald heraus, dass das Mädchen keines besass. Mein Sohn aber hatte in der Zwischenzeit sein Abonnement hervorgeholt und vorgewiesen.
«Ist das Ihre Tochter?» fragte der Kondukteur die ältere Frau, was diese entrüstet verneinte. Mit dieser modernen Jugend wollte sie nichts zu schaffen haben. Nun anerbot sich Michael, für das Mädchen die Fahrt zu bezahlen. Da es weiterhin stumm blieb und den Schaffner immerzu anlächelte, kam der in Rage. Wahrscheinlich meinte er, das Mädchen mache sich über ihn lustig, fordere ihn heraus. Mein Sohn hatte nur noch eine 100 Franken-Note, die er dem Schaffner hinhielt. Der aber wurde jetzt saugrob und

machte sich Luft. Aufgebracht bezichtigte er die jungen Leute der Prellerei und Schwarzfahrerei. Eine Schimpftirade ging auf beide nieder, währen er nun doch die Note an sich nahm, Michael beinahe aus der Hand riss und erbost erklärte: «Das gibt ein Nachspiel in Zürich! Sie beide kommen mit mir!»
Nach der Ankunft wurde dann stundenlang versucht, aus dem Mädchen herauszubekommen, wer es war, wie es hiess, wo es wohne, und man glaubte auch meinem Sohn nicht, dass ihm das Mädchen fremd sei.
Schliesslich anerbot sich Michael, den Rapport auf seinen Namen auszustellen, damit man weiter käme, würde er unterschreiben. Aber nein, darauf wollte man nicht eingehen. So ergriff Michael die Hand des Mädchens und sagte: «Cecile, komm!» Der Name Cecile war das einzige, was man aus dem Mädchen herausbekam. Und so brachte er es nach Hause.
Das Herausgeld auf die 100 Franken musste von mir später mit energischen Briefen zurückgefordert werden.

Nun also waren sie zurück vom Spital. Die Bauchschmerzen ergaben einen völlig natürlichen Grund. Der untersuchende Arzt sagte: «Sie bekommt die Mens, organisch alles in Ordnung. Aber bringen Sie am besten das Mädchen dorthin zurück, wo Sie es aufgelesen haben oder dann dort auf die Polizei.» Er gab noch Tabletten mit, und so waren sie wieder da. Mittlerweilen war es nachts um halb zwölf!

Am nächsten Tag, es war Sonntag, brachte er das Mädchen, mit einem Bahnbillet versehen, nach Winterthur zurück. Und am Montag dann ging er mit ihm zur Polizei, nachdem man Michael im dortigen Spital erklärt hatte, nicht dafür zuständig zu sein. Auf dem Posten erkannten sie sofort das Mädchen: «Na Cecile? Wieder mal ausgerückt?» fragte der Beamte freundlich lächelnd. «Es tut mir leid, Cecile, aber wir müssen Sie wieder zurückbringen nach Zürich in die Klinik. Man hat uns informiert.»
Und da erfuhr Michael die Geschichte dieses Mädchens, das nicht zum ersten Mal im Burghölzli interniert gewesen war.

Er besuchte es in der Folge oft, doch es erkannte ihn nicht. In der geschlossenen Abteilung, wo es hingebracht worden war, gab es Frauen, die Michael beim Besuch oft böse anschauten oder giftig, oder feixten. Aber auch drohende Gebärden machten Michael zu schaffen. Es war ihm unbehaglich zumute, und da Cecile nicht auf ihn reagierte, zog er es vor, zu gehen.

Wer konnte denken, dass nur kurze Zeit später mein Sohn selbst Insasse dieser Klinik sein würde?! Und dass er seither nun ständig von diesem Mädchen spricht, das immer wieder, in Intervallen, interniert werden muss und das Michael nun, da er selbst krank ist, für vollkommen gesund hält. Er sagt: «Mami, das Mädchen ist weiter als ich, es ist «hindurch». Es hat alles überstanden, ich aber hab's noch vor mir.» Damit meinte er den Weg, den zu gehen er eben noch gehen müsse und von welchem ihn niemand und nichts werde abhalten können, denn: «Das Mädchen ist erleuchtet. Es hat seinen Frieden gefunden, die Krise überstanden und hinter sich», erklärte er überzeugt. Und er selbst habe Licht gesehen, eine Erleuchtung gehabt, aber noch sei er nicht «hindurch».

Ich hatte mich seinerzeit auch mit dem Psychiater des Mädchens in Verbindung gesetzt und erfahren, dass es krank sei und, abgesehen von zeitlichen Besserungen, immer wieder in die Klinik zurückgebracht werden müsse und dass eine Heilung in seinem Fall wohl auszuschliessen sei.

Und nun also fängt mein Sohn wieder von Cecile an, die den gleichen Weg wie er gegangen sei, nun aber gesund sei. Mir kommt vor, als ob er sich mit der Krankheit Ceciles identifiziere, denn er sagt immer wieder: «Cecile ist zusammengebrochen, Mami, vollkommen! Dann aber hat die Heilung eingesetzt. Ich aber habe meinen völligen Zusammenbruch noch gar nicht gehabt. Der muss erst noch kommen!»
«Das hast Du mir schon vor zwei Jahren gesagt, als Du Dein Chemie-Studium abgebrochen hast. Du hast aber auch gesagt, ich soll Dir zwei Jahre Zeit lassen. Du brauchtest zwei Jahre, um Dich zurechtzufinden. Doch die zwei Jahre sind vergangen und Du hast

Dich immer noch nicht «zurechtgefunden». Aber verändert hast Du Dich seither, das stimmt!»
Da macht er einen Ausspruch, der mich erschreckt und mir doch klar beweist, dass er noch krank ist, so vernünftig er sich gibt. Er sagt: «Mami, nur im Wahnsinn zu leben ist gut und heilsam. Wahnsinn ist das Leben – das Leben selbst aber ist die Hölle.»
Und immer wieder: «Ich lebe – ich lebe aber auch nicht», «ich bin nicht krank – ich bin gesund! Die können mich nicht heilen, auch wenn sie mich da oben behalten. Sie werden mich von meiner Erleuchtung nicht abbringen!»
«Erleuchtung», sagte ich, «hast Du wirklich nicht, und ich bezweifle, dass Du sie je erhältst, so wie Du es meinst.»
«Das verstehst Du nicht, Mami, erst wenn ich einen völligen Zusammenbruch gehabt habe, bin ich frei. Wirklich frei! Frei und gesund! Dann bin ich so weit wie Cecile und Gody!»
«Wer ist denn Gody? Seit jenem einen Mal, da er Dich hier besuchte, ist er nicht wieder aufgetaucht», sage ich.

Er orakelt: «Wenn Du Cecile findest, hast Du auch Gody; denn wo die Eine ist, ist auch der Andere. Und ich bin kränker als Cecile, mich nimmt es stärker. Cecile war ein leichter Fall!»

Immer wieder Cecile.

Samstag mittag:
Ich fragte meinen Sohn, was er essen möchte. Er sagte, dass er ein Rendez-vous hätte und verschwand denn auch bald.
Zwei Stunden später war er wieder da. Er hatte vergeblich im Café gewartet. Aber mit wem er ein Rendez-vous gehabt hätte, sagte er nicht, und ich respektierte dies und fragte nicht.
Aber nun war er wieder da, und ich fragte ihn, ob er jetzt etwas essen möchte.
«Nein, ich kann nicht essen. Und ich esse überhaupt nicht mehr! Essen kotzt mich an! Ich werde verhungern! Ich werde nichts mehr essen, – jedenfalls muss ich da oben raus, das ist einmal klar! Doch ich werde auch Schwierigkeiten haben, eine Stelle zu finden, weil ich so vergesslich bin. Eben habe ich jetzt doch mein Feuerzeug

und die Zigaretten im Café liegengelassen! Siehst Du, soweit bin ich schon, mit den Medikamenten, die sie einem geben!»
«Geh doch und hol's zurück», schlug ich vor.
«Nein! Ich mag nicht! Es ist auch nicht wichtig! Nichts ist wichtig!»

Etwas später:
«Ich hab das Essen für heute und morgen abbestellt.»
«Ja, hast Du denn frei? Kannst Du denn solange fernbleiben?»
«Nein, ich muss wieder zurück um sieben Uhr heute abend. Oh! Jetzt fällt mir wieder ein, ich habe heute morgen die Medikamente nicht genommen! – Nun, wegen einmal wird es wohl nicht so schlimm sein.»
Mir war dabei etwas unbehaglich zumute, aber dass er sonst doch anscheinend gewissenhaft die Medikamente zu nehmen sich befleissigt, beruhigt mich andererseits auch wieder.

01.00 Uhr:
Nun geh ich schlafen. Es ist Zeit. Auch für *meine* Medikamente. Ich will und muss wieder gesund werden, wie soll es sonst weitergehen?

Heute nachmittag sagte er etwas, das mich tief getroffen hat und mich jetzt am Einschlafen hindert. Er sagte nämlich: «Hier kann ich auch nicht mehr wohnen!»

Ob das aufgeräumte Zimmer ihn stört? Oder die fehlende Decke, die ich vom Fenster heruntergenommen habe? Jedenfalls hat er darnach gefragt, und ich gab lapidar zur Antwort: «Ich habe sie gewaschen. Sie war schmutzig.» Was hätte ich sonst sagen können, ohne ihn zu verletzen?

Noch immer kann ich nicht schlafen. Die Uhr hat eben zwei geschlagen. Ich glaube, ich nehme noch ein Nobrium. Zuviele Dinge belasten und beschäftigen mich. Und in der Stille der Nacht hat alles doppeltes Gewicht.

Nun schlägt es bereits drei Uhr. Noch immer schlafe ich nicht. Ich glaube, dass die Besuche meines Sohnes mich beunruhigen. Und wieder fällt mir etwas ein, das er heute gesagt hat: «Ich bin unheilbar gesund». Ich habe ihn angesehen und erwidert: «Michael, so etwas gibt es doch nicht!» «Doch, Mami, doch», bekräftigte er. Wenn unser Problem kein wirkliches wäre, könnte man einen solchen Ausspruch sehr wohl als Witz taxieren, wie sie manchmal über Psychiater und ihre Kranken zirkulieren. Aber es ist alles andere als witzig. Und es betrifft meinen Sohn! Manchmal frage ich mich, warum ich allein so viel zu tragen habe. Ich habe keine Schulter, an die ich mich anlehnen oder an der ich mich ausweinen und trösten lassen könnte.

Jetzt weine ich wieder. Und ich bin allein in der viel zu grossen Wohnung, seit meine Tochter, selbst sehr sensibel, die häuslichen Zustände und Spannungen nicht mehr hatte ertragen können und nun schon geraume Zeit bei ihrem Freunde wohnt.

Diese Nacht, das wird mir bewusst, ist eine der längsten!

21. März

Michael ist um acht gekommen, hat sich aber gleich hingelegt und ist wieder eingeschlafen. Um 11 Uhr weckte ich ihn, um zu fragen, ob er mit mir essen wolle, weil ich nachher im Wahlbüro unseres Stadtkreises mein Amt zu verrichten hätte.

«Mami, lass mich schlafen, ich bin so müde», murmelte er undeutlich. So steckte ich ihm eine Zwanzigernote in den Schuh, damit er, falls er hungrig würde, etwas essen gehen könnte. Dann schloss ich leise die Tür und verliess das Haus.

Nach meiner Rückkehr war er auf und erklärte, er wäre später etwas essen gegangen, aber es hätte ihm nicht geschmeckt. Fast alles hätte er stehen lassen. Ein tiefer Seufzer stieg hoch, und ich merkte, dass er wieder in einer Depression war.

23. März

Nun also muss ich selbst ins Spital! Ich habe eine Venenentzündung und starke Schmerzen.
Gestern abend, beim Zubettgehen, sah ich voller Entsetzen mein schmerzendes Bein an, das von oben bis zu den Fusspitzen hinunter dick geschwollen war. Man sah keine Knöchel mehr. Die Schwellung des Oberschenkels war enorm. Es sah grauenhaft und unheimlich aus.
Natürlich hatte ich tagsüber der Schmerzen nicht sonderlich geachtet, weil ich mit starken Schmerzen zu leben gewohnt war und annahm, es sei ein neuer, intensiver Rheumaschub.
Ich fragte mich allen Ernstes, was denn nun noch alles auf mich zu kommt und ob es denn nicht schon mehr als genug sei, was ich zu tragen habe.

Beim Verlassen meiner Wohnung, auf dem Weg zum Spital, wo ich telephonisch um Rat angefragt hatte, ging ich noch in eine Buchhandlung, um mich nach Literatur über den «Zen» umzusehen, in der Hoffnung, evtl. selbst Klarheit zu gewinnen, auf diesem uns Abendländern so fernen Kult. Der junge Verkäufer erwähnte beiläufig, dass die Dunkelziffer der jungen Menschen, die für immer in Indien verschwunden bleiben, jährlich über 10 000 Menschen ausmache. Er meinte auch, wenn die jungen Leute nur ein oder zwei Monate wegblieben, sie weniger oder gar keinen Schaden davontrügen. Aber Michael war lange neun Monate dort.
Ich kaufte nun zwei kleine, handliche Bücher: «Zen-Buddhismus und Psychoanalyse» und eine kleine Taschenausgabe von «ZEN und wir».
Ich werde die beiden Büchlein im Spital lesen, vielleicht finde ich die Stellen, die mein Sohn eventuell missversteht. Jedenfalls aber möchte ich versuchen, mich mit der Materie selbst etwas vertraut zu machen.

21. April

Schon beinahe ein Monat ist seit meinem Eintritt ins Spital verflossen. Kaum nämlich war ich drei Tage dort, als plötzlich meine Hände anschwollen und schmerzten, ebenso Handgelenke, Ellbogen, Kniegelenke, Spann-, Rist- und Fussknöchel Schwellungen aufwiesen und mich arg plagten.
Die Schwester lief voll Erbarmen, um den Arzt zu holen. Der wiederum holte den Oberarzt, und schliesslich standen noch der Chefarzt und andere, junge Ärzte um mein Bett, während ich die Tränen nicht mehr zurückhalten konnte. Die Diagnose lautete bald einmal auf «Polyarthritis», und als ich hinterher vom mich behandelnden Arzt erfuhr, dass dies eine wohl «längere» Geschichte geben könne, kam mein Zusammenbruch, und seelisch war ich so am Rande, dass ich fast selbst nun eine psychiatrische Betreuung benötigte. Ich war nicht mehr imstande, meine Hände zu gebrauchen, auch Beine und Füsse nicht. Ich war hilflos, jede Bewegung verursachte heftigen Schmerz.
Nunmehr bedurfte ich selbst fremder Hilfe. Jede Berührung entriss mir Schmerzenslaute, und schliesslich wurde ich mit Hilfe von Tüchern jeweils in eine andere Lage gerollt, weil ich unfähig war, mich selbst zu drehen.

Da ich nun stark dämpfende Medikamente bekomme, so dass ich wieder atmen kann, erwacht mein Lebenswille erneut, und bereits beginne ich zaghaft, meine Mitpatientinnen in unserem Vierer-Zimmer von ihren eigenen Schmerzen abzulenken, indem ich Allotria treibe, Geschichten erzähle und stets versuche, trotz der Schmerzen zu lächeln. Ich werde nicht umsonst «Frau Pfarrer» genannt.

Langsam, aber wirklich sehr langsam geht es wieder aufwärts, obgleich mein Körper absolut noch sein eigenes Leben führen will und mein Wille überhaupt keinen Einfluss auf ihn gewinnen will. Zulange habe ich nach dem Prinzip gelebt: «Wämmer will – chammer vill». Nun eben widersetzte sich der Körper dem Geist und rächte sich für den Zwang. Schliesslich bin ich 55 und nicht mehr dreissig Jahre alt! Es ist bitter, auch dies noch dazulernen zu müssen, dass allein mit dem Willen nichts zu erreichen ist, wenn man den Motor nicht schont! Jetzt habe ich Zeit, es zu lernen. Fast zu spät? Ich will jedenfalls die Zeit nützen, hier in der Klinik.

Schützenhilfe wurde mir dabei zuteil. Eine Ärztin, der ich mich anvertraute, ermöglichte mir ein erstes Rendez-vous mit dem Oberarzt der psychiatrischen Klinik, damit ich von kompetenter Stelle endlich einmal Auskunft bekomme über die Krankheit meines Sohnes. Die bisherige Ungewissheit, in welchem Grad er eigentlich krank und ob nicht doch eine Heilung wieder möglich sei, trug mit dazu bei, neben andern Problemen, dass ich zusammengebrochen bin. Ich schreibe dies nicht gern. Es liest sich so pathetisch: «Zusammenbruch». Wir alle neigen gerne zu Übertreibungen. Aber dieser hier war echt. Das lässt sich nicht aus der Welt schaffen. Er war nun einmal da. Vielleicht auch im richtigen Moment, damit ich mir endlich mal über mich selbst klar werden konnte. Ich muss halt füglich doch etwas leisertreten, auch im Geschäft!

Die Unterredung mit dem Oberarzt von Michael machte mir klar, dass er an Schizophrenie leide. Dr. K. fragte mich, ob ich wisse, was darunter zu verstehen sei. «Ja, eine Spaltung der Persönlichkeit», erwiderte ich, wollte es aber präzisiert haben: «In welchem Grad?» Die Antwort kam nur zögernd, nach eingehender Prüfung meines Gesichts: «Er hat seine eigene Traumwelt neben der realen Wirklichkeit».
«Ja, eben die des ZEN», warf ich ein und erntete ein Lächeln: «Die Schizophrenie ist so vielfältig, man kann bei keinem Fall voraussehen, wie er verläuft.»
«Herr Doktor, ich habe inzwischen den Eindruck gewonnen, Ihre bei Michael angewandte Therapie habe kolossale Fortschritte erzeugt. Fast zu schnell, finde ich. Aber ich bin froh, dass er nun die Medikamente nimmt, von denen er erklärt, ‚Mami, sie vergiften mich'. Der Grund, Herr Doktor, weshalb ich hier bin, ist der: ich will mir nun einfach Klarheit verschaffen über den Zustand meines Sohnes, der jetzt noch behauptet: ‚Mami, ich bin nicht krank.

Die verstehen mich hier nur nicht. Sie meinen es zwar gut, haben aber überhaupt keine Ahnung, was mich eigentlich berührt!' Ich möchte von Ihnen wissen, wie Sie selbst den Fall sehen, und ich bitte Sie um Offenheit. Nichts ist für mich schlimmer zu ertragen, als Ungewissheit.»

Er betrachtete mich forschend. Dann kam die Antwort: «Nun, ich kann kein abschliessendes Urteil geben. Michael kann unter dem Einfluss der medizinischen Behandlung soweit gefördert werden, dass er leichte Arbeiten wird verrichten können. Es kann auch sein, dass er gesundet und gesund bleibt. Es gibt aber Fälle, wie der seine, wo es über kurze oder längere Zeit sehr gut geht, sogar ohne Medikamente, und dann kann es wieder einen Schub geben, und er braucht von neuem Hilfe. Manchmal aber kann es sogar Jahre dauern bis zum nächsten Schub. Sie sehen, es liegt alles drin. Eine Voraussage im jetzigen Zeitpunkt ist absolut unmöglich. Wir müssen abwarten.»
«Das heisst also, mit dem Schlimmsten zu rechnen und glücklich zu sein, wenn es anders verläuft. Ich verstehe. Und ich bin froh, mit Ihnen gesprochen zu haben, irgendwie fühle ich mich doch freier, und nun glaube ich auch zu wissen, wie ich mit meinem Sohn reden kann. Danke, Sie haben mir mit Ihrer offenen Darstellung sehr geholfen, Herr Doktor.»
«Ich stehe Ihnen jederzeit zur Verfügung, falls Sie zuhause ein Problem mit Michael haben», erwiderte Dr. K. lächelnd, und ich war verabschiedet. Er geleitete mich noch fürsorglich zur Tür, und dann fuhr ich mit dem Taxi wieder in meine Klinik zurück, irgendwie zielbewusster, wenngleich ich noch gar nicht wusste, zu welchem Ziel wir denn gelangen würden.

20. Mai

Noch immer bin ich im Spital. Der zweite Monat ist vorbei. Die ständigen Entzündungs-Schübe an meinem Körper, insbesondere aber meine schmerzenden Hände und die damit verbundene hohe Blutsenkung, verhinderten noch immer eine Entlassung.

Michael darf jeweils am Samstag und Sonntag nach Hause gehen, auch wenn ich nicht dort bin. Er besucht mich regelmässig im Spital. Zögernd kommt er ins Zimmer, ein herzliches Lächeln, wenn er mich entdeckt, und dann steuert er schnurstracks auf mich zu. Jetzt aber wird er inne, dass wir ja nicht allein sind und sagt: «Grüezi», was freundlich erwidert wird. Nun setzt er sich und erzählt, dass er versuche, eine Stelle zu finden.

Anscheinend drängt er, und die Klinik lässt ihn gewähren, tut aber selber keinen Schritt, um ihm dabei behilflich zu sein. Ich für mich bin der Meinung, dass es für eine Stellensuche noch zu früh sei, halte mich aber still und lasse ihn machen.

23. Mai

Heute habe ich Geburtstag. Den 55. Ich muss mich fest zusammennehmen, um nicht zu weinen. Diese neun Wochen in der Klinik haben meine Nervosität wieder gesteigert, und neuerdings bekomme ich wieder eine dritte Beruhigungspille pro Tag.

In der heutigen Rezession, bei steigender Arbeitslosigkeit, wo viele junge Leute keine Stelle finden, bemüht sich nun mein Sohn mit erstaunlicher Hartnäckigkeit, etwas zu finden. Ein Versuch war bereits fehlgeschlagen. Er hatte eine Stelle gefunden als Küchenbursche in einem Hotel. Das Sozialamt schaltete sich ein. Michael erfuhr davon. Man sagte es ihm im Hotel: «Das Sozialamt und die Klinik haben angerufen und uns mitgeteilt, dass es hier lediglich um einen Versuch gehe. Und dass der Verdienst keine Rolle spiele. Man soll Sie nicht überfordern und Geduld haben, da Sie unter Medikamenteneinfluss stünden.»
Das war bereits das erste, was man Michael sagte, als er zur Arbeit antrat.

Natürlich ist mir klar, dass der Arbeitgeber über die Person meines Sohnes instruiert werden musste. Aber ich begreife nicht, dass man die Diskretion nicht besass, es Michael selbst zu verheimlichen! Dann stellte man ihn, der somit bereits wieder «belastet» war, an eine Geschirr-Spülmaschine, ohne sie ihm zu erklären. Man hiess ihn, den grossen Park zu kehren und zu rechen. Mein Sohn ist geborener Linkshänder. Also wieder ein zusätzliches Handicap. Man meinte, er sei ungeschickt, nehme alles verkehrt in die Hand, und man hatte keine Geduld mit ihm. Nach drei Tagen schickten sie ihn in die Klinik zurück. Er bekam weder ein Taggeld, noch sonstwie eine Entschädigung, lediglich das Essen, das er aber nicht vertrug, weil er noch immer unter den schweren Folgen seiner Tropenerkrankung litt und Schondiät brauchte. Darauf aber konnte man nicht eingehen. Michael beklagte sich dann auch bei mir, man hätte zu viel aufs Mal auf ihn eingesprochen, das heisst, ihm zuviele Aufträge aufs Mal erteilt, wo er doch Konzentrationsschwierigkeiten habe. Und so hätte er manches nicht ausgeführt, weil er es ja nicht mal habe «erfassen» können. Es wäre wie ein «Plätschern» gewesen, und er hätte nicht viel davon begriffen.

Meiner Meinung nach hat hier das Hotel nicht «geschaltet». Vielleicht auch lag es an der Hetze und am Zeitmangel, der in einem solchen Betrieb herrscht. Michael mit seiner Bedächtigkeit, bedingt durch die Medikamenteneinnahme, war da wohl fehl am Platz.

So ist der Versuch gescheitert. Aber Michael lässt sich nicht beirren. Er ist bereits wieder auf Arbeitssuche.

30. Mai

Michael kam heute in einem depressiven Zustand ins Spital zu Besuch. Auch ich war nicht gerade in gehobener Stimmung, und es fiel mir besonders auf Herz und Gemüt, meinen Sohn so vor mir zu sehen. Ich fühlte förmlich, dass er in einer Krise stand.
«Was plagt Dich denn, kannst Du es mir nicht sagen?» erkundigte ich mich leise.
«Weisst Du, Mami, ich habe in mir (er deutete auf seine Brust, auf die er beide Hände offen hinlegte) einen Konflikt, den ich aber selber austragen muss. Dabei kann mir niemand helfen. Die Psy-

chiater meinen es ja gut und sind lieb, ich kann mich da nicht beklagen, aber ich muss damit selbst und allein fertig werden.»
«Warum glaubst Du, dass man Dir nicht helfen könne?»
«Weil sie nichts von Buddhismus verstehen.»
Er versank ins Brüten. Ich sprach ihn an: «Siehst Du, ich aber möchte Dir helfen können – das will eine Mutter immer.» Die Stimme versagte, das Wasser stieg mir in die Augen, und ich kämpfte um Fassung. Ich konnte mich doch nicht gehen lassen.
«Das weiss ich, Mami, und ich spüre ja auch, dass, wenn ich mit Dir spreche, mir irgendwie leichter wird.»
Stille.
Immerhin scheint die mütterliche Therapie doch zu wirken, was beruhigend zu wissen ist.
«Aber weisst Du, ich habe zu meinem Psychiater gesagt, er soll mich mal wirklich «durchspinnen» lassen, keine Medikamente mehr verabreichen, dann würde ich vermutlich schon – im bürgerlichen Sinn – «verrückt», also wahnsinnig sein, käme dann aber von selbst wieder aus diesem Zustand heraus, und dann, Mami, dann bin ich wirklich geheilt und gesund.»
«Es leuchtet mir schon ein, so wie Du es sagst, Michael, es könnte vielleicht ein Weg sein. Aber ich fürchte eben noch viel mehr, dass Du dann im Wahnzustand verbleibst und Dich aus dem Labyrinth Deiner Gedanken nicht mehr herausfinden kannst, dass Du Dir damit den Weg zurück verbaust! Das aber würde mir das Herz brechen, weisst Du. Wenn ich mit Dir nicht mehr würde reden können, wenn nur noch Dein Körper da wäre, Dein Geist aber anderswo. Vor einem solchen Versuch, wie Du ihn meinst, fürchte ich mich sehr!»
«Aber, früher oder später wird der Zusammenbruch kommen! Ich gehe jetzt nur den längeren und langsameren Weg, weil die Medikamente mich daran hindern, so zu sein, wie ich doch so sehr wünsche! Die da oben können den Zusammenbruch nicht verhindern, ich spür's, nur, ich weiss nicht, *wann* er kommt!»
Mein Herz ist traurig und schwer, und es kostet mich Mühe zu sagen: «Kommt Zeit, kommt Rat. Lass es im Moment, wie es ist und quäl Dich nicht.»

«Aber ich habe Angst, Mami, dass ich da oben nicht mehr raus komme. Die wollen mich auf 100 Jahre behalten, ich spür's.»
«Ach wo, Michael, davon war nie die Rede, und ich bin zuversichtlich (war ich es, bin ich es?), dass Du es eines Tages wieder schaffst und dann draussen bist, frei, wirklich frei, auch drinnen in Dir!»
«Aber wann, Mami, *wann*!»
«Du musst etwas Geduld haben, Michael, sieh, ich bin ja auch krank. Kann selbst auch nicht agieren, wie ich möchte. Nur auf andere Art als Du. Aber irgendwie sitzen wir beide doch im selben Boot, und ich lass Dich nicht allein, bin für Dich da!»

Die Besuchszeit war um, er musste gehen. Und es war doch viel zu früh. Ich spürte, dass er mich noch brauchte. Ich bin gut zwei Köpfe kleiner als er. Ich umfasste ihn an der Taille und geleitete ihn hinaus, ins Sonnenlicht. Dann blieb ich stehen und sah ihm nach. Immer wieder drehte er sich um. Ich versuchte, ihm fröhlich zu winken, aber mein Herz blutete.

14. Juli

Volle drei Monate war ich im Spital gewesen.
Nun arbeite ich wieder einige Stunden pro Tag und bin viel in der physikalischen Therapie-Abteilung meiner Klinik. Ich bekomme Wickel, werde wie ein Paket verpackt, und in der Ergo-Therapie lerne ich, meine ungelenken, steifen Hände und Finger zu mobilisieren, was nicht ohne Schmerzen geht. Zwar bin ich noch kein Held, aber es geht doch wieder einigermassen. Nur nicht sich unterkriegen lassen.

Im August

Nun bin ich wieder so weit, halbtags zu arbeiten, was mich aber erschöpft. Doch die Hauptsache ist, dass ich vorwärtskomme.

Michael geht es nun auch viel besser. Ob dieser Zustand sich auf den meinigen auswirkt?
Die Arbeitssuche allerdings hat er aufgeben müssen. Es wurde ihm schliesslich freundlich, aber bestimmt, von der Klinik unterbunden. Nun versucht man, ihn in der Arbeitstherapie des Hauses einzusetzen, da er einen Betätigungsdrang hat. Aber es «kotzt» ihn an, sagt er. Der Versuch, ihn in der Ergo-Therapie schöpferisch zu fördern, scheitert ebenso. Er weiss nicht, was «mit sich anfangen». Er ist irgendwie hilflos. Versuchte es mit Malen und Zeichnen. Aber es kam nichts Gescheites dabei heraus. Nun webt er.

Inzwischen hat er sich an die Klinik gewöhnt. Meint aber gleichzeitig, dass er nur noch über den Winter dort bleiben werde. Davor habe ich Angst. Die Fluchtgefahr ist einfach nicht ganz auszuschliessen. Ich setze grosse Hoffnungen darauf, dass es ihm bis dann doch wesentlich besser geht, so dass er auf normale Art wieder ins soziale Leben zurückfindet. Ich meine, mit Hilfe der Klinik, die ja auch Entlassenen hilft, sich im tätigen Leben wieder zurechtzufinden, sollte es doch gelingen?

Michael erklärt aber auch, er habe sich so an die Medikamente gewöhnt, dass er nun Angst davor habe, sie abzusetzen, bzw. bei einer Flucht dann nicht mehr habe. An sich ist er schon der Ansicht, dass man ihn «herunterholen» und ihm seine grenzenlose Angst habe nehmen können. «Aber Heilen liegt nicht drin. Das sitzt tief in meinem Innern, ist der Kern meiner selbst. Da kommen sie nicht ran!»

20. September

Gestern war er in einer unruhigen Verfassung und hatte, als er bei mir war, den Wunsch, irgendetwas zu zerstören. Seine Unruhe übertrug sich unbewusst auf mich, steckte mich an. Es kostet mehr Kraft, mit einem solchen Patienten umzugehen, als man glaubt! Und so viel Kraft habe ich auch noch nicht. Immer noch nicht!

Plötzlich klopfte er mit einem metallenen Gegenstand auf die rauchfarbene Glasplatte des Salon-Tisches. Auf mein entsetztes Nein hörte er damit auf, schaute mich aber lächelnd an, und plötzlich ballte er die Fäuste und schrie aus Leibeskräften: «Aaaahh!»
Ich fuhr zusammen.
Schon lächelte er wieder und sagte: «Das tut gut! Mami! Du solltest das auch machen. Es befreit!»
Ich unterdrücke einen tiefen Seufzer.

Zum ersten Mal hat er die Nacht zum Sonntag auswärts verbracht und ist erst am Sonntagnachmittag wieder zu mir zurückgekommen.

Er begegnete am Samstag «Tschusi», welcher ihn seinerzeit auf dem mehrmonatigen Trip nach Indien begleitet hatte, der sein Gefährte gewesen war und dem er sogar sein Leben verdankte, als er mit schwerem Malaria-Fieber im Delirium lag. Tschusi könnte vielleicht Aussagen machen über jene Zeit. Aber ich scheue mich, darnach zu fragen. Michael muss sehr krank gewesen sein. Tschusi hat ihn gepflegt und hat all die Monate in Indien unbeschadet, ja gut überstanden. Er kam auch – ganz im Gegensatz von Michael, der ebenfalls ein militärisches Stellungs-Aufgebot nachgeschickt bekommen hatte – drei Tage vor dem Einrücken wieder in die Schweiz zurück, um dann ordnungsgemäss in den «WK» (Wiederholungskurs) einzurücken. Michael aber blieb in der Türkei und drückte sich dann solange noch in Istanbul herum, bis der Stellungs-Termin vorüber war. Erst zehn Tage später kam er heim.

Nun also brachte er Tschusi zu mir, und ich konnte bei unserem lebhaften Gespräch feststellen, dass er sich inzwischen gut gehalten hat, dass er immer noch die gleiche Wohnung in Adliswil besitzt und noch immer mit dem Mädchen zusammenlebt, das Michael ihm seinerzeit «zugeführt» hatte. Er hat auch immer noch denselben Arbeitsplatz. Und jetzt muss er wieder ins Militär einrücken. So blieb er nur kurze Zeit. Michael geleitete ihn hinunter, und dann blieb er bis zum Sonntagnachmittag verschwunden.

Natürlich war ich beunruhigt und redete mir ständig ein, dass dazu gar kein Grund bestehe und dass Michael sicher mit Tschusi nach Hause gegangen sei.

So war es denn auch.
Aber irgendwie ist ihm dieses Zusammensein nicht bekommen. Erinnerungen?? Ich fing bereits an, zu bedauern, dass die Beiden zusammen waren.
Sein Schrei von vorhin sass mir noch in den Knochen. Seine Unruhe war enorm!

So machte ich mich ans Zubereiten des Abendessens, und plötzlich realisierte ich, dass Michael in einer Depression war. In sich gekehrt, mit tieftraurigen Augen murmelte er verzweifelt: «Ich will raus. Das ist kein Leben in der Spinn-Bude. Ich bin ja nicht krank. Nur invalid. Die sollen mich doch endlich mal durchspinnen lassen. Sämtliche Medikamente absetzen. Auf diese Weise, wie ich jetzt behandelt werde, komme ich da nie mehr raus. Sie haben mich ja herunterholen können, aber mehr liegt einfach nicht drin!»
Das war eine Wiederholung, dieser letzte Satz!
Energisch erklärte ich: «Du musst natürlich auch selbst etwas dazutun. Einfach nur alles mit sich geschehen lassen, genügt nicht. Du musst selbst aktiv mithelfen, Interesse aufbringen für andere Sachen, Deinen Gesichtskreis erweitern...»
«Wie denn?»
«Nun, sich z.B. für etwas interessieren, irgendetwas selbst unternehmen, oder schauen, ob Du einem andern helfen kannst, sich seiner annehmen oder Ähnliches!»
Er ging nicht darauf ein und fuhr fort: «Die Arbeitstherapie kotzt mich an; die Ergo-Therapie geht schon eher – ich bin wieder am Weben, weil ich nichts anderes zu tun weiss.»
«Kannst Du denn weben, was Du möchtest, oder ist Dir das Muster vorgeschrieben?»
«Nein, ich kann weben, was ich will.»
«Na also, das ist doch schon etwas, oder nicht?»
Resignierend zuckt er die Schultern: «Nein, es ist auch blöd!»

«Was Dir fehlt, ist vielleicht ein Denk-Anstoss, was meinst Du?»
«Ja, vielleicht – ich mag einfach nichts tun.»
«Du hast keinen Elan, keinen Impuls. Du lässt einfach alles, so wie es ist?»
«Ja.»
«Nun ja, das ist etwas unbefriedigend.»
«Ich meine, ich könnte es vielleicht schon schaffen, bis in die Nacht-Klinik?»
«Hm, aber ob Du soviel Ausdauer schon hast? Du weisst, dazu braucht es die Bewährung von einem Monat Arbeit in der Arbeits-Therapie.»
«Ja eben – ach was, sie sollen mich doch endlich in Ruhe lassen!» Er scheute wieder zurück. «Manchmal denke ich, es wäre besser, wenn ich im «K» wäre.»
«Um Gotteswillen, Michael!»
«Ja, dann kann ich toben, schreien – eine Gummizelle wäre gut.»

Und plötzlich, ganz unmotiviert, kam wieder sein Schrei: «Aaaahh!»

Ich musste mich zusammennehmen, das Wasser schoss mir in die Augen. Ich wandte mich ab, hantierte etwas und merkte, dass auch ich eben noch nicht über den Berg gekommen war, seelisch immer noch lahmte! Ich erklärte ruhig: «Im K aber bist Du gar nicht frei – da lassen sie Dich nicht Dir selbst überlassen. Sie kommen und sagen: Essen! Schlafen! Baden! Und immer steht zumindest *Einer* bereit und wahrscheinlich *wirst* Du noch gebadet!»
«Stimmt! Daran habe ich nicht gedacht.»
Und leise: «Ich wollte, ich läg im Sarg.»
Das ging in die Tiefe. Ich tat, als hätte ich ihn nicht gehört, diesen grausamen Satz! Ich fragte: «Dann ist es doch noch besser, da zu bleiben, wo Du jetzt bist, oder nicht?»
«Mhmm.»

Wieder einmal mache ich mir Gedanken. Man hat seine Medikamente heruntergesetzt. Das erzeugt vermutlich seine innere Un-

ruhe und erneute Appetitlosigkeit. Ich denke aber, dass man doch sicher in dieser fortschrittlichen Klinik dafür eingerichtet ist, die Unruhe in andere, positivere oder sogar spielerische Bahnen zu lenken. Ich überlege, ob mit einer vielleicht etwas sinnvolleren Arbeit in der Arbeitstherapie nicht bessere Resultate erzielt werden könnten? Denn das stumpfe Einschachteln von Kreide oder Weihnachtssternchen oder Kerzen betätigt nur die Hände. Oder könnte man nicht mit dem Einkauf guter Erwachsenen-Spiele etwas mehr Lebendigkeit vermitteln? Also nicht bloss «Eile mit Weile», «Halma» oder dergleichen. Eher etwas, wo man mit einer manuellen Tätigkeit und spielerischem Knobeln beispielsweise Denk-Anstösse vermitteln könnte. Natürlich müssten auch die Pfleger die nötige Geduld zur Einführung solcher Spiele haben, aber ich bin beinahe überzeugt, dass ein Grossteil der Kranken an solchen Spielen Spass finden könnte, da sie doch auch fähig sind, untereinander Schach zu spielen, wozu bekanntlich gute Überlegungsfähigkeit nötig ist. Gerade dies finde ich erstaunlich, dass Schach sehr beliebt ist und dass es richtig funktioniert, auch wenn einige der Kranken stumm um das Brett stehen und die Spieler beobachten. Sie mischen sich nie ein, bleiben stumm, und die Spieler sind nicht gestört durch ihre «stummen Mitspieler». Michael meint zwar, dass er selbst stets verliere.
«Das macht doch nichts! Die Hauptsache ist doch, dass Du zu spielen versuchst, das heisst, dass Du «mitmachst». Irgendwann kann Dir dabei auch der Knopf wieder aufgehen.»

Ich habe mir von Heinar Kipphardt das Buch «Leben des schizophrenen Dichters Alexander M» besorgt, das auch bereits verfilmt worden ist und soeben in Taschenbuchformat herauskam.

Erstaunlicherweise finde ich darin Michael wieder, wenn auch nicht so krass, aber viele Anhaltspunkte sind gegeben, die ohne weiteres auf Michael impliziert werden könnten. Leider endet die Geschichte tragisch, nicht zuletzt durch das Unverständnis der klinischen Leitung, d.h. durch die Person des Direktors. Der Psychiater Alexanders erzielte recht schöne Fortschritte, und ich bin fast gewiss, wenn dieser Psychiater Alexander weiterhin hätte be-

treuen dürfen, wäre das Ende ein anderes gewesen. Aber der Direktor ist die rechtliche und juristische Verpflichtung einer solchen Institution. Ein einzelner Psychiater kann dagegen nicht ankommen, nicht selbständig agieren, kann keinen Versuch wagen, der in sich ein Risiko birgt.
Und das ist die Tragik.

Die Enge einer psychiatrischen Klinik, mit der Zusammenlegung auch der Drogen- und Alkoholsüchtigen, verschärft die Reibungspunkte. Die Kranken haben zu wenig, viel zu wenig Wohnraum, und es gibt, gerade in der heutigen Zeit, viel zu wenig staatlich geführte, moderne Kliniken, so dass der Lebensraum sich in seiner Enge ungünstig auf den psychisch Kranken auswirkt, womöglich eine eventuelle Heilung verzögert, wenn nicht gar verhindert.
Ich sähe es gerne, wenn vermehrt psychiatrische Kliniken in eine friedvolle, ländliche Gegend verlegt würden, wo jedem Insassen nebst der psychiatrischen Betreuung auch eine wirklich sinnvolle Betätigung in Haus, Hof oder Stall überbunden werden könnte. Und dass man die Jüngeren von den Alten, die sich selbst aufgegeben haben, menschliche Ruinen, die nicht mehr in einen Arbeitsprozess eingespannt werden können, trennt! In solch einem Haus würde sich viel weniger ein Isolationsgefühl einschleichen, jedenfalls wäre das «Eingesperrtsein» erträglicher.

Ich weiss, das kostet alles Geld, und noch sind die Mitmenschen nicht aufgeschlossen genug, um die psychisch Kranken in die Gesellschaft zu integrieren oder sie wenigstens zu tolerieren. Nein, wir haben immer noch die jahrhundertalte Angst und Abwehr, gegen jede Abnormität. Aber man schliesst nicht nur die Augen, sondern auch den Geldsäckel und kehrt sich ab. Ich meine auch, dass die Massenmedien noch viel mehr eingesetzt werden sollten, um die psychisch Kranken den Mitmenschen näher zu bringen. Es täte bitter not.

«Manches abnorme Verhalten ist nicht unbedingt krankheits- sondern anstaltsbedingt», sagt Maxwell Jones und verweist auf die von ihm erstmals eingeführte Milieutherapie, die in Skandinavien Fuss gefasst hat. (Brückenbauer, 15.10.76: «Was ist Milieu-Therapie»). In der Klinik Oetwil am See fand ein Symposium über Milieu-Therapie statt. Über 60 Kliniken aus dem In- und Ausland waren vertreten. Maxwell Jones war dort der Überzeugung, dass eine psychische Krankheit meist durch Störungen bei zwischenmenschlichen Beziehungen entsteht. Seine Zielsetzung ist, dass man sich in den psychiatrischen Kliniken nicht mehr nur damit begnügen wird, den Kranken bloss mit Essen, Unterkunft und Arbeitstherapie zu versorgen, sondern auch Spielraum für Initiative und Verantwortung zu schaffen. Mit seiner «Milieu-Therapie» bietet er eine der Möglichkeiten, auf die persönlichen Spannungen, Ängste und Konflikte des Einzelnen einzugehen.

Das Malaise gegenüber psychiatrischen Kliniken ist auch den Fachkreisen bekannt, und man sucht allerorten einen Weg zu einer individuelleren Behandlung psychisch Kranker, trotz der grossen Zahl der stationären Patienten, denen der Arzt viel zu wenig Zeit widmen kann.

In der Schweiz war es Prof. Dr. E. Heim, der den Mut hatte, in seiner psychiatrischen Klinik im Kanton Zürich konsequent diese Neuerungen einzuführen. Leider sind wir noch weit davon entfernt, diese menschliche Form der psychiatrischen Behandlung konsequent eingeführt zu haben, doch wird man aus dem Gelernten Folgerungen ziehen und Schritt für Schritt die Kliniken vom Stigma der Verwahrungsanstalt und der «Häuser der Vergessenen» befreien.

Der psychisch Kranke braucht mehr als ein Bett, er braucht Raum zum Gemeinschaftsleben.

Ende Oktober

Nun bin ich bereits seit 14 Tagen in einem Erholungsheim zur Kur, im Tessin. Michael muss übers Wochenende selber mit sich klar kommen. Damit geht es einigermassen. Aber er entbehrt meiner Anteilnahme.

Vor einer Woche nun konnte er – durch die Empfehlung einer sozialen Fürsorgerin der Klinik – versuchsweise in einer der Anstalt angegliederten Firma als Externer eingesetzt werden.

Gestern habe ich mit meinem Sohn telephoniert. Es wurde ein langes Gespräch, denn Michael ist verzagt: «Mami, ich bin einer Streber-Gruppe zugeteilt worden. Die arbeiten alle so schnell! Einer will den Andern überbieten, und ich kann einfach nicht folgen. Ich bin bei weitem der Langsamste! Und meine Hände zittern!»

Allem Anschein nach steht er unter Leistungsdruck, was gar nicht ideal ist für ihn. Aber er möchte sich hier bewähren, um dann, in etwa einem Monat, bereits einen weitern Schritt in die Freiheit tun zu können, nämlich den Schritt in die Nachtklinik; das garantiert zumindest Freiheit tagsüber. Ich fürchte aber, es ist noch zu früh, und ich habe Angst, dass er versagt, wenn er dem Leistungsstress weiterhin unterworfen bleibt, sich aufgibt und in die Lethargie zurückfällt. «Ich komme nie mehr raus! Ich bleibe lebenslänglich hier drin.»

Würde aber der Versuch gelingen, wär's wohl mein schönstes Weihnachtsgeschenk. Ich habe ihm anerboten, Rücksprache mit seinem Psychiater zu nehmen, damit er ihn einer Arbeitsgruppe zuteile, die weniger unter Leistungszwang oder dem Ehrgeiz der Arbeitenden steht. Aber Michael will nicht.

Andererseits spüre ich, dass eine Wiedereingliederung ins soziale Leben einfach noch zu früh ist. Es fällt ihm ja schwer, einer geregelten Arbeit nachzugehen. Er sehnt sich bereits wieder nach der Ruhe der Psychiatrischen Klinik zurück.

4. November 1976

Heute hat meine Nachbarin telephoniert; sie sagte mir, dass Michael am Vormittag dagewesen sei. Sie wäre drüben gewesen und hätte versucht, mit ihm zu sprechen, hätte aber keinen Erfolg gehabt. Er sei wortkarg geblieben und auf nichts eingegangen.

Mein Erholungsaufenthalt neigt sich – Gott sei Dank – dem Ende zu. Ich bin gewiss, dass mein Sohn mich braucht. Er hat also doch versagt, sonst wäre er nicht zuhause aufgekreuzt und hätte Trost gesucht in seiner Atmosphäre.

Nun also denn. Es beginnt wieder von vorn. Klar, es macht mir zu schaffen, aber gleichzeitig bin ich davon überzeugt, dass es so einfach noch das Beste ist. Es ist zu früh!

In wenigen Tagen werde ich wieder zu Hause sein und erneut für meinen Sohn da sein, der mich braucht. Der ohne meine tröstende und aufmunternde Schützenhilfe selbst nicht zurechtkommen kann.

Etwas anderes kann ich nicht tun. Muss einen Schritt nach dem andern tun, immer wieder, genau wie mein Sohn! Er kann allein nicht gehen – noch nicht.

Ja, mir scheint, wir lernen beide zugleich das Gehen, er wie ich! Ein Gehen auf steinigem Weg.

Wohin führt er uns?

II.

Januar 1980

Das vergangene Jahr war ruhig, ohne allzugrosse Schwierigkeiten vergangen, obschon sich auch einiges ereignet hatte. Ich stellte zu meiner Freude fest, dass meine ungelenken, kleinen Kräfte es zuliessen, meine Wohnung zu verschönern.
Ich habe einen riesigen Korridor, mit vielen Türen und ebensovielen Wandschränken. Ich begann mit dem Ablaugen und Neubemalen. Natürlich brauchte ich dazu viele Wochen, denn noch war ich berufstätig und konnte jeweils nur abends oder an den Wochenenden diesem Verschönerungsversuch nachgehen. Meinen geringen Kräften entsprechend machte ich also ruhig weiter und liess mir Zeit. Das war im Mai.

Eines Abends läutete es vor der Tür. Draussen stand Maya, eine ehemalige, junge Arbeitskollegin, gerade als ich im Begriff stand, den Pinsel hinzulegen und Feierabend zu machen. Es war acht Uhr abends. Ich liess sie ein. Sie war in einem bedauernswerten Zustand und berichtete von einem jungen Mann, einem Studenten, den sie neun Jahre lang durchgefüttert hatte, der bei ihr wohnte, ass und mit ihr schlief. Nun aber hatte er sein Studium abgeschlossen, eine gute Stelle in Aussicht, schwärmte schon vom Kauf eines rassigen Sportwagens, und er begann, sein Mädchen zu plagen, zu schikanieren, fuhr ihm übers Maul und gebärdete sich immer ekliger. Maya meinte, eine Fernostreise zu zweit könnte alles wieder ins Gleis bringen, und sie berappte die Reise aus dem eigenen Sack. Er liess es geschehen. Hinterher aber wurde es immer schlimmer. Maya wurde krank vor Kummer, magerte ab, hatte ständig Durchfall. Sie ging zum Arzt. Der riet ihr, den Schmarotzer endlich aus der Wohnung rauszuschmeissen, wenn ihr daran läge, wieder gesund zu werden. Es hätte gar keinen Wert, sinnlos Medikamente zu schlucken. Man müsse das Grundübel anpacken und beseitigen. Dazu konnte sie sich aber nicht entschliessen. Der Freund wurde immer rücksichtsloser, und er schob sie einfach aus der Wohnung, wenn er Gäste haben wollte.

Maya solle telephonieren, bevor sie heimkomme. In der Nacht dann wollte er das Bett ganz gern mit ihr teilen. Nun aber konnte sie nicht mehr. Darum war sie jetzt hier. Sie wusste, dass ich eine grosse Wohnung hatte, sie war auch schon bei mir gewesen. Sie fragte mich, ob ich ihr darin nicht eine Ecke einräumen könnte, für eine gewisse Zeit, um mit sich selbst ins Reine zu kommen. «Aber selbstverständlich, Maya», sagte ich, «zwar bin ich mitten in einer Unordnung. Ich habe die Möbel in den grossen Raum hineingestellt, der mir seit einiger Zeit als Abstellkammer dient. Wenn dich dieser Zustand nicht stört, bist du mir herzlich willkommen».
«Das ist lieb von dir. Es ist mir egal, wie es aussieht. Hauptsache ist mir, dass ich mich irgendwo verkriechen kann, wo er nicht hinkommt, wo ich von ihm nicht mehr belästigt werde. Ich kann nicht mehr.»
So ging ich daran, das Zimmer wieder umzuräumen, wohnlich zu machen, während sie die notwendigen Sachen holen ging.
Sie blieb.

Ich entdeckte rein zufällig schon in der dritten Nacht, als ich aus dem Badezimmer trat, wie ihre Tür aufging, sah sie über den Korridor huschen und die Klinke zum Zimmer meines Sohnes niederdrücken. Nun ja, sie war vermutlich trostbedürftig. Das konnte ich verstehen. Aber sie hätte sich etwas übers Nachthemd ziehen sollen. Noch dachte ich nicht daran, dass sich hier eine Beziehung anbahnen würde. Und doch war es so. Maya blieb über Nacht. Und nicht nur diese erste. Weitere folgten.
Maya war mir gegenüber etwas unsicher, wegen ihrer Handlungsweise. Ich tat nichts dergleichen, obschon ich diese Entwicklung nicht gerade gerne sah, weil ich der Meinung war, dass sie einen Fehler machte. Man stürzt sich nicht aus einem noch unverdauten Liebeserlebnis in ein neues, dazu noch in eines, das ebenso konfliktgeladenen Stoff, wenn auch auf andere Weise, in sich barg. Mein Sohn war schliesslich krank. Ich wusste, dass es nicht gut ausgehen würde. Auch Maya ist labil, sehr sensibel und weich. Doch es ging gut.
Vorläufig sah es nicht so aus, als ob diese Beziehung Probleme

bringen sollte. Michael wurde munter, aufgestellter, liess sich seine langen Haare kurz schneiden, sah gepflegt, ja elegant aus. Ich staunte. Was ich all die Jahre nicht fertiggebracht hatte, geschah nun reibungslos und selbstverständlich. Ich sah auch das Turteln der beiden. Ich liess sie gewähren. Maya bestritt immer wieder, dass Michael krank sei. Er sei völlig normal. Sie sprach sogar von Heirat und fragte mich, ob er dazu eine ärztliche Erlaubnis haben müsse, oder ob ein Vormund da sei.
Ich erschrak nun wirklich. Nein, so schnell sollten sie sich nicht binden. Ich machte Maya auf mögliche Folgen aufmerksam, sagte ihr, dass Michael nie richtig in einen Arbeitsprozess eingereiht werden könne, oder wenn, dass es unsicher sei, ob es andaure. Die Schübe könnten jederzeit wiederkommen. Und ob sie sich darüber im klaren sei, dass wahrscheinlich die Verantwortung bei ihr selbst liegen würde, wenn die Ehe gutgehen solle. Was ist, wenn sich ein Kleines anmeldet?
«Bist du dir bewusst, Maya, dass du ein Risiko auf dich nimmst, man weiss nicht mit Sicherheit, ob sich die Schizophrenie nicht auch vererben kann? Ich bitte dich, überleg es dir, überstürze nichts!»
«Weisst du, Michael ist ein feiner Mensch. Noch nie habe ich mich so glücklich gefühlt, wie bei ihm. Und er ist nicht krank. Er ist so normal wie du und ich.»
Maya liess es einfach nicht gelten. Sie war der Meinung, ihn nun besser zu kennen und zu verstehen, als ich, seine Mutter. – Das bekannte Generationenproblem also. Ich schwieg.

Maya hatte bereits im Herbst eine neue Wohnung gefunden und ihre alte dem ehemaligen Freund überlassen, samt Telephonanschluss, Möbel und Hausrat. Sie animierte damit Michael, sich ebenfalls eine Wohnung anzuschaffen und das häusliche Reduit zu verlassen.
Mit Hilfe seines Psychiaters fand er eine schöne Notwohnung, die zwar kein eigenes WC und nur Ofenheizung hatte, dafür aber hell, freundlich und geräumig war. Ich sah den Stolz von Michael und freute mich mit. So hatte ein jedes seine Wohnung, und die beiden fanden sich immer wieder, einmal bei ihm, einmal bei ihr.

Ich sah Michael wenig, hielt mich zurück, mischte mich nicht ein. Die Abnabelung konnte also erfolgen.

Und jetzt sprach sie bereits von Heirat.

Im Januar dieses Jahres war seine Krise da; die Krankheit, die sich vier Jahre lang nur hin und wieder leise bemerkbar gemacht hatte, im Stillen mottete, brach wieder aus.
Es kam, wie es kommen musste. Vielleicht wurde Michael sich erst in diesem Moment bewusst, dass er eine selbständige Rolle übernommen, dass er nun Miete zu zahlen hatte, das Telephon, den Strom, die Wäsche auswärts zu geben gezwungen war, weil keine Waschküche da war und sich nun auch selbst verpflegen musste. Vielleicht machte dies ihn unsicher, war dies eine Belastung. Ich verhielt mich still, wollte, dass er sich allein zurechtfände. Er hatte ja Maya. Sie konnte ihm auch etwas zur Seite stehen. Aber seine unbewussten Ängste traten wieder in Aktion. Er veränderte sich, fiel ins alte, kranke Bild zurück.

Maya war dieser neuen Situation gegenüber hilflos, ängstlich, unsicher. Und sie begann, sich vor Michael zu fürchten. Bald einmal verlangte sie ihren zweiten Wohnungsschlüssel von ihm zurück und überreichte ihm gleichzeitig den seinen. Also eine Trennung von Tisch und Bett. Michael war wieder allein, nunmehr aber in seiner eigenen Wohnung, und auf sich gestellt.
Sollte ich für die freundlichen neun Monate nicht dankbar sein? Ich war es. War zufrieden auch im Wissen, dass Michael doch zu einer Zweier-Beziehung fähig ist.

Aber gerade in diesem Moment des Auseinandergehens und des Versuchs, sich nun allein zurechtzufinden, schaltete sich die amtliche Stelle für die Wiedereingliederung ein. Die Invalidenstelle setzte sich über den Kopf des Arztes und entgegen seiner Meinung direkt mit dem Arbeitgeber Michaels in Verbindung, um dort anzufragen, ob Michael nicht doch vermehrt in Einsatz gebracht werden könne. «Von uns aus gern», wurde geantwortet, «er macht seine Sache gut». Michael hatte seit einigen Monaten einen Job als Sekuritaswächter. Die Firma verständigte Michael von diesem Gespräch, und er wurde unruhig. Dann kam ein amtliches Schreiben, in welchem es hiess, dass man vorläufig seine Rente noch nicht reduziere, dass aber eine Revision angesetzt würde.

Selbstverständlich machten diese zusätzlichen Schwierigkeiten Michael zu schaffen. Er steigerte sich in eine Aggression hinein. Er, der nie aggressiv war, sondern friedlich, still.
Und nun ging er eines Tages bei der Invalidenstelle vorbei, betrat das Zimmer, ergriff den zunächst stehenden Stuhl und begann, auf eine massive Glasscheibentür einzuschlagen. Der Stuhl ging in Brüche, die Scheibe auch. Der Beamte in diesem Raum, der bei diesem Vorfall gerade auf den Knien lag und etwas am Boden suchte, das ihm vermutlich hinuntergefallen war, sah entsetzt zu Michael auf. Michael sah auf ihn hinunter, wortlos, liess langsam die Trümmer des Stuhles fallen, kehrte sich um und verliess in grösster Seelenruhe das demolierte Büro. Hinter ihm blieb es still. Er ging zum Ausgang und trat ins Freie. Keiner folgte ihm.
Aber das dicke Ende kam hinterher. Am nächsten Morgen holte ihn die Polizei und nahm ihn mit. Doch man liess ihn gleich wieder laufen. Michael bekam eine Strafklage zugestellt, er sollte vor Gericht. Sein Gesundheitszustand verschlimmerte sich. Die drohende Verhandlung belastete ihn über Gebühr, und ich bemerkte, wie er in grosse Schwierigkeiten geriet, hielt es nicht mehr aus und mischte mich endlich ein. Mit Hilfe einflussreicher Freunde erwirkte ich schliesslich im allerletzten Moment den Rückzug der Strafanzeige. Auch Maya setzte sich beim beleidigten Beamten für Michael ein und versuchte, ihn umzustimmen. Aber die Unkosten musste Michael natürlich bezahlen. Sie beliefen sich über tausend Franken. Ich fand das übersetzt.
Schliesslich kam noch eine Rechnung vom Gericht über die dortigen entstandenen Unkosten von fast vierhundert Franken. Während Michael die erste Rechnung zahlte, weigerte er sich, die zweite zu berappen. Er hätte kein Geld. Die Rente sei klein.

Mittlerweile hatte ich im Geschäft wieder einmal Schwierigkeiten. Sie häuften sich gleichzeitig mit den Ereignissen privater Natur. Ich wurde nervös, unruhig. Aber ich wollte Michael nicht im Stich lassen und schrieb dem Gericht einen Brief, dass man ihm die Kosten erlassen solle, da es sich hier um einen Kranken handle, der seit Jahren schon in psychiatrischer Betreuung stehe und der eine Kurzschluss-Reaktion hatte, weil man ihn auf der Invalidenstelle bedrängte.

Ich erhielt dann eine Vorladung vom Gericht und die Anweisung, welche Unterlagen und Aktenstücke, Ausweispapiere etc. ich über meinen Sohn mitbringen solle.

Inzwischen hatte ich vermehrte Schwierigkeiten am Arbeitsplatz. Ich fühlte mich nun wirklich krank und ausserstande, persönlich auf dem Gericht vorzusprechen. Ich schrieb, ich sei krank und könne nicht kommen. Man liess nicht locker und bat mich, dass ich mich melden solle, sobald ich wieder gesund sei.
Ich konnte nicht.

27. 2.

Inzwischen standen wir im Februar. Ich fühlte mich niedergeschlagen, müde, strengte mich an am Arbeitsplatz, und dann begannen die dramatischen Ereignisse. Alles Bisherige war nur ein Vorspiel gewesen:

Ich hatte Ärger. Der Geschäfts-Mitinhaber, ein grosser Kleiner, rügte mich, sagte, ich hätte gestern einen «rabenschwarzen Tag» gehabt. Er übertrieb, ich hatte vergessen, die fertige Post zu spedieren, weil dies sonst nicht in mein Ressort gehörte. (Nur gestern, weil die Kollegin abwesend war.) Es waren drei Couverts, von denen zwei davon bei meinem Weggang noch gar nicht vorgelegen hatten. Er schimpfte: «Sie haben aber auch immer eine Ausrede – Sie wollen nie schuld sein». Sprach's und ging aus dem Büro.

Ich merkte, dass der Zorn in mir hochstieg. Ich bin Ungerechtigkeiten gegenüber so empfindlich wie mein Sohn. Wenn ich an etwas schuld bin, macht es mir nichts aus, es auch zuzugeben. Aber ungerechte Anschuldigungen ertrage ich je länger je weniger. Ich werde älter, empfindlicher. Es wurmte mich.

28. 2.

Hätte ich gewusst, dass heute ein wirklich «rabenschwarzer» Tag über mich hereinfallen würde, wäre ich gar nicht erst ins Büro gegangen. Aber nun war ich da. Es gab erneuten Ärger. Meine Vorgesetzte war krank geworden. Das allein schon versetzte den verwöhnten Chef und Geschäftsinhaber in Unruhe und Nervosität. Und ich hatte es in der Folge auszubaden. Er benahm sich krass, unfair, ungerecht.
Ich will versuchen, es klarzumachen.
Ich hatte eine gestufte Tabelle mit Text zu schreiben, also keine Zahlen, sondern Zeilen und sollte alles auf zwei A4-Blätter bringen. Als Vorlage bekam ich ein zusammengeklebtes, handgeschriebenes Manuskript. Die Schrift, wie immer, unleserlich. Vieles war durchgestrichen, wurde durch einen andern Text überschrieben. Es wurde unklar, auf welche Höhe ich nun die Zeilen einzusetzen hatte. Das Gekritzel machte Mühe, auch das Einordnen und die Darstellung. Ich wollte somit das bereits Geschriebene mit dem Original vergleichen und kontrollieren. Schon kam der Psychopath hinzu und fuhr mich an: «Was machen Sie da? Sie haben nichts anderes zu tun als zu schreiben! Also schreiben Sie! Machen Sie endlich einmal das, was man von Ihnen verlangt. Und nichts anderes!» Dann riss er mir fortwährend das Geschriebene buchstäblich aus der Schreibmaschine und behändigte sich auch gleich sein Manuskript. Somit hatte ich Mühe, für die folgenden Seiten den Faden nicht zu verlieren, denn mittlerweile hatte er mir wieder zwei neue Blätter hingeschmissen, und ich war unsicher, wo ich nun die Zeilen hinzusetzen hatte, da mir das Original zum Vergleich fehlte. Ich konzentrierte mich, vergegenwärtigte mir das ursprüngliche Original in seiner Darstellung, um ohne Übergang weitermachen zu können.

Immer wieder tauchte der Chef ungeduldig hinter mir auf, um darauf zu warten, dass ich das Blatt voll hatte. Er machte mich nervös. Wie sollte ich den Überblick bei insgesamt sechs doppelseitigen Blättern behalten? Als er endlich mit den Blättern, die ich nebeneinandergeklebt hatte, verschwand, atmete ich auf. Aber nicht für lange.
Schon wieder stand er da und schrie mich an, dass ich eine absolut unbrauchbare Arbeit geleistet hätte, dass es eine Zumutung sei, ihm so etwas abzuliefern. (Er nahm es ja selbst.) Er steigerte sich zusehends in eine Wut hinein. Ich nahm die Blätter entgegen, um nachzusehen, was daran nun falsch war und ob ich tatsächlich «unbrauchbare» Arbeit geliefert hätte, was ich mir nur schwer vorstellen konnte. Ich war bisher immer überaus pflichtbewusst und exakt gewesen. Anderntags wollte ich die 12 Blätter in Ruhe durchsehen und falls nötig nochmals schreiben. Da man Wütende nicht zusätzlich durch ein bockiges oder aufsässiges Wesen reizen soll, versuchte ich, ihm ruhig zu erklären: «Aber heute nicht mehr. Ich habe Feierabend.»
«Wenn Sie jetzt gehen, sind wir geschiedene Leute!» brüllte er. Ich wollte ausnahmsweise einmal pünktlich gehen, denn ich wurde von Freunden erwartet, die mich mit dem Auto zum weitentlegenen Rheuma-Schwimmbad, dessen Wasser 29 Grad aufweist, mitnehmen wollten. Gemäss Verordnung vom Spital sollte ich wegen meiner kranken Hüfte öfters schwimmen gehen. In wenigen Jahren sei eine Operation nicht mehr zu umgehen und wir sollten versuchen, dies möglichst lange hinauszuziehen, hatte die Ärztin gemeint. Deshalb drängte ich heute zum Aufbruch. Nun aber dies.
Resigniert sah ich die Blätter an, verglich sie mit seinem Entwurf und konstatierte dabei verwundert, dass nur kleine Buchstaben-Verschriebe vorlagen, dass die Darstellung sonst stimmte und dass ich das ganze in weniger als 20 Minuten bereinigen konnte. Ich sah auf die Uhr und machte mich an die Arbeit.
Als ich fertig war, legte ich die Blätter auf sein Pult. Der Chef war nicht da. Dann ging ich.
Nun aber kam die Reaktion bei mir. Dass er wegen solcher Kleinigkeiten ein riesiges Geschrei machte, tat, als ob es das Letzte

wäre, was ich leiste, machte mir zu schaffen. Immer mehr. Schliesslich ist es Brauch, dass man das Geschriebene erst durchliest, bevor es zum Chef geht. Aber gerade dies hatte er mir ja verunmöglicht. Und selten wohl wird man so vom Teufel gehetzt und gepeinigt, wie hier in diesem Büro. Ich fand, dass meine Arbeit trotz Zeitdruck, trotz Schwierigkeitsgrad und Kompliziertheit erstaunlich gut geraten war. Es wurmte mich. Ein Lob wäre eher am Platz gewesen.

Das Elend überkam mich. Ich verliess das Büro bereits mit Tränen in den Augen, die alsobald zu fliessen begannen, als ich noch an gestern dachte, wo ich ebenfalls zusammengestaucht worden war. Nein es ist nicht schön, auf diese Weise zu spüren, dass man alt wird, dass man mich lieber «draussen» hätte. Man hat das Empfinden, wie ein alter Besen beiseitegeschoben zu werden.

29. 2.

Ich kann mich nicht auffangen, komme mit mir nicht mehr zurecht. Ich habe heute frei, zum Glück, denn ich weine ständig, obschon ich weder ein trauriges Gefühl habe, noch aufgeregt, nervös oder unruhig bin. Ich verstehe mich nicht. Immer noch studiere ich an gestern herum und auch an vorgestern. Weine ich, weil ich nun, nach 18 Dienstjahren, so behandelt werde? Nach all den Jahren, da ich in meiner Kaderstellung meinen Mann gestellt hatte, bis ich, vor vier Jahren, meinen Sohn in die psychiatrische Klinik hatte überführen müssen, bis ich dann schliesslich selbst erkrankte, weil ich mich nicht schonte, mich gleichzeitig noch im Klimakterium befand und den Arzt nicht aufsuchte, obschon es dringend nötig gewesen wäre. Aber ich wollte die Natur machen lassen. Ich hätte sie lieber korrigieren sollen. Ich wurde geschwächt, fing eine heftige Grippe zusätzlich ein, weil ich mich nicht ins Bett legte, nicht nachgab und weil ich meinte, ich könne das Geschäft nicht im Stich lassen.

So hat es sich dann gerächt. Ich wurde krank und lag viele Monate im Spital. Im Geschäft hat man mich behalten, aber man hat mich degradiert, mir eine Jüngere vor die Nase gesetzt, der ich nun zu gehorchen hatte. Ich habe das damals verkraftet, habe mich mit ihr gut gestellt. Sie dankte mir mein Entgegenkommen, indem sie mich schützte, sich vor mich stellte und abschirmte, ja den Chef sogar anfuhr, dass er sich an sie halten solle, da die Angestellten doch ihr unterstellt seien.

Alle diese Vorkommnisse hatten Kraft gekostet, und meine Oberärztin war der Meinung, dass ich nur noch halbtags arbeiten sollte.

Ich habe den Kopf geschüttelt, auf die Zähne gebissen und versucht, durchzuhalten, musste aber einsehen, dass es auf die Dauer doch nicht ging, und schliesslich musste ich parieren. Seither arbeite ich nur noch vier, statt fünf Tage. Bin also sinngemäss keine «vollwertige» Kraft mehr, weshalb man mich im Gehalt um einen Sechstel beschnitt, was verständlich war.

An all dies dachte ich jetzt wieder und auch daran, dass sich die 18jährige Treue schlecht bezahlt mache. Inzwischen bin ich 59 Jahre alt, müde, auch mit der Sorge um den Sohn, der ständig Medikamente nehmen muss und psychiatrisch betreut wird.

Am Nachmittag weine ich noch immer, und da ich nicht aufhören kann, sehe ich ein, dass ich einen Knopf habe, den zu lösen ich allein wohl nicht fertigbringe. Ich muss zum Arzt.

Trotz der kurzen Voranmeldung konnte ich noch heute hin. Befund: schwere Depression. Der Arzt gab ein starkes Mittel. Ich ertrug es schlecht, musste mich jeweils nach der Einnahme hinlegen. Dr. N., – es war der gleiche, der seinerzeit Michael in die Klinik überwiesen hatte und zu dem ich Vertrauen besass, – überwies mich an den sozial-psychiatrischen Dienst, und von dort bekam ich sogleich einen Termin für den kommenden Montag. Dr. N. war der Ansicht, dass mindestens eine dreiwöchige Arbeitspause eingeschaltet werden müsse, und er schrieb mich krank.

Noch am gleichen Nachmittag ging ich zur Pensionskassen-Stelle, um dort abzuklären, wie die Situation aussähe, wenn ich vorzeitig aus der Firma austreten würde. Düster war die Prognose, aussichtslos. Statt der in drei Jahren zu erwartenden Monatsrente von

Fr. 500.–, erhielt ich nur eine solche von Fr. 288.–. Ich ging entmutigt nach Hause und weinte noch immer.

Abends bekam ich von meinem Sohn ein Telephon. Er sagte, dass es ihm nicht gut gehe. Ich spürte es selbst, am Ton, an der zögernden Sprechweise. Ich versuchte, ihn zu trösten und hätte doch selbst des Trostes bedurft. Er sagte: «Mami, ich fühle mich gar nicht gut. Die Zeit läuft retour. Ich finde mich in ihr nicht mehr zurecht, sie läuft rückwärts. Ich weiss nicht mal, welche Stunde es ist, welcher Tag. Weisst du, ich flippe einfach aus.»
Ich versuchte, ihn zu beruhigen und sagte: «Solange du dich noch darüber zu äussern vermagst, nicht stumm bist wie ein Fisch, ist kein Grund zur Aufregung, Michael.»
«Aber ich bin verwirrt, kann keine zusammenhängenden Sätze mehr machen. Stocke mitten im Satz und weiss nicht mehr, was ich sagen soll. Alles entwischt mir, – doch: ich weiss alle Zahlen, kenne alle Telephonnummern auswendig», und er begann sogleich, sie herunterzuhaspeln. «Zahlen kann ich behalten, aber ich kann nicht mehr denken. Mami, was soll ich tun?»
«Geh schlafen, Michael, versuch es», meinte ich.
«Geht nicht – ich laufe ständig nur in der Wohnung herum, kann nicht ruhig sitzen, und gestern bin ich sogar nachts von Winterthur nach Zürich gelaufen. So unruhig bin ich. Weisst du, Mami, ich glaube, es ist die Angst. Sie ist zurückgekommen. Ich glaube, dass ich wieder reif für die Klinik bin?»
Ich wollte ihn ablenken. «Wo ist denn Maya?»
«Weiss nicht.»
«Habt ihr euch gestritten?»
«N-ein, aber weisst du, ich glaube, ich überfordere sie. Sie ist ja auch nicht die Stärkste.» Das ist wahr. Vielleicht hatte sogar Maya Michael gesagt, dass er sie «überfordere». Ich glaube kaum, dass er das selber realisieren würde.
Nun also sprach Michael von sich und seinen Nöten.
Trotz meiner Angeschlagenheit nahm ich mir Zeit, meinem Sohn zuzuhören. Manchmal hilft allein schon dies. Mittlerweile war es lange nach Mitternacht. Schliesslich hängte er ein. Es schien doch, als ob ihn das Gespräch mit mir ruhiger gemacht hätte. Seufzend

legte ich mich ins Bett, versuchte, mir über Michael und über mich selbst klar zu werden. Ich grübelte und war besorgt darüber, dass er wieder solche Gewaltmärsche unter die Füsse nahm. Schliesslich schlief ich ein.

1. März

Ich bin bedrückt. – Glücklicherweise kommt meine Tochter, bringt einen Blumenstrauss mit und verleitet mich, sie auf ihrem Kommissionskurs zu begleiten. Es «stinke» ihr, allein zu gehen. Dann lud sie mich gleich noch ins «Mövenpick» zum Essen ein. Ich wurde abgelenkt, heulte nicht mehr. Erst jetzt wird mir bewusst, wie schlau sie das eingefädelt hatte. Sie wollte mich unbedingt von meiner Misère ablenken. Es ist ihr gelungen. Sie ist ein Schatz. Ich bin froh und dankbar, eine solche Tochter zu haben.

Nachts, es war bereits nach Mitternacht, klingelte das Telephon. Ich stand auf, hob den Hörer ab.
«Mami?»
Michael!
«Ja?»
«Danke Mami, dass du das Telephon abgenommen hast. Maya antwortet nicht. Mami, mir geht es nicht gut . . .» Er brach ab, ich hörte, dass er weinte und war alarmiert. Er fuhr fort: «Mami, ich habe den Koffer gepackt – ich muss in die Klinik, ich dreh sonst durch.»
«Michael, lass den Koffer stehen. Nimm dir ein Taxi, komm her. Lass uns miteinander reden. Dann sehen wir weiter.»
«Danke ja, Mami, danke.»

Eine gute halbe Stunde später war er da. Und ich erschrak. In diesen zwei Monaten, da ich ihn nicht sah, hatte er abgenommen, war schmal geworden und grau im Gesicht. Er esse auch nicht mehr richtig, hörte ich auf meine besorgte Frage. Ich sah sofort, dass er in Not war. Es war, als ob die vergangenen vier Jahre wie weggewischt wären, sich zurückgespult hätten. Sein Ausdruck war wieder wie einst. Ich erkannte die gleichen Symptome: wenn sich seine Stirn über die Augen vorwölbt, wenn seine dunklen Augenbrauen einen geraden Strich bilden und wenn sich sein Mund klein und rund zusammenzieht, nur noch die oberen Schneidezähne durchschimmern lässt, dann ist dies ein einziger, stummer Schrei. Das konnte ich auch nicht mehr zurechtbügeln. Er war in Not und brauchte ärztliche Hilfe. Ich versuchte, ihn etwas zu besänftigen, zu beruhigen. Er aber hatte Angst, wollte sofort in die Geborgenheit der Klinik zurück, in den Schutz, den allein diese ihm geben konnte. Er fürchtete, sich das Leben zu nehmen. Er sei selbstmordgefährdet, sagte er. Also tat rasche Hilfe not.

So nahmen wir ein Taxi, und ich stand, wie einst, wieder vor der Tür, die ich so gut kannte. Der Mond stand gross und leuchtend am kalten Himmel. Ich drehte mich um und läutete. Es blieb ruhig. Michael drängte, und ich läutete wieder. Als endlich ein Fensterladen aufging und der verschlafene Pförtner nach unserem Begehr fragte, hörte, dass Michael hereinwolle, sagte er: «Das geht aber nicht! Oder haben Sie ein Zeugnis von einem Notarzt? Ich kann Sie nicht hereinlassen, tut mir leid.» Mein Sohn wurde laut und aggressiv im Ton, der Mann bekam Angst, dass da womöglich ein Gewalttätiger vor der Tür stand, und sagte nun, er wolle sehen, ob er den Arzt finden könne, zog sich zurück, schloss den Laden wieder. Es dauerte. Michael wurde immer unruhiger, lief hin und her, trat von einem Bein aufs andere, wollte weglaufen, es bei einem andern Eingang versuchen, von dem er wusste, dass dort immer ein Pförtner sass. Er drängte. Er wollte hinein. Es dauerte ihm einfach zu lang. Er wollte Hilfe, unverzüglich! Ich erklärte geduldig, dass wir noch etwas warten müssten. Michael hätte ja gehört, dass der Pförtner den Arzt suchen gehe. Das Gebäude sei gross und er wisse vermutlich nicht, auf welchem Stock oder in welchem Bauteil er sich befinde. Ich hatte Erbarmen mit meinem Sohn, der hier in der Kälte stand, die ihn schüttelte, denn er war ohne Mantel gekommen. Oder war es die innere Erregung, die ihn zum sichtbaren Zittern brachte? Ich wusste es nicht. Es war im Moment auch nicht wichtig. Wichtig war nur, dass man uns endlich einliess.

Plötzlich erstrahlte die innere Eingangshalle in hellem Licht. Zwei Pfleger kamen um die Ecke, die Treppe herunter, sprachen miteinander. Sofort zuckte in mir der Gedanke auf: «Zwei Pfleger. Nicht einer. Man traute dem Patienten da vor der Tür zu, dass er renitent werde oder noch schlimmer, dass man es womöglich mit einem Tobsüchtigen zu tun habe.» Unbewusst schüttelte ich kräftig den Kopf: «Nein, Michael ist sanft, nicht gewalttätig.» Aber der Pförtner hatte vermutlich einen Schock bekommen, weil Michael lauthals gedroht hatte, die Tür einzuschlagen, wenn man ihn nicht hereinlasse. Er müsse da hinein, und es sei nicht die erste Türe, die er einschlage. Da hatten wir es. Deshalb wohl das Doppel-Gespann.

Aber man war freundlich zu ihm, als man uns einliess, man ging auf ihn ein, schon während wir die Treppe hinaufstiegen, um ins Empfangszimmer einzutreten. Als wir uns dort setzten, forderten sie Michael auf zu erzählen, was ihn denn so bedrücke oder vor was er sich so ängstige. Aber Michael wollte den Arzt, nicht die Pfleger. Er wollte den Arzt, sogleich!

Beruhigend sagte man ihm, dass der Arzt gleich käme. Mittlerweile solle er das da nehmen. Man legte zwei Tabletten vor ihn hin, gab ihm ein volles Glas Wasser, und begierig griff er nach beidem und schluckte es. «Ich muss sofort eine Spritze haben», sagte er. «Ja, ja, gleich, warten Sie, bis der Arzt da ist.»

Nun streckte noch ein Dritter Kopf und Schulter herein, fragend: «Was ist los?» Es klang, als ob er sagen wollte: «Braucht ihr Hilfe?» Ein Pfleger sagte zu ihm: «Ach, mach doch bitte eine grosse Kanne Tee für den jungen Mann. Er soll viel trinken.»
«Mach ich, sofort.» Er zog sich zurück, die Tür schloss sich, der Pfleger wandte sich wieder Michael zu. Aber nun ging die Tür wieder auf. Diesmal war es der Arzt. Er nickte mir kurz zu, wandte sich an den andern Tisch, wo die Pfleger und mein Sohn sassen und fragte: «Wo fehlt's?» Schnell sagte mein Sohn: «Ich brauche Hilfe. Sofort. Und eine Spritze. Ich dreh sonst durch. Ich flippe», und gleich darauf, verständnislos: «Sie haben doch Tee für mich bestellt. Wo bleibt er? Ich möchte Tee haben.» Der Arzt setzte sich, und eifrig sprach Michael auf ihn ein. Wenn ich sage «eifrig», so ist es so, und das war das ganz Ungewohnte. Norma-

Das verlorene Ich

lerweise spricht Michael ruhig, wenig und nur kurz. Jetzt war es ein Wortschwall.
Einer der Pfleger erhob sich und setzte sich zu mir, nahm ein Formular und begann, mich nach Michaels Daten zu fragen und ob er schon mal hier in der Klinik gewesen sei und wann. Alles nahm nun den routinemässigen Lauf; jetzt legte man auch Michael ein Formular hin, das er unterzeichnen sollte. Man wollte ihn also gleich dabehalten. Michael nahm es, las es, und aufgeregt und schimpfend zerriss er es sogleich. Man ging darüber hinweg, tat nichts dergleichen, liess ihn gewähren. Mir war unbehaglich zumute. Dann wurde Michael ein Bett zugewiesen. Es sei das letzte, meinte der Arzt zu ihm, und wieder verlangte Michael nach einer Spritze. «Die kommt gleich, Michael», meinte der Arzt begütigend. «Legen Sie sich erst mal ins Bett.»
Michael wurde hinausgeführt. Der Pfleger schloss hinter sich die Tür. Ich war mit dem einen Pfleger nun allein. Es gab keinen Abschied von Michael. Der Pfleger meinte seufzend: «Es sind unruhevolle Tage, jetzt.» Erst später ging mir der Sinn dieses Satzes auf. Vollmond!
Ich war entlassen. Der Pfleger erhob sich, schaute auf mich hinunter, die ich aufgewühlt und verloren auf dem Stuhl sass. Ich schluckte. Noch während ich aufstand, kamen die Tränen wieder. Ich wurde vor das Tor geleitet, verabschiedet, hörte den Schlüssel, wie er sich drehte und war allein. Mechanisch begann ich, die Auffahrt hinunterzugehen. Da öffnete sich die Türe wieder: «Haben sie denn kein Auto? Es ist doch weit in die Stadt? Möchten Sie ein Taxi?» Ich kam zurück, nickte und wartete vor der Tür, während er davonging und die Tür hinter sich abschloss. Ich stand allein, wartete, war ausgesperrt. Michael war drinnen: eingesperrt. War er geborgener, jetzt?

Zu Hause überkam mich ein bekanntes Gefühl, eines, das ich schon einmal vor vier Jahren hatte. Das Gefühl: «Ich kann nicht mehr. Nun ist's genug.» Ich fühlte mich erschöpft, leer. Aber die Tränen flossen. Man sagt immer, dass die Krise bedrohlich sei, wenn man keine Tränen mehr hätte. Was soll ich noch herumsitzen? Ich fühlte mich zerschlagen, müde. Ich konnte auch nichts ändern. Was getan werden musste, war getan.

Man sollte meinen, dass mich dieses neue, schwere Ereignis umwerfe, aber eigenartigerweise schien mir, als ob ich eine gewisse Erleichterung verspüre, eine Entspannung. Es war eingetreten, wovor ich mich, vielleicht auch unbewusst, schon längst gefürchtet hatte. Nun, da es da war, konnte ich es annehmen, mit dem Wissen, dass nun alles wieder ähnlich verlaufen werde, wie einst. Und ich fürchtete mich davor, dass Michael, kaum in der Klinik integriert, mich wiederum mit abendlichen Telephonaten bedrängen würde. Ich erhob mich, ging zu Bett.

2. März

Der Arzt, der Michael behandelt, hat angerufen und lässt mich wissen, dass ich meinen Sohn besuchen kann, sagt mir auch, wo ich ihn finde: im «K». Also in der Abteilung, in welcher sich die schwersten Fälle befinden. Michael wollte da hinein, weil er sagt, er könne nicht für sein Leben garantieren.

Ich gehe jetzt in die Wohnung meines Sohnes, will den stehengelassenen Koffer holen und in die Klinik bringen. Ich mache mich auf den Weg.

In Michaels Wohnung angekommen, springt mir der offene Koffer, das wahllos Hineingeworfene sofort in die Augen. Ich bücke mich und nehme alles heraus, begutachte es, sehe, dass Schmutziges darunter ist, dass Knöpfe fehlen, zerrissene Kleidungsstücke darunter sind und schaffe Ordnung, wasche auch das Geschirr, noch hat es warmes Wasser aus dem Boiler. Ich mache das Bett, und dann setze ich mich hin und schreibe Michael ein paar Worte. Ich bin ja zum ersten Mal in seiner Wohnung, fühle mich sofort angezogen, empfinde so, als ob ich hier zu Hause wäre. Die Sonne scheint durch die heimelige Fensterfassade und wärmt bereits. Das ganze Haus steht unter Heimatschutz und soll in einem Jahr renoviert werden. Ich würde es Michael gönnen, wenn sich die Renovation noch hinziehen würde, denn hier, das spüre ich, ist er ganz zu Hause. Und ich auch, denn wohin ich blicke, sehe ich meine Möbel, die ich Michael überlassen habe. Ich habe meine eigene Wohnung geleert. Ich werde älter, brauche nicht mehr so viel Platz. Ich habe drei Zimmer geräumt, und Michael hat mitgenommen, was ihm passt.

Nun lege ich also das Geschriebene in den frisch gepackten Koffer, nehme auch die schmutzige Wäsche mit und gehe aus dem Haus. Ich besorge noch Früchte und mache mich, nachdem ich die Wäsche zu Hause deponiert habe, mit dem Koffer erneut auf den Weg, diesmal in die Klinik. Michael werde ich vermutlich nicht sehen, denn Besuchstag ist erst morgen. Gleichzeitig empfinde ich es als eine Wohltat, nicht mehr in einem Stresszustand zu sein, nicht zu arbeiten, Zeit zu haben, Zeit für mich und für Michael. Ich kann in Ruhe, ohne Hetze die Dinge erledigen, die getan werden müssen, ohne mich zu ängstigen, damit zuviel Zeit zu verlieren, weil meine Abwesenheit vom Geschäft zeitlich kontrolliert würde. Nein, ich habe Zeit, ich bin ja krankgeschrieben.

Am Nachmittag gehe ich zum Psychiater. Zum ersten Mal in meinem Leben. Ich will versuchen, ihn anzunehmen. Aber vielleicht gelingt es mir, mich wieder selbst aufzufangen.
Nein, dem ist nicht so. Ich brauche Hilfe. Ich bin krank. Gemütskrank.
Es zieht mich hinunter in den Tessin, aber ich kann nicht weg. Nicht jetzt, wegen Michael.

3. März

Ich habe Michael besucht, sehe, dass es ihm etwas besser geht, der Mund glättet sich langsam wieder. Ich bemerke, dass er ruhiger geworden ist, aber immer noch verkrampft wirkt. Er sitzt wortkarg neben mir. Es kommt kein Gespräch zustande. Also erzähle ich von seiner Wohnung, dass sie mir sehr zusagt, dass ich hoffe, dass er möglichst lange darin bleiben könne. Ich hätte mich darin so wohl gefühlt, dass ich gleich ein kleines Nickerchen gemacht hätte. Michael lächelt. Er scheint daran interessiert, was ich plaudere. Also ist er zugänglich. Das hilft schon viel. Vor vier Jahren hat er es oft nicht realisiert, wenn ich ihn besucht habe. Er hat dies auch Maya gesagt, niemand hätte ihn besucht, seinerzeit.

Maya. Nun, die Liebesbeziehung hat ihr Ende gefunden, aber anscheinend wird noch telephoniert. Vielleicht empfindet Maya Mitleid? – Soll ich sie davon verständigen, dass Michael wieder in der Klinik ist? Ach was, es hat keinen Sinn, etwas gewaltsam am Leben zu erhalten, was zum Sterben verurteilt ist. Ich bin es, erneut, die für Michael da ist, immer da sein wird, trotz eigener Nöte. Mutterliebe ist verlässlich.

Plötzlich sagt Michael, in meine Gedanken hinein: «Ich will raus aus der Klinik. Es ist hier nicht zum Aushalten. Wenn ich draussen wäre, könnte ich vom Balkon hinunterspringen.»
Es gibt mir einen Stich. Der einzige Unterschied in seinem jetzigen Verhalten gegenüber früher ist der, dass er vom Suizidgedanken verfolgt zu werden scheint.
«Von welchem Balkon?» frage ich verständnislos, denn Michaels Wohnung hat keinen, und hier die Klinik auch nicht.
«Von deinem natürlich», sagt er, und es gibt mir einen weiteren Stich. Ich wohne im 4. Stock, gute zehn Meter hoch.
«Also Michael, bitte, hör auf damit.»
«Ich meine ja nur, Mami; wenn ich in der depressiven Stimmung bin, kotzt mich mein Leben grauenhaft an, dann möchte ich Schluss machen.»

Es ist die Lebensangst, die ihn umklammert.
Erst atme ich etwas auf, weil er ja hier in der Klinik geschützt ist. Geschützt? Zweifel steigen wieder auf, seinerzeit hatten sich doch – trotz Schutz und geschlossenen Türen – drei junge Leute erhängt, sich umgebracht in der Klinik. Die Angst greift auf mich über, und ich betrachte meinen Sohn, dessen Hände, wie einst, wieder zittern. Er verschüttet den Fruchtsaft, als er ihn trinken will.

«Michael, ist es das Medikament, das das Zittern bewirkt?»
Er ist im Begriff, das Glas hinzustellen, hält aber nun inne, betrachtet die zitternde Hand, und meint:
«Mhm – schon möglich.»
Dann stellt er das Glas hin und konstatiert: «Auf jeden Fall bewirkt es wieder meinen Augenaufschlag».

Ich weiss, was er damit meint: den Zwang, die Augen zur Decke aufzuschlagen, ohne den Kopf nach hinten zu legen. Es sieht grässlich aus, weil man in einem solchen Moment nur noch das Weisse der Augen sieht. Die Augäpfel sind verschwunden. Ich hatte ihn einmal so gesehen und war furchtbar erschrocken, vor vier Jahren. Anscheinend ist es ein Krampf, bewirkt durch die Neuroleptika, die einzunehmen er gezwungen ist. Aber, ich bemerke zum Glück nichts dergleichen. Im Gegenteil – seine Stirn scheint eher etwas weniger umwölkt, seine Augen eher etwas bestimmter und auch klarer, nicht mehr aufgerissen und dunkel. Nein, ich will mich von ihm nicht ins Bockshorn jagen lassen, darf nicht alles wörtlich nehmen, was er sagt. Vielleicht auch empfindet er es nur so oder interpretiert es womöglich auf sich selbst, was er an andern sieht. Ich beschliesse, nur das zu glauben. was i c h sehe. Das ist, was zählt. Ich muss lernen, vorsichtiger zu werden. Der Besuch erschöpft mich, die Stunde ist voll, die Besuchszeit zu Ende. Als der Wärter kommt, stehe ich auf. Noch eine Umarmung, die Versicherung, dass ich wiederkomme, ein Winken noch von der Tür, hinter der er verschwindet. Ich gehe aus dem bedrükkenden, kolossalen Bau hinaus vor die Tür, wo mich die frische Bise empfängt. Es ist kalt und ich fröstle. Langsam gehe ich davon.

4. März

Und bald kamen die abendlichen Telephonanrufe. Wieder drängte er auf Entlassung aus der Klinik. Dann wieder wollte er in eine andere Klinik verlegt werden. So unternahm ich die Schritte zu einer solchen Möglichkeit. Ich war selbst der Meinung, dass Michael in einer freundlicheren Atmosphäre, in einer hellen, mo-

dernen Klinik oder wenn möglich in einer Klinik, die sich in einer offenen Landschaft befindet, besser aufgehoben sei. Im Burghölzli ist es düster, belastend. Und die Szenen, die ich bei den Besuchen manchmal sehe, sind beängstigend:
Einer beginnt, ohne äussere Ursache zu toben, springt die Tür an, öffnet sie, befreit sich aus der Umklammerung des einen Wächters, aber schon sind zwei, drei weitere Männer zur Stelle und nehmen den Kranken in den Griff (ohne ihm weh zu tun, das habe ich zu meinem Erstaunen festgestellt. Die Umklammerung geschieht etwa so: der Pfleger versucht, den Kranken zu hintergehen und von hinten mit beiden Armen den sich Wehrenden zu umklammern. Ich bemerke den eigenartigen Griff der Hände, die sich über der Brust des Kranken schliessen, dessen Arme somit eisern an den Körper gepresst werden. Nur die Beine zucken wild, schlagen aus. Aber da sind die andern Pfleger zur Stelle. Der Kranke wird an den Beinen zusätzlich umklammert, er wird zur Bewegungslosigkeit gezwungen und – erstaunlich – er beruhigt sich!).
Oder ein anderes Beispiel: die Tür, hinter der die Kranken leben, in einem Gemeinschaftsraum, der gegenüber dem Besuchsraum ist, öffnet sich. Ein junger, schmächtiger Mann, mit flehenden Kinderaugen wischt heraus, sieht mich im Besucherzimmer, ich wirke wie ein Magnet auf ihn. Er will auf mich zukommen, steht unter der Tür, flüstert: «Mami, Mami», und schon wird er sanft zurückgezogen, an der Hand gefasst und zurückgeführt, mit den Worten: «Das ist nicht dein Mami.»
Es tut mir weh. Ich habe das Empfinden, ihn in die Arme schliessen zu müssen.

Noch etwas fällt mir auf: Ich sehe nur junge Pfleger, und alle sind fürsorglich. Keiner ist grob, ungehalten oder gar ärgerlich. Im Gegenteil, sie scheinen ein fröhliches Gemüt zu haben. Ob sie es unter diesen Umständen lange beibehalten können? Das scheint mir fraglich. Aber ich bin erstaunt, wie sorgfältig sie – in jeder Situation – mit den Kranken umgehen. Das beruhigt mich etwas. Ich blicke auf meinen Sohn. Er hat davon nichts mitbekommen, ist vermutlich mit sich selbst beschäftigt, hängt eigenen Gedanken nach. Auch das ist etwas, das ich zu ändern wünschte. Aber wie?

5. März:

Ich lese die Tageszeitung. Ein Artikel fällt mir auf: «Begegnung am Abendhimmel». Der Titel zieht mich an, ich beginne zu lesen: «Die beiden Planeten, Mars und Jupiter, werden sich am Sonntag, dem 2.3.80, ein besonders spektakuläres Rendez-vous geben, zu denen sich dann auch noch der Vollmond gesellt» (Da haben wir es: in der Nacht der Wiedereinlieferung war Vollmond; begierig lese ich weiter:)
«Der hellstrahlende Jupiter, der grösste Planet im Sonnensystem, und der rötlich schimmernde Mars, der erdnächste der äusseren Planeten, nähern sich einander um 20.00 Uhr MEZ bis auf einen geringen Abstand von nur noch 3 Grad des Himmelsbogens; von der Erde aus gesehen erstrahlen so die beiden wie ein einziger Stern.
Der Vollmond zieht am Samstag, 1.3.80 in nur 0,9 Grad Entfernung am Jupiter und im Abstand von 4,4 Grad am Mars vorbei.»

Und während ich dies also lese, schlägt der Blitz der Erkenntnis in mein Bewusstsein: alle drei Planeten habe ich in meinem eigenen Geburtshoroskop, und in all meinen bisherigen, schicksalhaften Zeiten, in meinem an sich stets konfliktbeladenen Leben, waren s i e mir nah!
Ich wundere mich nun nicht mehr, dass sich seit Februar die Schwierigkeiten zu häufen begannen, sich am Sonntag anscheinend zu einem Höhepunkt zusammengeballt hatten und schliesslich dazu führten, dass ich Michael habe in die Klinik bringen müssen, dass auch mein eigenes Leben konfliktgeladen erscheint.

Die Astronomie beweist mir damit die Einwirkung der Sterne, der Himmelskörper allgemein, auf das menschliche Leben. Jedenfalls, was mich und meine Kinder betrifft.
Morgen werde ich meiner Tochter telephonieren, um zu hören,

wie es ihr geht. Denn auch sie hat gerade eben, zum genau gleichen Zeitpunkt, einen neuen Lebensabschnitt begonnen. Auch sie hat den Mond in ihrem Geburtszeichen – ich werde telephonieren. Jetzt ist es zu spät.

6. März

Ich habe mit Arlette telephoniert. Wenigstens ihr geht es gut. Sie scheint im Moment mit keinen Problemen belastet. Bei meiner Schilderung über Michaels Zustand aber wurde sie ungehalten! «Mein Bruder ist ein Egoist, er denkt nur an sich und an die Befriedigung seiner Wünsche. Immerzu fordert er Aufmerksamkeit für sich!»

Sie sieht die Dinge, wie sie sind. Sie mag recht haben. Ich weiss es nicht – aber ich bin die Mutter, und eine Mutter ist auch da für ein schwieriges Kind. Was bleibt denn sonst?

Habe ich nun ein schlechtes Gewissen meiner Tochter gegenüber, die auf eigenen Füssen steht, darauf achtet, mich nicht auch noch zusätzlich zu belasten? Ich weiss, Arlette nimmt Rücksicht, versucht, mir sogar eine Stütze zu sein.

8. März

Es ist 18.30 Uhr. Das Telephon klingelt.
Michael.
Er weint.
Und fühlt sich einsam, verlassen, allem ausgeliefert. Er ist in einer Depression, sagt, dass er es kaum noch aushalte, und wieder sagt er, dass er Schluss machen würde, wäre er draussen.

Es ist wahr. Michael hält mich auf Trab. Da auch ich noch immer eigene Schwierigkeiten habe, immer noch viel weine, selber depressiv bin, bringt mich seine Stimmung auch zum Weinen. Nun weinen wir beide. Und ich bin wie gelähmt, bringe es nicht über mich, Schritte zu unternehmen, die Michael helfen könnten.

So habe ich versucht, Maya anzurufen, um zu sehen, ob sie uns behilflich sein könnte. Ich kam aber nicht dazu, ein Anliegen vorzubringen. Sie war in Eile, wollte weg. Sie habe ein Rendez-vous. «Ein andermal dann, tschüss», sagte sie, und ich wusste, dass ich, wie immer, auf mich selbst gestellt blieb, allein weitermachen musste. Man soll sich nicht auf andere verlassen. Jeder ist sich selbst der nächste. Wie wahr!

Andererseits aber verstehe ich Maya auch, denn ihre Nerven liegen bloss. Sie ist durcheinander. Sie versucht, von Michael Distanz zu nehmen. Sie kann auch nicht mehr, scheint mir. Michael hat dazu seinen Beitrag geleistet, ich weiss. Er muss jetzt ebenfalls damit fertigwerden, dass das Mädchen sich zurückzieht. Das ergibt naturgemäss wieder eine seelische Belastung mehr für Michael.

10. März

Maya hat Michael besucht. Ich bin dankbar dafür. Sie brachte ihm ein aufmunterndes, dickes Buch mit Loriot-Zeichnungen. Er zeigte es mir voll Stolz, sagte, dass er alles gelesen und durchgeschaut habe. Maya habe aber auch gesagt, dass sie jetzt wegfahre, mit ihrer Mutter. Sie wolle von allem etwas Distanz gewinnen. Also ein Abschied.
Meine Besuche jedoch bleiben. Aber es zieht mich immer mehr ins Tessin. Dort fühle ich mich zu Hause, bin ich weg von Stress, Bedrückung, Hetze, Kummer und auch Lärm. Im Tessin ist es ruhig in meinem Häuschen. Ich möchte hin.

Später
Michael hat telephoniert. Er drängt auf Verlegung, weint wieder.
Es wühlt mich auf. Ich merke, dass ich einfach nicht mehr die alte bin. Fühle mich matt, geschlagen, ohne jeden Mumm.

Nach dem Telephon weine auch ich, telephoniere in die Klinik, werde mit einer Ärztin verbunden. Ich bitte darum, Michael je-

manden zu schicken, der ihm in seiner momentanen Verzweiflung zuspricht, der versucht, ihn aufzumuntern. Ich könne es nicht, heute nicht.
Die Ärztin sagt, dass sich in einem solchen Fall die Pfleger einschalten, sich bemühen, ich könne beruhigt sein.
Ich frage, ob es möglich sei, Michael eventuell zu verlegen?
«Natürlich» sagt sie, «wir sind froh um jedes freie Bett».
Da haben wir es. Es herrscht Bettennot in den psychiatrischen Kliniken und Not an Ärzten und geschultem Personal. Nicht nur hier, überall. Ich wusste es, hatte es aber vergessen. Es dürfte daher schwierig werden, Michael zu verlegen. Ich bin bereits wieder entmutigt, setze mich jedoch hin und schreibe an den Oberarzt ein paar diesbezügliche Zeilen. Ich weine, kann deshalb nicht telephonieren. Und schreibend vermag ich mich auch besser auszudrücken.

Ich setze die dunkle Brille auf und begebe mich zum nächsten Briefkasten, werfe den Brief ein.

12. März

Michael tlephoniert. Er ist entlassen worden, ist frei. Er sagt, dass der Arzt der Meinung sei, dass man ihn nicht unbedingt dislozieren müsse. Er finde, dass Michael sich soweit ganz gut erholt habe, um es draussen wieder zu probieren. Er hätte die momentane Krise überwunden. Da er selbst gekommen sei, dürfe er auch wieder gehen und müsse nicht den beschwerlichen Weg aus der geschlossenen Abteilung in die offene machen, von dort dann in die Nachtklinik usw.

Michael kommt zum Essen und ich sehe, dass es ihm wirklich wieder etwas besser geht. Aber er ist wortkarg. Es gibt kein Gespräch. Und ich bin müde.

Ich bin noch immer wie erschlagen, weine noch immer, kann mich nicht finden, bin wie gelähmt, depressiv auch – ich, die ich das nie gekannt habe. Ich bin mir selbst fremd geworden, erkenne mich nicht. Es ist höchste Zeit, nun auch zu mir selbst zu sehen.

13. März

Ich gehe ins Tessin. Michael kann nun zu sich selbst schauen, braucht mich nicht unbedingt. Schon ist ein Teil meiner krank geschriebenen Tage vergangen, ohne dass ich sie für mich nutzen konnte. Es zieht mich hinunter in den Süden.

14. März

Nun kann ich atmen, fühle mich nicht mehr wie ein Fisch, der auf dem Rücken schwimmt, eher wie einer, der sich wieder «kiemt». Hier ist der Frühling schon weit fortgeschritten, die Magnolienbäume tragen die noch geschlossenen Blütenkelche, während die Kamelien schon in vollster Pracht erblüht sind. In der Natur schimmert es vom weissen Blust der Fruchtbäume, auch vom Gelb der Mimosen und des Goldregens. Die Pfirsichbäume sehen mit ihren rosafarbenen Blättern zart und lieblich aus, das Grün der Wiesen ist saftig. Man riecht den Duft des Grases.

Ja, hier kann man atmen und leben. Hier bin ich zuhause.

18. März

Michael hat telephoniert, fragt, ob er auch ein paar Tage hinunterkommen soll. Es wird ihm gut tun, hier in der Ruhe und der dörflichen Abgeschiedenheit.

Ich freue mich auf ihn.

19. März

Ich gehe zu Remo, dem Mann, der für mich den Chauffeur spielt, der mich jeweils abholt mit seinem VW, wenn ich von Zürich herkomme. Ich frage ihn, ob er diesmal die Fuhre machen würde, um meinen Sohn abzuholen, der sich angemeldet habe. «Si, Signora, certo», sagt er und lächelt.

Der Bus hält. Michael steigt aus. Remo bleibt bei seinem Wagen, während ich auf meinen Sohn zugehe. Eine kurze Begrüssung, und schon sind wir wieder auf dem Heimweg, zu dritt. Zuhause legt Michael sich auf den Teppich, streckt sich aus und seufzt, beide Augen mit seinen Händen bedeckend: «Die Augen tun mir weh. Ich habe vergessen, das Gegenmittel für die Krämpfe zu nehmen.»
«Dann nimm es jetzt».
«Hab es gerade eben hinuntergeschluckt».
«Ohne Wasser? – Michael, du solltest dazu trinken!»
«Bin mich gewöhnt, so.»
Ich insistiere nicht.

Eine halbe Stunde später greift Michael in seine hintere Hosentasche und erschrickt. Er hat sein Portemonnaie nicht mehr. Es ist samt Inhalt von rund Fr. 350.–, dem Retourbillet, dem persönlichen Ausweis und andern Dokumenten verschwunden. Ich werde aufgeregt. Auch das noch! Michael meint, dass es vielleicht in Remos Auto liege, dass es ihm dort herausgerutscht sei. Wenn nicht, dann höchstwahrscheinlich schon im Bus. Mittlerweile ist es kurz vor neun Uhr abends. Ich weiss, dass spät nochmals ein Bus bis Lugano hinunterfährt, weiss auch, dass er alsdann wieder zurückkommt und weiss ebenso bestimmt, dass ich nun gleich etwas unternehmen müsse, nicht mehr zuwarten kann. Wieder eile ich in Remos Haus. Der Mann ist müde. Man sieht es ihm an. Er ist ein Frühaufsteher, so um drei, vier Uhr morgens erhebt er sich, und abends um acht, neun geht er zu Bett. Aber es ist ihm eine Selbstverständlichkeit, mir dienlich zu sein. Wie gehen zu seinem Auto, leuchten alles ab. Er greift und kontrolliert. Nichts. Kein Erfolg.

Wie gehen zurück zu seinem Haus, seine Frau begibt sich zum Telephon, frägt sich durch nach dem Chauffeur Giovanni Ferrari, läutet ihm an. Er ist nicht zu Hause. Also warten wir. Es ist hoffnungslos. Ich verabschiede mich, gehe zurück. Kaum angekommen höre ich den Klopfer an der Türe. «Signora, Signora, ho trovato», ruft die Frau von Remo. Ich schliesse auf, ungläubig. Sie sprudelt hervor, dass Michael sofort mitkommen solle. Remo werde ihn hinunterfahren.

Und so fand alles sein gutes Ende. Aber weder Ferrari noch Remo wollten das verdiente Trinkgeld annehmen. Beide verzichteten.

20. März

Ich bekomme einen Telephonanruf vom Geschäft in Zürich. Meine Vorgesetzte sagt, dass sie am folgenden Tag in Lugano sei. Es würde sie freuen, wenn sie mich treffen und zum Mittagessen einladen dürfe.
Die Freude war meinerseits. Ich hatte ihr so viel vom Tessin erzählt, sie weiss, dass dies mein Reduit ist. Und ich denke, dass es die Neugier ist, die sie zu mir bringt. Denn selbstverständlich werde ich sie zu meinem Haus führen, das zwar nicht «mein» Haus ist, ich habe es nur für viele Jahre gemietet.
Oh ich Schaf! Wie konnte ich nur so naiv sein. Alles verlief freundlich und nett, und schliesslich, kurz vor dem Abschied – sie wollte noch zu Freunden nach Mailand, um dort das Wochenende zu verbringen – sagte sie: «Sie können sich denken, dass mein Kommen einen Grund hat, oder?»
Erstaunt sah ich auf. Dann kam das Herzklopfen. Der Mund wurde trocken, und schon fuhr sie fort: «Es gibt Schwierigkeiten im Geschäft. Man will Sie vorzeitig pensionieren. Ich wusste, dass Sie am Montag wieder ins Geschäft kommen wollten, und ich bin da, um es zu verhindern. Ich habe den Herren erklärt, dass man so auf diese Weise nicht mit einer langjährigen treuen Mitarbeiterin umspringen könne, dass man sie nicht ahnungslos das Büro betreten lasse, um sie dann hereinzubitten und ihr zu eröffnen, was die Glocke geschlagen hat. Nein, ich fahre hinunter und bringe es ihr

selbst bei. Sie können sich denken, wie ungern ich das tue. Aber es ist nicht mein Geschäft, und mir ist es lieber, wenn ich es Ihnen selber sagen kann. Und noch eins: bleiben Sie vorerst hier im Tessin, kommen Sie nicht nach Zürich, kommen Sie nicht ins Büro. Der Patron spinnt, ist ungeniessbar. Ich werde sagen, dass es Ihnen noch nicht gut geht, dass Sie noch bleiben. Schauen Sie zu, ein Arztzeugnis zu bekommen. Sie wissen, was Sie nun erwartet?» Ich wusste es.
Oh ja, ich wusste es ganz genau. Noch war mir die Antwort der beiden Herren von der Pensionskasse in Erinnerung: eine Einbusse von über Fr. 200.– monatlich als Rente, lebenslänglich. Habe ich geschuftet, um nun im Alter zu darben? Um so um meine kleine Rente gebracht zu werden? Das war hart. Ich fand keine Worte, und dann fragte sie mich: «Was wollen Sie tun?» Ich flüsterte: «Ich weiss es nicht. Ich weiss es nicht.»
«Wenn Sie meinen, dass ich Ihnen irgendwie helfen könnte, sagen Sie es mir.»
Ich schüttelte den Kopf, fand keine Worte mehr. Bisher habe ich immer gewusst, was zu tun war im Leben, immer. Habe immer wieder einen Weg gefunden. Aber diesmal? Ich war zutiefst verletzt.
Ich bin 59 Jahre alt – fühle mich nicht gut – bin müde und einfach nicht auf dem Damm. Was soll nun werden? Ich bin zu alt geworden für eine Wiedereingliederung. Wer schon will eine «alte» Frau? Im Geschäftsleben ist man «out» in diesem Alter. Was mir bleibt, ist jedem klar, besonders mir. Nun bin ich erst recht aus der Bahn geworfen, diesmal aber mit Wucht und ohne Pardon.
Ich bleibe stumm, während die Vorgesetzte sich erhebt und verabschiedet. Ich bleibe erschlagen sitzen, während sie geht. «Ich kann nicht mehr, nein, ich kann wirklich nicht mehr», ist das einzige, was ich denke, denken kann, und dann steigt der Wunsch auf, übergross und schrecklich: «Einfach Schluss machen wäre das Beste.» Und ich nicke, erkenne: «Nun bist du genau so weit, wie dein Sohn. Wieder sitzen wir im selben Boot.»
Ich empfand, wie sehr mein Lebensnerv getroffen war, spürte, wie die Lähmung in mir hochkroch, fühlte mich hilflos, am Ende.

Mein Selbstwertgefühl war tot. Ich auch. Verwundert stellte ich fest, dass ich noch atmete.
Dann kam Michael, der sich verzogen hatte, als er merkte, dass etwas los war. Er wollte nicht zusätzlich belastet werden. Aber nun sah er mich fragend an. Ich sah seine Angst, wusste, dass ich etwas sagen musste, zwang mich zu den Worten: «Sie wollen mich raushaben aus dem Geschäft – irgendwie schaff' ich es schon. Es sind ja nur noch drei Jahre, bis ich die Altersrente bekomme.» Ich verstummte, konnte meinem Sohn nicht ins Gesicht sehen, denn es wurde mir bewusst, dass ich log, weil alles in mir schrie: «Nein, ich schaff es nicht – ich schaff es nicht!»

23. März

Die letzten beiden Tage waren schwer. Ich bin am Verzweifeln, weiss mir keinen Rat, weiss nur eines: «Du kommst in Not.» Der Satz verfolgt mich, lähmt mich. Ich kann nichts anderes denken.

Heute muss Michael zurück. Er hat morgen einen Termin beim Arzt. Kurz nach drei Uhr am Nachmittag verabschiedet er sich, zögert noch, als hätte er Mühe zu gehen. Mein Sohn hatte wieder einmal eine Vorahnung des kommenden Unheils, während ich noch ahnungslos war. Oft schon spürte Michael im voraus, wenn etwas Drohendes auf uns zu kam. Er hat manchmal den sechsten Sinn.

Er ging. Ich war allein, versuchte, alle Dinge ins richtige Licht zu setzen, mit mir endlich ins Reine zu kommen. Aber ich war ratlos, drehte mich im Kreis.
Da klingelte das Telephon.
«Ospidale italiana. Bitte, erschrecken Sie nicht. Ihr Sohn hat einen Unfall erlitten. Er wurde bei uns eingeliefert.»
Natürlich erschrak ich sehr.

Remo führte mich ins Spital, zum Schalter. Ich erkundigte mich nach Michael, weinend.

«Ah, sind Sie die Mutter?» wurde ich gefragt, auf Schweizerdeutsch. Endlich ein vertrauter Klang. Das Mädchen war nicht nur jung und hübsch, sondern auch von gewinnender Freundlichkeit. Ich schloss es sofort in mein Herz. «Sie sollten nicht weinen, so schlimm ist es ja nicht. Michael lebt und ist munter. Es liegt auch keine Lebensgefahr vor. – Nun wollen wir mal sehen, wo er steckt.»
Aber Michael war vorerst nicht zu finden!
Als er dann gebracht wurde, lag er auf einem weiss bezogenen Bett, bereits von den Kleidern befreit, in einem Spitalhemd. Er hing an einem Infusionsapparat. Ich starrte auf den Tropfenzähler, dann auf Michael. Und erschrak von neuem. Sein Gesicht war verquollen, aufgedunsen, seine Lippen dick und unförmig, und ich sah in ein dunkles Loch hinein, als er versuchte zu sprechen. «Sali Mami», brachte er hervor, «ich bin gefallen, weiss nicht wie.» Der Arzt trat auf mich zu und erklärte, dass Michael anscheinend einen schweren Sturz gehabt habe, dass sie aber nicht recht begriffen, wie es hergegangen sei. Und Michael erklärte mir dann, er wäre auf dem Weg gegangen, der breite Natursteintreppen habe. Da hätte es ihm vor den Augen geflimmert. Von da weg wüsste er überhaupt nichts mehr.

Michael wurde in ein Zürcher Spital übergeführt. So begann ich, Spitalbesuche zu machen, statt psychiatrische Klinikbesuche. Ein kleiner Unterschied. Noch immer wussten wir nicht genau, wie der Sturz Michaels erfolgt war, aber die Ärzte waren alle der Meinung gewesen, dass die neuen Medikamente, die Neuroleptika, die man Michael verabreichte, das «black-out» bewerkstelligen konnten, wenn sie sich auch nicht darüber einig waren.
Ich war inzwischen in Michaels Wohnung gewesen, um Kleidungsstücke zu holen. Er musste im Bett liegen, obschon er gern aufgestanden wäre. So beeilte ich mich, und später sassen wir dann, mitsamt dem Tropfenzähler, der Michael während einer Woche begleitete, im Foyer. – Ich bemerkte, wie sich die Gesichtsgeschwulst zusehends verlor, wie das Auge sich erst dunkel, ja schwarz, umfärbte, um dann über Violett ins Bläuliche zu wandern und schliesslich, nach einigen Tagen, sich im immer heller

werdenden Gelb zu verlieren. Aber das «Loch» blieb, das der Zahnverlust geschlagen hatte. Inzwischen trug Michael eine Zahnspange. Er wurde also zahnchirurgisch versorgt.
Bald darauf stand er wieder auf eigenen Beinen, konnte sich selbst verpflegen.
Ich fuhr wieder hinunter in den Süden. Und erst jetzt kam bei mir die Reaktion. Die Spannung liess nach, ich klappte zusammen.

Die eigenen Probleme tauchten nun wieder auf, erheischten ihr Recht, erforderten Auseinandersetzung.
Ich habe Angst.
Angst? Ja, sie ist es, die mich umklammert. Ich habe vielerlei Ängste, verschiedene, und alle miteinander, nebeneinander, durcheinander. Ich werde «gewirbelt» von Ängsten.

4. April, Karfreitag.

Ein Tag der Besinnung. Ich blicke zurück:

Ein entsetzliches Gefühl.

Das erste Mal, als es mich überkam, damals in Zürich, Ende März, sass ich ruhig in einem Sessel und betrachtete Dias, die auf der Leinwand erschienen und von meinem Wohnungs-Mitinhaber Dino vorgezeigt wurden, dem ich drei Räume überlassen hatte. (Ich begnüge mich nun mit zwei. Küche, Badezimmer und WC benützen wir gemeinsam.) Ich habe Glück gehabt mit diesem jungen Mann. Er ist 34, ledig, und zuckerkrank. Und er versucht nun, mich abzulenken, «bekocht» mich manchmal auch, weil ihm dies Spass macht und weil ich gar keine Energie mehr dafür habe. Noch immer bin ich körperlich und seelisch taub, hilflos, einfach «am Ende».

Ich sitze also da und lasse die Bilder von China an mir vorüberziehen, versehen mit dem nötigen Kommentar. Und da begann es. Äusserlich war mir nichts anzumerken. Alles spielte sich im Innern ab.

Ich versuche, das Gefühl nun nachzuvollziehen:
Ich taumle, wirble hinein in einen saugenden Schlund, es reisst mich in eine Tiefe, drinnen in mir, die entsetzlich ist. Allein schon sich diesem saugenden Strom entgegenstemmen zu müssen, der mich hinunterziehen will, ist ein schreckliches Gefühl, und die Angst, die ich dabei empfinde, ist unmenschlich, fast so, als ob nun mein Leben enden würde. Der Sturz geht ins Bodenlose, immer tiefer, tiefer. Wie kann man so in sich selbst hineinstürzen? Ich bin einssechsundsechzig gross, aber der innere Abgrund ist endlos. Ich falle durch Welten, wie wenn ein Staubkörnchen, im All fliegend, sich senkt. Ich falle, nein, ich stürze, stürze! Bedeutet dies den Tod? Ich sitze reglos, erstarrt.
Dann klingt es ab. Ich versuche, aufzustehen. Mein Wohnungspartner blickt erstaunt auf. Wortlos gehe ich in mein Zimmer, lege mich hin. Schlaf überfällt mich.
Als ich wieder erwache, spüre ich eine bleierne Müdigkeit. Sonst nichts Weltbewegendes, nicht mal Angst.
Dino erkläre ich, dass mich ein plötzliches Unwohlsein befallen hätte, er möge mich entschuldigen.
«Nun ja, die Dias laufen ja nicht davon. Wir werden schon wieder mal eine Gelegenheit finden, um weiterzufahren.»
«Danke. Sehr lieb von Ihnen – ja gerne», sage ich.

Dann fahre ich wieder hinunter in den Süden. Und dort geschieht es zum zweiten Mal.
Diesmal liege ich in der Wohnstube, lesend, als es mich wie ein lauerndes Tier anspringt, überfällt. Alles wiederholt sich, mit der gleichen Entsetzlichkeit.
Als es abklingt, erhebe ich mich zitternd. Nein, ich will nicht liegen bleiben. Es drängt mich hinaus. Mit müden Schritten schleppe ich mich auf «meinen» Stein. Warm umfängt mich die Sonne, begütigend. Starr, in mich zusammengezogen, sitze ich da, eine lange Weile, dann lässt die Verkrampfung nach. Ich bin müde. Lebensmüde. Ich mag nicht mehr, kann nicht mehr.

5. April

Heute hat Arlette Geburtstag. Den 24.
Ich habe eine hübsche Geburtstagskarte geschrieben und konnte es heute nicht unterlassen, noch ein Glückwunschtelegramm zu schicken, worin ich ihr alles Liebe wünsche.
Abends wollte ich – aller guter Dinge sind drei – noch telephonieren. Ich erreichte sie auch, aber erst recht spät.
«Du strengst dich aber mächtig an, Mami», lachte sie.
«Ich wollte dich doch bloss noch hören und dir sagen, dass eine Flasche Burgunder bei mir zu Hause bereitsteht, wenn ich zurückkomme aus dem Tessin».
«Also Mami, du machst Geschichten. Ich komm doch auch sonst vorbei, du brauchst mir wirklich nichts zu schenken.»
Dann plauderten wir noch, inzwischen war es längst nach Mitternacht. Aber als wir einhängten, fühlte ich, wie gut es mir getan hatte, ihre frische Stimme zu hören.

15. April

Heute ist Maya gekommen, mitten am Nachmittag.
«Ja, hast du heute frei?»
Sie druckste herum, dann sagte sie: «Ich war beim Arzt.»
«Aha, geht es nicht sehr gut?»
«N-nein», sie machte eine Pause, und bevor ich weiterfragen konnte, fuhr sie fort: «Ich bin im dritten Monat.»

Wieder bekam ich einen Hieb. Meine Gedanken wirbelten im Kopf: Hat sie denn die Pille nicht genommen? Oder hat sie immer noch diese unsichere Spirale?
«Du brauchst dir keine Sorgen zu machen. Auch Michael nicht.»
«Arme Maya, auch das noch. Das hat gerade noch gefehlt . . .»
«Du brauchst wirklich keine Angst zu haben. Ich habe den Doktor zwar angeschrien, gesagt, dass er in meinem Fall verpflichtet wäre, einzugreifen. Er könne sich nicht drücken. Er hat mich wortlos und erstaunt angesehen, so als ob er sich fragen wollte: Ist

die normal? Ich habe aufgeregt gerufen, dass ich nichts Krankes haben will, dass ich dieses Kranke in meinem Bauch verabscheue, hasse, dass ich kein geisteskrankes Kind wolle und – und weisst du, in diesem Moment hasste ich auch Michael, hasse ihn glaub immer noch. Mir ist übel – speiübel – und ich will, dass Michael nicht mehr anruft. Ich muss Distanz haben. Er soll mich in Ruhe lassen. Am Donnerstag kann ich in die Klinik. Es geschieht ein legaler Eingriff. Der Arzt war vernünftig. Ich habe ja auch Beweise: Michaels Arzt.» Sie schwieg. Und in mir klang nach, dass sie Michael hasse. Michael.

28. April

Mehr als ein Monat ist vergangen. Aber alles, was dieser grauenhafte Monat März in sich barg, hat an mir, in mir, seine Spuren hinterlassen. Die Starre hat sich gelockert, aber ich bin noch immer verkrampft, körperlich, seelisch. Noch immer bin ich durch diese vier Wochen andauernder Schicksalsschläge gelähmt. Ich wundere mich, dass ich zu allen Tageszeiten schlafen kann. Die Nacht genügt mir dazu nicht mehr. Ich bin so müde, dass mir nichts anderes bleibt, als mich hinzulegen und zu schlafen. Man sollte meinen, dass ich schlaflos sein müsste, nach all den Ereignissen.

Nun sind auch die Migränen wieder – wie einst – zurückgekehrt und dazu noch die Kreuzschmerzen. So viele lange Jahre habe ich beides nicht mehr gehabt. Vermehrt auch macht mir nun zusätzlich die Hüft-Arthrose zu schaffen. Ich soll in wenigen Jahren ja operiert werden. Mit was ich die Operationskosten bezahlen soll, da ich nicht mehr arbeite, ist mir schleierhaft, ängstigt mich auch schon. Ich habe das Empfinden eines Fluchtgefühls. Einer Flucht, wohin denn? Mir scheint, dies ist ein Ausdruck für die Lebensmüdigkeit.
Wenn ich daran denke, dass ich nun noch drei Jahre lang arbeiten sollte, ganz abgesehen davon, dass ich etwas finden muss, steigert sich meine Angst. Das Selbstwertgefühl habe ich verloren. Ich

glaube nicht mehr daran, dass ich überhaupt noch arbeiten kann. Und wie soll ich auch arbeiten können, wenn ich dauernd ein solches Schlafbedürfnis habe. Wenn dieses entsetzliche Gefühl des Erschöpftseins mich lähmt.

Es ängstigt mich grauenhaft, nun noch für meine alten Tage in finanzielle Bedrängnis zu kommen. Die Überbrückungszeit scheint mir endlos. Das ständige Gefühl des «ich kann nicht mehr – mag nicht mehr» ist meinem ursprünglichen Wesen noch immer fremd. Ich staune, dass dieses Gefühl mich so zu beherrschen vermag. Ich bin gelähmt im Tun und im Wollen. Und ich kann nicht einmal mehr schreiben. Schreiben, das doch bisher stets ein entlastendes Ventil war. Ich strenge mich an, das Tagebuch weiterzuführen, obgleich ich der Überzeugung bin, dass dies nichts hilft. Wozu denn schreibe ich? Ich habe ja nichts Schönes, Aufmunterndes zu schreiben. Ich schreibe über mein Elend. Ich kann es ebensogut sein lassen.
Aber da ist noch Michael.

Michael. Heute ist sein 28. Geburtstag. Dies bedrückt mich zusätzlich. Erkennen zu müssen, wie ein junger Mensch bereits zerbrochen ist. Nein, es geht ihm nicht sehr gut. Er ist manchmal gereizt in seinen Antworten, wenn ich mich nach seinem Befinden erkundige. Noch immer ist ein Gespräch nicht möglich. Zwar sind wir durch die Telephondrähte verbunden – aber ein jedes schweigt. Ich mag doch nicht fragen, wenn ich spüre, dass allein schon die Fragen ihn reizen. Ich fühle, dass er Schwierigkeiten hat. Und jetzt fallen auch Rechnungen über uns herein, die zu bezahlen sind. Die Kosten der Ambulanzen, die notwendig waren, und jetzt auch noch ein neuerliches Schreiben vom Gericht.
Was soll ich denn tun? Ich bin jetzt ausserstande, dem Gericht Red und Antwort zu stehen. Fast bin ich so weit, auszurufen: «Lasst mich doch endlich in Ruhe!» Ich merke jetzt, wie sehr ich damit bereits meinem Sohn ähnlich werde! War das nicht sein Ausspruch gewesen, als er damals in die Klinik musste? Bin ich bald selbst auch so weit? Wieviel kann ein Mensch ertragen, ohne zu zerbrechen? Bin ich es schon?

Ich möchte schreien. Laut. So wie mein Sohn damals. Ich bin am Ende. Das Leben, all die Sorgen, Kämpfe, Ängste, die mich umklammern, nehmen mir das Atmen, das letzte Restchen Lebensfunken. Ich weine. Ja – das kann ich noch. Doch was hilft's. Ich sehe keinen Ausweg, keine Tür, nur das Nichts.

Gerade hatte ich das letzte Wort geschrieben, als das Telephon klingelte.
«Wo bist du nur, Mami? Das ist ja sagenhaft, wie du verschwindest, als ob man dich verschluckt hätte. Ich habe dich überall gesucht, fand dich aber nicht.»
Arlette, meine Tochter.
Ich versuchte, mich aufzufangen. Wir plauderten. Plötzlich sagte sie: «Du, ich habe Papi gesehen. Ich bin ihm über den Weg gelaufen.»
«So?»
«Ja, und ich habe ihm gleich gesagt, dass Michael verunfallt ist und im Spital. Ich wollte ihm den Trakt und die Zimmernummer angeben. Er wehrte ab. Es schien mir, als ob er sich geradezu mit Händen und Füssen dagegen wehren wollte, Michael zu besuchen. Ich fand das komisch.»
«Ist es aber nicht. Weisst du, es ist bei ihm Unvermögen. Nicht, dass er nicht will. Er kann nicht. Er konnte es auch vor vier Jahren nicht, als Michael in der Psychiatrischen war. Er hat ihn nicht ein einziges Mal besucht.»
«Ja, ich erinnere mich.»
«Vermutlich belastet es ihn noch immer, dass er uns im Stich gelassen hat. Mit Michael war das ja immer etwas Besonderes gewesen, weil die zwei sich so ähnlich waren. Mir schien stets, als ob die Nabelschnur zwischen ihnen liefe und nicht von Michael zu mir.»
«Ja, so habe ich es auch empfunden. Papi hat mich nie beachtet. Für ihn galt nur Michael. Immer! Ich stand abseits.»
«Darüber hast du dich oft beklagt und hast auch geäussert, dass du nicht mehr zu Papi auf Besuch gehen wolltest.»
«Ich langweilte mich eben. Du – er hat noch gesagt, dass er Michael schreiben will. Einen Brief.»
«Ja, das verstehe ich auch wieder. Ein Brief ist zwar etwas Persön-

Das verlorene Ich

liches, doch gleichzeitig hat man keinen Hautkontakt. Papi hat unbewusst Angst, weisst du?»
«Jetzt noch – nach so langer Zeit?»
«Warum nicht? Wenn man ein Geschehnis nicht verarbeitet, sondern nur verdrängt, trägt man es sein Leben lang auf dem Buckel. Papi hat es nie verdaut, dass er seinerzeit über «seinen eigenen Schatten gesprungen» ist, so sagte er doch damals. Er könnte es nicht noch einmal tun.»
«Papi kann aber keine richtigen Briefe schreiben, das weisst du doch auch, Mami?»
Ich wusste, was sie damit meinte. Er bemühte sich, nett zu schreiben. Aber der Vorwurf darin war ständig herauszuhören, dass sich die Kinder nicht um den Vater kümmerten.
Hat er es denn getan? Zwar hat er prompt und regelmässig die Alimente gezahlt, hat nie auch nur einen Geburtstag seiner Kinder vergessen. Aber darüberhinaus war nichts. Rein gar nichts. Er hatte ja eine junge Frau!

«Mami, bist du noch dran?»
«Ja, Arlette – komm, lass es gut sein. Wir können nichts ändern.»
Sie plauderte, versuchte auch, mir Ratschläge zu geben für die unmittelbare Zukunft und meinte, dass ich vielleicht ein Inserat in die Zeitung setzen sollte, um etwas Befriedigendes zu finden, denn ich musste ja etwas verdienen.
Ich wehrte mich schwach. Noch konnte ich an nichts dergleichen denken. Noch immer bin ich blockiert.
Als Arlette sich verabschiedete, hängte ich meinen Gedanken nach. Welche Gefühle kamen jetzt, nach zwanzig langen Jahren, über mich? Ich versuchte, sie zu realisieren. Ja, das Vaterbild meiner Tochter ist gestört, war es immer schon gewesen. Ich habe es nicht ändern können. Auch nicht gewollt, ich gebe es zu. Vermutlich habe ich ebenfalls den Schock nie verwinden können, als mein Mann davonging, um mit einer andern zusammen zu leben. Ich war damals zutiefst getroffen und verletzt, als mein innigstes Wunschbild so jäh vernichtet wurde. Dass es mir verunmöglicht wurde, zusammen mit meinem Mann, durch dick und dünn, Hand

255

in Hand alt zu werden, umgeben von unseren Kindern und Kindeskindern. Dieses heile Bild einer guten, starken Ehe ...
So bin ich in der Folge allein geblieben, brachte es, trotz einiger Möglichkeiten, nicht fertig, mich wieder zu binden. Ganz bewusst habe ich damals die Frau in mir zurückgestellt, ja, eigentlich vergewaltigt, wenn man es richtig betrachtet. Ich blieb allein. Mein Blick war auf die Kinder, die Arbeit konzentriert. Ich selbst war nicht wichtig. Ich hatte etwas Glück geniessen dürfen, sollte mich damit nun bescheiden. Aber manchmal dachte ich doch daran, dass ich, würde mir noch ein spätes Glück erblühen, zugreifen würde. Später. Dann, wenn die Kinder erwachsen sind.
Nun sind sie es, und ich habe kein Verlangen mehr. Sorgen und Kümmernisse kamen, die meine ganze Aufmerksamkeit erheischten, in Atem hielten. Und so ist es geblieben. Bis heute.
Damit hat mich die Gegenwart wieder. Was nun?

5. Mai

Ja, was nun?
Ich war doch stets in meinem Leben ein «Stehaufmännchen» gewesen, habe mich nie unterkriegen lassen, auch wenn ich auf der Erde lag und Dreck schluckte. Ich habe immer gekämpft. Warum tue ich es jetzt nicht mehr? Wo ist dieser Lebensfunken heute? Das innere Flämmchen, das noch vor zwei Jahren Unmögliches wahr machen konnte?
Damals sass ich doch im Rollstuhl, schien dazu verdammt, darin sitzenzubleiben, gepeinigt von immerwährenden, grausamen Schmerzen. Hat nicht meine Ärztin, wenn sie mich heute sieht, bei einer der sporadischen Kontrollen, ihre Freude daran, dass ich es «geschafft» habe, von meiner Polyarthritis so weit wegzukommen, dass ich meine Glieder wieder benützen kann. Ohne allzu starke Schmerzen und ohne jegliche Medikamente. Damals bin ich noch einmal davongekommen, weil mein Lebenskern eine unbändige Kraft besass.
Warum verspüre ich diese Lebensquelle nicht mehr?

Das verlorene Ich

Es ist die Resignation, die mich lähmt, mich in der defensiven Haltung erstarren lässt. Die Resignation ist mein Feind, den es zu bewältigen gäbe, wenn ich es noch einmal versuchen wollte. Will ich es denn? Ich bin müde. Meine 59 Jahre drücken mich wie 100. Mit einer solchen Last ist es schwer, zu kämpfen. Aber warum werfe ich den Ballast nicht einfach ab?

«Schau vorwärts, Werner, nicht hinter dich!»

Warum kommt mir jetzt dieses Zitat wieder in den Kopf? Diese Aufforderung der Stauffacherin an ihren Mann. Immer schon hatte ich mich bemüht, diesem Satz nachzuleben, solange, bis ich ihn vergass. Nun ist er wieder da. Dass er gerade in diesem Moment der Trostlosigkeit mich überfällt, will ich als gutes Omen deuten. Ich will versuchen, aus dieser grässlichen Sackgasse herauszukommen, in der ich noch gefangen bin.
Der Anfang ist gemacht.

Katharina Zimmer
Das einsame Kind

*Für ein neues Verständnis der
kindlichen Urbedürfnisse
224 Seiten. Gebunden*

Viele Eltern fühlen sich verunsichert. Sie wissen nicht mehr, ob sie als Mütter und Väter zulänglich sind. Eine Flut von Ratgeberliteratur hat ihr Selbstvertrauen erschüttert. Das Buch versucht, die von verwirrenden Erziehungsratschlägen zugeschüttete Sensibilität für die wichtigsten psychischen Bedürfnisse eines Kindes freizulegen und gleichzeitig das Vertrauen der Eltern in die Macht ihrer Gefühle zu stärken. In reportageartigen Darstellungen durchschnittlicher und extremer Lebenssituationen schildert die Autorin, wie Kinder Geburt, Geburtsklinik, Krankenhaus- und Heimaufenthalte, Behinderungen, Trennungen von den Eltern, aber auch unterschiedliche Familiensituationen erleben. Ergänzt werden diese Schilderungen durch Passagen, die zusammenfassend und erklärend wiedergeben, was die Wissenschaft in den letzten Jahren über die Folgen seelischer Vereinsamung herausgefunden hat. An Hand der bedeutungsvollsten Entwicklungsschritte und »sensiblen Phasen« erklärt das Buch, wie in den ersten Tagen und Jahren die Weichen für ein ganzes Leben gestellt werden.

Kösel-Verlag München